希望への陰謀

時代の毒をどう抜き取るか

HAMA Noriko

YAMAGUCHI Jiro

KAWAUCHI Hiroshi

KIMURA Akira

TAKENOBU Mieko

KANAI Toshiyuki

SAKURAI Chieko

【著】——
浜 矩子＋
山口二郎＋
川内博史＋
木村 朗＋
竹信三恵子＋
金井利之＋
桜井智恵子

現代書館

はじめに

政治が毒され、毒性をもってしまった政治が経済を毒し、社会を毒し、人を毒する。今の日本は、このような状況の下におかれてしまっている。「アベ的なるもの」がこの状況をもたらしている。この毒々しき状況から、いかにすれば今の日本を救出することができるか。この時代から、いかにすればその毒性を抜き取ることができるか。こうした問題意識の下に、希望社会研究委員会は議論を重ねてきた。

希望社会研究委員会は、教育文化総合研究所によって立ち上げられた。二〇一四年四月にスタートを切り、二〇一六年三月まで計二二回の会合を重ねた。その中から生まれ出てきた発見や思いの数々が、本書に集約されている。

そもそも、今の時代の毒性は、何に由来するのか。毒消し作業が可能になるためには、まず、この毒の成分分析が必要だ。精緻に、多面的に、今、我々の中に浸透してこようとしている毒の正体を見極めていかなければならない。そのような観点から解析を試みてきた。さらに、この解析過程を踏まえて、解毒剤をどう調合するかを考えてきた。

以上の深刻でありながらワクワク感ある課題に挑んできたのが、希望社会研究委員会の七人衆だ。この間の議論を通じて、我らは毒消し七人衆としての修業を重ね、腕を磨こうとしてきた。いまや、我らは強力なるポインズン・バスターズと化している。そのように自負したいところである。

この七人のポイズン・バスターズには、それぞれに専門領域がある。それぞれの得意分野から、毒の成分分析と解毒剤の調合に当たってきた。さらに言えば、我々は、全員が同志的精神に満ち溢れている。単に担当分野をカバーすることに止まってきたわけではない。我らは、希望と平和のための善良なる陰謀集団なのである。

この善良なる陰謀集団が、どのような毒消しの妙薬を生み出すか。栄えあるポイズン・バスターズの力量のほどを、本書で是非とも、ご覧に入れたいと考える次第だ。

流れとしては、毒の発生源である政治の世界から出発して、経済社会全体を通じた毒の回り具合と広がり具合を吟味していく。そのことが、とりもなおさず、解毒剤が持つべき特性の検出につながる。そして、希望の源泉の発見につながる。このような発想の下で、本書の内容は進行していく。

アベ的なる毒性との決別の時。その希望の瞬間を皆さんと是非ともご一緒させて頂きたいと思う。それこそが、我々にとっての最大の希望だ。

二〇一六年五月二十日

希望社会研究委員会委員長・浜　矩子

希望への陰謀＊目次

はじめに　浜　矩子　1

第Ⅰ部　時代の毒を解析する　7

第一章　新しい政治文化と若者の政治参加――一八歳選挙権をどう生かすか　山口二郎　8
第二章　政治に「希望」を見出すために――リベラル復権を目指して　川内博史　31
第三章　「メディア・ファシズム」の波と安倍政権下の言論統制・情報操作
――原発報道・戦争報道と隠される不都合な真実　木村　朗　59
第四章　「マクベスの魔女の呪文」にどう対抗するか
――働き手の言葉を奪い返すために　竹信三恵子　83
第五章　「希望出生率」論と国民の諸希望　金井利之　109
第六章　希望社会の経済基盤を考える――経済的毒消し作業の勘所はいずこに　浜　矩子　135
第七章　希望の子ども学へ～教育がしてはいけないこと　桜井智恵子　160

第Ⅱ部　対談・希望のための企て

第Ⅱ部　対談・希望のための企て　183
はじめに　絶望社会がやってこないために　浜　矩子　185
一人勝ちの政治と経済をどう転換するか　山口二郎×浜　矩子　186
キョーフの「女性輝きブラックランド」脱出の手引　竹信三恵子×浜　矩子　199
グローバル・ファシズムに対抗するグローバル・デモクラシー　木村　朗×浜　矩子　214
真のリベラリズム、その可能性を探る　川内博史×浜　矩子　227
成長から成熟へ　更年期の日本社会が自覚すべきこと　金井利之×浜　矩子　239
教育とおとなを自由にするやんちゃな提案　桜井智恵子×浜　矩子　253
対談を終えて　怪しげなパズルのピースは出揃った　浜　矩子　268

第Ⅰ部

時代の毒を解析する

第一章　新しい政治文化と若者の政治参加

――一八歳選挙権をどう生かすか

山口二郎

はじめに　アベ化する世界と市民の反撃

今、民主主義の本家である欧米諸国では、民主主義を脅かす動きが広がっている。ヨーロッパでは、イスラム教原理主義者によるテロの続発と、中東地域からの難民・移民の大量流入が、欧州人の平常心を失わせている。そして、外国人排斥を唱える右派ポピュリストが支持を広げ、特にフランスでは国民戦線が地方選挙の一回目投票では第一党となった。また、アメリカでも共和党の大統領予備選挙で外国人排斥や女性・マイノリティへの差別を明言するドナルド・トランプが大きな支持を集めている。日本でも、差別を野放しにしたり、デマを並べて批判勢力を排斥したりする政治指導者が威を振るっている。そのような意味での民主政治の劣化を「アベ化」と呼ぶなら、世界中がアベ化しているということができる。

他方、正気を保った市民が人間の尊厳と平等を追求して新たな政治の動きを起こしている。カナダでは、ジャスティン・トルドー首相が率いる自由党が政権交代を実現し、閣僚ポストを男女同数で割り当てたり、難民の受け入れに積極的な態度を表明したりして、社会の多様性や人権の尊重を最優先する姿勢を打ち出している。イギリス労働党では、グローバル資本主義の暴走に対抗して平等を志向するジェレミー・コービンが党首に就任し、ブレア政権から保守党政権へと連続した富裕層優遇の政策を批判している。また、アメリカ大統領選挙の民主党側の予備選挙では、民主社会主義を標榜するバーニー・サンダース上院議員が支持を広げ、最有力とされてきたヒラリー・クリントンは、指名を確実にしているものの、大変な苦戦をしいられた。また、クリントンの政策にはサンダースの主張がかなり反映されることになるとみられている。さらにスペインでは反緊縮政策、雇用拡大を唱える政治運動、ポデモスが議会第三党に進出した。アベ化に対抗する健全な民主主義のベクトルも、各国で強まりつつある。

日本の我々は、アベ化を許し平等や人権を手放すのか、人間の尊厳を守るためにアベ化に対抗する動きを起こすのか、まさに選択の時を迎えているのである。以下、本章では、二〇一五年の安保法制反対運動の際に生起した新たな民主主義の動きに着目し、アベ化に対抗するためのシナリオを構想してみたい。

一　安保法制反対運動と政治の変化

直接参加の政治的意味

二〇一五年夏、安保法制をめぐる反対運動が高まり、六〇年安保以来久しぶりとなる大規模な抗議運動が全国で多発した。後で触れるように、若者たちの反対運動ＳＥＡＬＤｓ（Students Emergency Action for Liberal Democracy-s）は、世論に大きな影響を与えた。この現象は、日本における新しい政治文化の形成さえ感じさせる。そして、安保法制に反対した多くの国民は、違憲の法案でも国会で多数を握っていれば成立させられるという現実を目の当たりにして、多数の圧政を防ぐには国会の多数派を入れ替えるしかないという現実認識を持つに至った。既成政党による議会政治に多くを期待しないという市民も、選挙によって議会の多数派を変えることの重要性を、運動を通して学習したということができる。

デモや集会は無意味だと知ったふうなことを言う輩がいるが、彼らは民主主義のダイナミズムを理解していない。民主主義には固まった制度という側面と、無定形（amorphous）な過程という側面の二つがある。政治家も市民も運動に参加することによって自分を変え、新しい政治主体に成長する。それが社会や世論を変える。

安保法制反対運動が日本社会にもたらした一つの結果は、民主党（当時、以下同様）の変化であった。二〇一四年七月に安倍政権が集団的自衛権の行使を可能にするための閣議決定を行った際、私を含む学者グループは、憲法違反の集団的自衛権行使に反対するよう民主党に対して提言を続けた。しかし、同党の方針は定まらないままであった。この問題をめぐっては、憲法擁護のグループと保守的なグループがあり、党としての判断を先送りしてきた。二〇一五年の通常国会にこの閣議決定を具体化する安全保障関連法案が提出されて、ようやく反対の態度が固まった。

民主党がこのように安倍政権との対決路線を選んだのは、内部における良識派議員の頑張りもあるが、遥かに重要な原因は世論のうねり、市民のエネルギーであった。安保法制の違憲性と、違憲の法案を無理押しする政府の強権体質が明らかになるにつれて、反対世論は高まった。国会前をはじめ全国いたるところで、老若男女問わず、多くの市民が意思表示を行った。民主党からも次第に多くの議員が集会に参加し、連帯の挨拶を送るようになった。運動の熱気に触れた政治家は目覚め、さらに市民の側に寄り添うようになった。岡田克也代表も国会前で演説を行うようになり、演説を行うたびに政権批判は冴えを増していった。まさに、運動が政党、政治家を育てたのである。市民のエネルギーが民主党のリベラル派を強めた（empower）のである。

この経験は、一九九〇年代以来の日本における政治改革や政権交代の限界をも照射している。政治改革、政党再編、政権交代は、すべて政治家を主人公とした制度変更であり、政治家同士の関係の入れ替えであった。政治を支える社会の次元、市民の側の動きが視野に入っていなかったと言わざるを得ない。政治改革、小選挙区制の導入によって、人為的に二大政党制らしきものをつくり出した。そして、非自民の政治家が小選挙区制で生き残るためにつくった民主党が、一度は自民党を倒して政権を獲得した。しかし、政権交代も政権党交代に終わってしまった。政治を自らの生活と関連付けて観察し、政策課題を考え、必要に応じて意見を述べたり、政治家、政党を応援したりするという市民としての政治的リテラシーや行動能力を涵養するという方向には、政権交代は効果をもたらさなかった。

日本の有権者が、政治に対して時折目を向けるだけの観客にとどまっていたことが、二〇一二年以降の自民党一強体制の原因である。原発再稼働をはじめとして、個々の政策に関しては安倍政権の進める路線に反対する人は多いが、全体として政権は高い支持率を維持してきた。政策に反対であるならば、誤った政策を正すために野党を叱咤激励し、対抗力を強めるために市民が自ら動くべきであるが、実際にはそうした市民がごく少数であるから、野党はいつまでも停滞する。そして、政策的に支持されない政権が漠然とした肯定感の中で強権をほしいままにするという状況が続いてきたのである。今日の民主党の低迷は、永田町の中だけで政治改革や政権交代を考えてきたことの帰結である。

新しい政治文化

二〇一五年の安保法制反対運動は、関心と行動の意欲を持った新しい市民の出現を促した。SEALDsに代表されるこれらの市民運動の意味を確認しておきたい。一言で言えば、民主主義を支える能動的な主体がようやく日本でも出現したということである。明治維新後、近代的な民主主義の制度や理論が欧米から輸入されて以来、民主主義を担う市民をいかにつくり出すかは、政治学のみならず社会科学にとっての伝統的な課題であった。かつて、和辻哲郎はヨーロッパ留学の経験をもとに、日欧の政治文化を比較して、日本においては個人の不在が公共への無関心をもたらし、それゆえ民主主義が成立しないことを慨嘆していた。やや長くなるが、『風土』から引用したい。

「家」を守る日本人にとっては、領主が誰に代わろうとも、ただ彼の家を脅かさない限り痛痒を感じない問題であった。よしまた脅かされても、その脅威は忍従によって防ぎ得るものであった。

(中略)

それに対して城壁の内部における生活は、脅威への忍従が人から一切を奪い去ることを意味するがゆえに、ただ共同によって争闘的に防ぐほか道のないものであった。だから前者においては公共的なるものへの無関心を伴った忍従が発達し、後者においては公共的なるものへの強い関心関与とともに自己の主張の尊重が発達した。デモクラシーは後者において真に可能となるのである。共産党の示威運動の日に一つの窓から赤旗がつるされ、国粋党の示威運動の日に隣の窓から帝国旗がつるされるというような明白な態度決定の表示、示威運動に際して常に喜んで一兵卒として参与することを公共人としての義務とするごとき覚悟、それらはデモクラシーに欠くべからざるものである。

(『風土』、岩波文庫、二四九頁)

言うまでもなく、自民党政治は「公共的なるものへの無関心を伴った忍従」の上に立脚してきた。今までも六〇年安保や公害反対など、市民が関心を持って政治的表現を行ったことはあった。しかし、政治的な勢力に成長することはなかった。特に、一九六〇年代以降、高度経済成長からバブルの時代には、経済的豊かさの追求という勢いが国民を統合した。人々は政治に目を向けることなく、私生活の豊かさと快楽に関心を向けた。それは自由主義の一つの形ではあった。それはまた、内政、外交の基本的な枠組みが固定され、大きな政策の方向性を問うという意味での政治が不要であった時代状況の反映でもあった。

そして、自民党政治の下で「公共」というシンボルは、もっぱら戦後民主主義における個人の尊重や人権保障の「行き過ぎ」を批判する意味で用いられた。和辻の議論とは正反対に、自己の主張を圧殺したうえで、社会の多数派、主流派への同調を求めるという文脈で、公共性を重んじよという説教が行われたのである。

二〇一五年安保では、人々は自分たちが生きる社会にとっての公共性を自ら探し求めて、立ち上がった。安保法制については、新規の立法を必要とする客観的な現実の出現や変化（法学で言う立法事実）が存在しないことが専門家によって指摘されていた。つまり、集団的自衛権の行使や安保法制の制定は、安倍首相が自らの私的な願望を実現するために企てたものであった。その意味で、公共性を欠く立法であった。これに対して、人々は今の日本にとっての公共の利益は何かを考え、それを守るために行動を起こしたのである。

憲法の平和主義は日本の外交、安全保障の基本原理であり、自衛隊の活動が拡大されても持続してきた。憲法九条の理念は、多くの人々の思想であり、アイデンティティとなっていた。戦後の革新・護憲派勢力がマンネリ化するにつれて、平和や護憲を叫ぶことはダサいという時代が来たと思われた。しかし、憲法の訴求力は衰えておらず、戦後の平和運動を知らない世代にも憲法の理念は引き継がれた。憲法九条を閣議決定によって掘り崩そうとする安倍内閣による「クーデタ」の企てに対して、人々は抵抗したのである。彼ら、彼女らは、政権の暴走に対して居ても立っても居られないという思いで発言した。それはまさに、和辻が言う公共的なるものへの強い関心から発した主張であった。

二〇一五年安保の場合、安保法制の成立で戦いが終わったわけではない。安倍政権は、六〇年安保のときの自民党と異なり、市民の抗議から何も学習していない。沖縄における辺野古新基地建設の強行、憲法改正への取り組みなど、反憲法的、反民主主義的政治運営を続けている。これに対して、運動に参加した市民も敗北感に浸ってなどおらず、二〇一六年の参議院選挙を目指した運動を続けている。安保法制反対運動から、民主主義を支える強靱な市民が生まれたということができる。二〇一五年末の政治状況は、民主主義をめぐる危機と好機のせめぎ合いということができる。

二　若者の政治参加と一八歳選挙権

若者はなぜ立ち上がったのか

ここで説明した市民の政治的覚醒の中で、特に若者の新しい動きは注目を集め、上の世代の市民に大きな影響を与えた。学生紛争の時代以来、久しぶりに起こった若者の政治運動について、その特徴と可能性を考えてみたい。

第一の特徴は、ポスト三・一一という新しい世代が形成され、その世代の若者が世の中に対する発言を始めたという点である。私自身、安保法制反対運動のさなかに、SEALDsのメンバーと雑誌の座談会で話をする機会を得て、彼らのバックグラウンドについて尋ねた。すると、彼らは中学生、高校生の時代に三・一一を経験し、それを契機に社会に対する関心を持ったという共通点があった。脱原発運動から社会運動に参加した者もいた。私たち大人は忙しさに流されて三・一一の衝撃を忘れがちである。しかし、若者は世の中を見るときの基本的な座標軸の中に、被災者に対する共感と、原発事故で露呈した大人の無責任さ、自分勝手さに対する怒りを埋め込んでいるということができる。優しさと正義感が彼らの発想の中心にある。

さらに、SEALDsの若者たちの正義感は、大学教師を含む他の世代の様々な人々を政治的に覚醒させる触媒となった。あの若者たちがあれだけ頑張るのだから自分たちも頑張らねばと、多くの市民に思わせたことも、若者の運動の功績である。

第二の特徴は、この若者たちは、脱偏差値の新しい教養を体得しているという点である。彼らの運動はいわゆるゆとり教育が本来のねらいを実現した成果ということもできる。ゆとり教育の推進者であった寺脇研氏からそのような評価を聞いたが、それは決して誇張ではない。ゆとり教育で目指したのは、教師が上から正解を教え込み、子どもたちがそれを覚えるというスタイルの教育ではなく、子どもが自ら問いを立て、調べ、自分なりの答えをつくり出し、それを他人に向かって根拠を示しながら説明するという実践であった。

いわゆるゆとり世代は学力低下の世代とも言われるが、それは偏見であろう。メンバーのスピーチや奥田安基氏の参議院特別委員会における公述は堂々たるものであった。ここで述べたようなゆとり教育の成果を、彼らは公の場における発言で発揮したのである。彼らは権威に臆せず、自分の意見を論理的に主張するという点で、まさに和辻の言う公共人である。

ＳＥＡＬＤｓの興味深い特徴は、東京大学、早稲田、慶応などのいわゆる最上位のエリート校の学生がほとんど参加しておらず、入試の偏差値ランキングで言えばその少し下に位置する大学の学生による運動だったという点である。彼らは前衛ではなく、普通の市民である。上から目線で他人を啓蒙するのではなく、自分の言葉を発して多くの人々の共感を招くというのが彼らのスタイルである。この点も、六〇年、七〇年の安保闘争とは違う点である。前衛的エリートは社会的広がりを持たないために、エリートが体制内に転向したら運動は消滅した。これに対して、ＳＥＡＬＤｓに参加した普通の学生は卒業しても良識的市民として政治に対する関心を持続するであろう。それゆえに、この若者の運動は不可逆的な変化、新しい政治文化を生み出したと私は評価する。

脱エリート主義は、脱権威主義でもある。若者たちは水平的な人間関係をつくり、それをネットワーク化することが得意である。タテ型の組織においては、常に誰が指示を出す権力を取るかという争いが生じる。かつての左翼運動においてこそ、その病理は深刻であった。年齢、性別や社会的な地位や威信と関係なく、同じ志と価値観を持つ人間が横に結び付いたという点でも、安保法制反対運動は新しい文化を体現した。

もう一つ付け加えれば、表現形式と主張内容の連関も若者の運動の大きな特長であった。従来、リベラル、啓蒙の知識人は、内容が正しければ、読者、聴衆もそれを理解するはずという前提で発言してきた。メッセージを伝えるスタイルには無関心であり、また無能であった。

若者の政治的運動を、戦後民主主義を担ってきた上の世代が支えたことも、無視してはならない。安保法制反対運動では学生にスポットライトが当たったが、運動を構築したのは長年平和運動を担ってきた年配の人々であった。戦後の憲法擁護運動の遺産は大きいものであり、若者の運動にとってのインフラを提供したということができる。

さらに、運動は高校生にも広がった。二〇一六年二月には、高校生の団体、T-ns SOWL（ティーンズ・ソウル）が東京でデモを主催し、高校生と多くの大人が集まって、憲法と平和の擁護を訴えた。若者が運動を起こすことによって、世代を超えて多くの市民が集い、発言すること自体に解放感を覚えることは、この種のイベントの大きな意義である。

新たな市民的政治文化

新しい政治文化は、臣民型文化から市民型文化の形成ということができる。臣民型文化とは、先に述べたように、公共利益の定義を権力者にすべて任せ、上から降りてくる公共性のために自分を犠牲にする態度である。上からの指示がある範囲では人々は公共的規範に則って行動するが、上からの指示がない領域においては自らの行動を縛るメカニズムは存在しない。したがって、何でもありの自己中心主義は臣民型文化と親和的である。それこそ、長年の自民党支配を根底で支えてきた文化である。

これに対して、市民型文化とは、自分たちが生きる社会における公共的な利益や価値について、自ら定義しようとし、自分も参加して定義された公共的規範には進んで従うという態度である。市民文化では公共的なものをめぐる議論に参加することを美徳とし、自分の私的利害を乗り越えて公共的な利益の実現を目指す態度が理想とされる。

安保法制反対運動に参加する人々に対して、選挙で選ばれた政府が推進する政策に反対し、これを邪魔するのはわがままだという非難が浴びせられたことがある。そうした非難をする者こそ、政府が決めた政策イコール公共的利益と信じて疑わないという点で、臣民的文化に浸っている。安保法制反対運動に参加した人々は、梅雨から夏にかけての暑さや雨の中、休日や夜にもかかわらず、デモや集会に参加した。それは、私利私欲を追求する人間にはできないことである。平和という公共的価値を追求し、時の政府が公共的利益から逸脱しているからこそ、政府の政策に反対したのである。大勢の人々がデモに参加したということは、それだけ市民的美徳が日本社会に広まっていることを意味している。

デモをめぐる民意に関連して、二〇一五年九月に『産經新聞』と『毎日新聞』の間で興味深い論争が行われた。『産經新聞』は約千人のサンプルによる世論調査を実施し、わずか三・四％しかデモに参加した経験がないこと、デモに参加したことのない人のうちデモに参加してみたいと答えたのは一八・三％にとどまると報じた（九月十五日付『産經新聞』）。これに対して、『毎日新聞』の世論調査室長、平田崇浩氏は、次のように反論した。

素直に考えれば、これ（三・四％）は大変な人数だ。全国の有権者一億人にこの数値を当てはめれば、安保法案反対デモの参加経験者が三四〇万人に上る計算になる。調査ではさらに、デモ・集会に参加したことがないと答えた人（回答者全体の九六・六％）に「今後、参加したいか」と尋ね、一八・三％が「参加したい」と答えたという。これはつまり、回答者全体の一七・七％がデモ・集会に参加したいと考えている計算になる。実際に参加したと答えた三・四％と合わせると、五人に一人が安保法案反対のデモ・集会に参加した経験があるか、参加したいと考えていることになる。有権者一億人に当てはめれば二〇〇〇万人。この調査結果にゆがみがないと仮定すれば、「安保法案に対する世論の反発の大きさを示した」と書かなければならない。（九月十七日付『毎日新聞』）

世論とは、国民の過半数の意見を意味するものではない。実際には、様々な政治問題について「分からない」、「関心がない」と答える人がかなりの数に上るのであり、国民の二、三割が強い関心と意見を持っているのならば、それは有力な世論を形成するというべきである。デモに集まったのは確かに国民のごく一部だったろうが、潜在的にこれに共感し、行動したいと思う人が全体の二〇%も存在することは、やはり安保法制反対運動が引き起こした新しい文化の反映であろう。

安保法制反対運動に参加した人々の中からは、それを契機にさらに幅広い社会問題に取り組む動きも出てきた。運動の直接的なテーマは集団的自衛権や戦争への参加であった。それらの問題をさらに掘り下げれば、人間の尊厳や生命をいかに守るかという問いにぶつかる。この運動の参加者が、人間の尊厳をないがしろにする権力や資本の動きに対抗する運動へ広がっていくことも当然であった。二〇一五年の年末には、反貧困や最低賃金の引き上げを訴える大規模なデモが東京のみならず、多くの地方都市で行われた。ソーシャル・メディアの発達により、この種の運動について東京と地方のギャップが小さくなっていることは、ネット社会の肯定的な側面である。また、ヘイトスピーチや民族差別を行う右翼的な運動に対しても、人権を守る運動が続いている。このように、比較的自由な時間を持つ若者や退職者の中で特に、社会的な問題に対して関心を向け、発言、行動するという潮流が広がっていると言うことができる。

一八歳選挙権をどう生かすか

このような新しい政治文化が形成される中で、特に若者の政治的行動が社会に大きなインパクトを与えた直後に、二〇一六年から選挙権年齢が一八歳に引き下げられることとなった。戦後七〇年にして初めて参政権を持つ人間が拡大される改革を、民主政治の進化につなぐために何が必要か考えてみたい。

一八歳選挙権の実現が民主主義の活性化をもたらすという単純な楽観は排除しなければならない。そもそも、近年の青少年は政治的無関心の度合いを強め、一部にはいわゆるネトウヨに賛同する者も現れている。安倍政権の下で一八歳選挙権が実現したのは、今の与党が若者の政治参加を恐れていなかったからである。

さらに、日本では個人が政治的な党派性を明らかにしたり、政治的な主張を行ったりすることを歓迎しない社会的雰囲気が継続している。公民館などの社会教育の空間で意見が対立する政治的な問題について議論することに対して、行政は消極的、あるいは抑圧的でさえある。

日本の中等教育においては、政治教育は長らくタブーとされてきた。高校の「政治経済」や「現代社会」の授業でも、制度や歴史の記憶が授業の主眼であり、現実的な政策課題について情報を集めて考え、自分自身の意見を形成するような訓練はされてこなかった。北海道の高校で、選挙の際に新聞の社説を教材に選挙の争点について考えようという授業を行ったところ、北海道議会で自民党の議員が政治的偏向と攻撃し、教育委員会が実態調査を行ったことがあった。若者の政治的運動が社会的な影響力を持つという事態は、保守的な議員や教育委員会にとって想定外に違いない。一八歳選挙権の実現で、高校の教育現場における「中立」確保の圧力は一層強まることが予想される。

日本では中立という概念は、様々な政治的立場や主張を超越した中立的な地点が実在すると誤解されてきた。しかし、純粋な中立はあり得ない。中立がいかなる党派的主張にもくみしない無色であるとするならば、それは政治的決定に対して中立ではあり得ない。選挙のときに棄権することが勝者に対する白紙委任を意味するのと同じである。政治の世界における中立とは、どの立場からも等距離であるという状態あるいは結果を意味するのではなく、個人の政治的判断の過程にかかわる形容句である。人間はそれぞれ価値観を持っている。政策課題に関する認識の形成や選挙における候補者の選択は、自分の価値観に基づいて行われる主観的、主体的判断である。重要なのは、判断の結論に至る過程で、事実を正確に認識し、物事の因果関係を論理的に思考することに基づくということである。人間が持つ好悪や関心の方向性をいったん捨象し、物事をありのままに見ることが、個人に要請される中立、公平である。

したがって、教育において政治問題を取り扱う際には、生徒一人ひとりが自分の政治的意見あるいは自分なりの主観を形成することを当然と考える前提から出発しなければならない。そして、ステレオタイプにとらわれずに事実を正確に認識することや、先入観を排して物事の因果関係を客観的にとらえることを教えることが中心となるべきである。例えば、戦後教育が個人主義を蔓延させて子どもを甘やかしたから、凶悪な少年犯罪が増えたといったたぐいの根拠のない妄想の嘘を見破る論理と知性を身に付けることが政治教育の目標となる。

ただし、これはもちろん理想論である。教師や学校が中立性という名のリスク回避を図れば、政治的な対立をはらむ争点には一切触れずに、選挙制度や買収、供応などの罰則についての形式的な説明をすることに終始するだろう。これからの政治教育を考える際には、学校の中でできることはごく限られているという現実的な前提を認めなければならない。

もう一つ重要な前提がある。それは、ＳＥＡＬＤｓなどの運動に参加している学生は全体の中では例外的な存在であり、むしろ彼らに対してもやもやとした反発を感じる若者も多いという現実である。積極的に政治に関わろうとしない若者を含めて、一八歳選挙権を有効に活用するような情報提供と動機付けの方法を考えることが必要となる。

ここでは、社会において若者に対する政治的な教育を行うという知恵を考え出さなければならない。そこで、大学生と高校生の先輩―後輩関係が一つの鍵となる。学校の外側で大学生が高校生と政治について議論する場を設け、チューターとしての役割を果たすことが一つの有力な方法となる。すでに福岡では、安保法制に反対した学生のグループ、福岡ユースムーブメント（FYM）のメンバーが、一八、一九歳の若者限定のイベント、新有権者祭りを開催し、若者の政治的関心の深化を図っている。もちろん、かつての学生運動のように特定の思想の下に無垢な若者を組織化するということは繰り返してはならない。高校生にとっては、数歳年上の大学生がなぜ安保法制などの政治課題について特定の意見を持つに至ったのか、行動を始めたのかを解き明かしてもらうことが、有意義な政治教育となる。先輩の側は、結論への同調を求めるのではなく、自分が何を考えてある種の主張をするようになったのか、その過程や根拠を開示することを後輩への働きかけのテーマとすべきである。

さらに大学生だけではなく、様々な世代の市民が若者と政治を語るような場をつくり出すことができれば、それだけ市民社会が成熟することになる。安保法制反対運動に参加した大人にとっても、若者に政治的な関心をどう喚起するか、平和と民主主義に対する愛着をいかに引き継ぐかは、重大な課題である。例えば、元文部科学省の寺脇研氏は、高校生を対象とした社会・政治教育の場、カタリバを開き、多くの若者に社会的なテーマを考える機会を提供してきた。そこから社会的な企業家、運動家も育っている。そうした運動をさらに幅広くつくり出すことは、大人の仕事である。

経済格差の拡大は、若者の教育を受ける機会の平等を脅かしている。学費が払えないために大学進学を断念したり、進学してもアルバイトに追われて学業に専念できなかったりする事例が増えている。教育に対する政府の責務をどの程度広く考えるか、学生の学びを政策によってどのように支援するか、具体的には給付型の奨学金の導入など、若者自身の生活や学び、労働をテーマにして、世の中を観察し、政治を考えるというようなプログラムを作り、若者に政治を自分の問題として考えてもらうことが、これからさらに重要となる。憲法や安全保障という思想的な争点ではなく、身近な生活に関わる政策課題から政治参加の意味を考える経験を持たせることは、積極的に政治に関わろうとしない若者にも入りやすい入り口となる。

若者を政治に誘うときに、性別によってアプローチを変える工夫も必要となる。女性の場合、若い頃から様々なハンディキャップを背負うことを実感する機会が多いことから、社会に対して批判的に見る視座を身に付ける者が男性よりも多いというのは、長年大学教師を務めてきて抱く実感である。二十代の男性は自立を迫られながら現実の壁は厚く、様々な不安を抱える者が多い。不安から社会への批判的視座を切り開くのではなく、強い者につながることで安心感を得るという心理が働くため、若い男性の中には保守支持が多いという調査もある。自らの弱さを受け容れたうえで、自分たちの生きづらさを軽減するための政治という発想を広げる必要がある。

運動と政党の課題

ここまでは若者を中心とする社会運動の意義と可能性について論じてきた。実際に政権の暴走を止める、さらには政策の転換を図るためには、運動が政党政治とつながり、議会の多数派を変えることが必要となる。安保法制反対運動の中でも、人々は違憲の法案でも議会の多数派が力ずくで多数決をすれば成立してしまうことを目の当たりにした。したがって、法案成立の前後から運動の中から「野党は共闘」という声が出てきたのも当然である。

従来、日本の政党と社会運動の間には溝が存在した。政党の側の問題は先に述べたとおりである。人間本位の政策を実現するために、政権交代を目指して政党再編の挑戦も一九九〇年代以来繰り返されてきた。しかし、それは永田町における国会議員の離合集散にとどまった。社会の側に根を下ろした政党の組織モデルは、非自民の側ではまだ開発されていない。政権交代は政権党交代で終わってしまった。

もっとも、民主党政権の中でも社会運動との連携についての成功体験がないわけではない。NPO等に対する寄付優遇税制（寄付金の半額が所得税、住民税から控除される）の実現は、民主党政権の大きな成果である。この成功の背後には、野党時代からのNPOとの長い連携と議論の蓄積が存在した。そうしたネットワークと知恵の蓄積が、政権交代直後から「新しい公共円卓会議」に反映された。寄付税制は野党時代から民主党がNPOと議論し、温めていたからこそ、政権交代から間をおかずに実現した。財務省などからの抵抗を乗り越える論理と社会的力が存在したのである。

運動の側にも大きな問題があった。市民運動の多くは純粋な動機で崇高な目的を追求する。政党政治につきものの妥協や言行不一致を潔癖な運動は嫌悪する。早い話が、運動家の中には民主党を自民党と同じように嫌う者もいる。原発再稼働、女性の権利、憲法九条の解釈などの重要な課題について、民主党と自民党の違いは明らかである。平和や脱原発を志向する者にとって、自民党と民主党のどちらがましかは明らかである。しかし、よりましな方を選ぶという発想は、日本の社会運動の中で常識とはなっていない。五十歩と百歩は同じくダメという発想が、潔癖な運動家によく見られる。

運動がそのような潔癖主義に浸っている限り、運動は政治を転換する力にはなれない。政治や政策の変化は漸進的なものであるという現実を踏まえることが、運動の出発点となる。よりましなものを盛り立て、目標に近付くというプラグマティズムを運動の側は身に付ける必要がある。他方、政党の側も社会に根を持つという組織論を持つべきである。風に頼る根無し草の政党には持続可能性はない。民主党の現状はそれを物語っている。公明党と共産党を別とすれば、固定的な支持基盤を構築するというのは二十世紀後半の自民党だけにできたことである。伝統的な利益集団からの強固な支持は、二十一世紀に入って自民党でさえ保持できていない。むしろ、これからは課題の解決に協力して取り組むパートナーという関係をもとに、社会運動と政党との持続的な関係を構築する必要がある。政党、特に野党第一党の民主党は、安保法制反対運動で湧きあがったエネルギーを党勢拡大に利用するという発想ではなく、運動に参加する市民と民主党との間の対話の回路を開き、市民の理解と信頼を確保するというアプローチが必要である。

二〇一六年の参議院選挙は、安倍政権が進める憲法改正が前進するか、頓挫するかの瀬戸際となる。この選挙の特に一人区の候補者擁立について、各地で市民運動が湧き起こり、野党統一候補を目指していることは、社会運動と政党政治の新しい関係の可能性を開くかもしれない。二〇一五年九月の安保法制成立以来、多くの市民は野党の協力を呼びかけてきたが、政党や支持団体の組織事情があってなかなか前に進まなかった。しかし、二〇一六年二月、五つの野党が安保法制の廃止法案を国会に提出し、野党協力の機運は一気に高まった。これは、各地域での市民運動の熱気、エネルギーがもたらした成果である。市民のイニシアティブで立憲主義擁護という争点の明確化ができ、それに基づいて候補者の擁立が進んでいる状況は、日本の民主政治にとって画期的な経験となる。

政権の帰趨を争う衆議院選挙の場合、小選挙区は三百であり、参議院の一人区の十倍近くである。市民主導の候補者擁立は容易ではない。しかし、市民運動と野党協力による成功体験があれば、選挙区調整の可能性も開けるであろう。

一九九〇年代以来、日本では選挙制度改革をテコにして政党再編が行われてきた。この再編によって生まれた政党が政策的、思想的基軸を欠いて、求心力不足に悩んできたことも、政党と市民社会の往復関係の不在に関連している。誰によって支持されるのか、何を訴えることによって支持されるのかという政党としての原点を見失ったまま離合集散を繰り返してきたのが、今までの政党再編であった。市民が政治に対して発言力を強め、政治家が潜在的、顕在的支持者の意見を聞きながら自らの行動を考えるようになれば、理念を核にした政党の再編成も可能となるのではないか。

三　希望社会のアジェンダ

本章のまとめとして、民主主義を再活性化し、希望を実現できるようにするためにいくつかの具体的な提言をしておきたい。

政治参加の仕組みの整備

選挙権年齢の引き下げが実現した後、さらに政治に参加する障害を除去していかなければならない。現状では、いくつもの障害がある。

第一は、被選挙権の年齢である。日本では、衆議院議員や地方議会議員、市町村長は二五歳以上、参議院議員や都道府県知事には三〇歳以上でなければ立候補できない。世界の国々を見渡してみると、被選挙権年齢がここまで高いのは例外的である。アメリカでも被選挙権は二五歳以上であり、韓国も同様である。しかし、ヨーロッパの民主主義国はほとんど選挙権と被選挙権の年齢を同じにしている。多くの国では一八歳になったら投票もできるし、立候補もできる。イギリスでは大学生が国会議員になった例もある。熱意と見識を持つ若者が議会の中に進出することは、日本の議会政治を活性化するに違いない。

第二は、選挙の際の供託金という制度である。日本では選挙に立候補する際に巨額の供託金を用意する必要がある。選挙権、被選挙権の拡大と合わせて、供託金制度の大幅な改革が必要である。

第三は、選挙運動の自由化である。日本の選挙法では、選挙期間中の運動に対する制約、規制が他の国に比べて大きい。特に、諸外国で選挙運動の王道とされている戸別訪問が日本では禁止されている。また、紙の文書を前提とした選挙法で、ＩＴが発達した今日の電子メディアによる選挙運動が規制されている。名前と顔を売り込む選挙運動ではなく、政策を論じる選挙運動を可能にするために、今の選挙法を根本的に見直す必要がある。特に若者の政治参加を拡大するためには、インターネットやソーシャル・メディアを使った選挙運動が自由にできるようにする必要がある。若者の中から職業として議員に挑戦する人々が増えることが、議会政治を市民社会の常識に沿ったものに変えていく。

これらの改革によって若者が投票だけでなく、選挙に関わり、議員にもなる可能性を開くことは、狭い意味の職業政治家によって独占されてきた政治を市民社会に開放することを意味する。議員の構成や選挙キャンペーンの方法を変えることで、今までの政治で取り上げられなかった政策課題に議員や行政が目を向けるようになることも起こりうる。

アベ化を止めるために

最後に、アベ化を食い止めるという実践的な課題について、展望を書いておきたい。二〇一六年の冒頭、安倍首相は同年夏の参議院選挙について憲法改正を問うとし、改憲に必要な三分の二の議席を獲得することを目指すと述べた。参院選には衆議院解散を合わせて、同時選挙もありうると取りざたされている。戦後憲法体制を壊すのか、持続するのかという選択が迫っている。

政党の側は、憲法あるいは立憲デモクラシーという政治の基本原理をどう考えるのかを基軸に、アベ化に対抗する明確な選択肢を用意しなければならない。この局面では、対案ではなく、全面的な対決が野党の任務である。そして、戦後民主主義を担ってきた年配の世代も、三・一一以後、あるいは安倍時代に政治に参加するようになった若い世代も、協力して立憲デモクラシー擁護の幅広い戦線を構築しなければならない。

一九九〇年代から、当時の自民党政治の腐敗や停滞に飽きた日本人は、政治的模索を続けてきた。二〇〇〇年代は改革というシンボルに引き付けられ小泉政治が圧倒的な人気を集めた。しかし、小泉政権が進めた新自由主義的な構造改革は社会を引き裂き、人間の生活の基盤を崩しただけであった。その後の自民党政権の混乱を経て、二〇〇九年には本格的な政権交代が実現し、民主党が理想を追求した。しかし、民主党は政権運営に未熟であり、本来政策実現のための手段に過ぎない消費税の問題をめぐって分裂し、政権を安倍自民党に明け渡した。以後、安倍政権は高い支持率を維持しているが、それは政治の世界で理想を追いかけることを断念した日本人のシニシズムのゆえである。

二〇一五年の安保法制反対運動を契機に、市民の一部に再び理念や理想を追求する動きが始まった。二〇一五年安保は街頭の政治参加であった。このエネルギーを選挙において発揮することが、アベ化を食い止める最善の方法である。

メディアへの抑圧、教育の国家主義的統制、戦争のできる国づくり、緊急事態法制に名を借りた行政府への権力集中、日本では立憲デモクラシー体制を崩壊させ、自由を否定する政治の動きが急である。二〇一六年は戦後憲法体制の崩壊過程における、ポイント・オブ・ノー・リターンの年となるかもしれない。そうさせないことが、今を生きる市民の歴史に対する義務である。

やまぐち・じろう……法政大学法学部教授。専門は政治学。『いまを生きるための政治学』(岩波書店)、『内閣制度』(東京大学出版会)、『若者のための政治マニュアル』(講談社)など著書多数。

第二章　政治に「希望」を見出すために

――リベラル復権を目指して

川内博史

はじめに

人類の理想は何か。世界の平和を実現することである。世界の平和とは何か。生きとし生ける者すべてが、調和し尊重し合い、互いの存在を理解し合える状態を指す（これを共生社会と呼ぶ）。

翻って、人類は、あるいは私たちの国日本は、理想に向かって歩みを進めているのだろうか。理想に向かって歩むどころか、理想や理念を掲げて行動すること自体を冷ややかに見るまなざしが蔓延し、希望を持つこと自体が許されない状況に陥っているのではないか。最近の国会審議を見ていても、安倍総理御自身の語る言葉は、「一億総活躍」とか「地方創生」など誰も信じていない空虚で中身のない、あるいは語られる言葉の意味とは反対の、ウソに近いものだと、多くの人々は知っている。安倍総理のある種の異様なテンションの高さに、皆があっけにとられ、報道も中身を吟味することなく「総理が語った」として報道している。まさに「熱狂無きファシズム」が静かに進行していると言っても過言ではあるまい。

二〇一一年三月十一日に発生した東日本大震災、そして原発事故は私たちの来し方、行く末を問い直し、進むべき方向を変える機会となっていたはずである。事実、東日本大震災を明治維新、第二次世界大戦の敗戦に次ぐ、近代日本第三の危機とみなす視点は、多くの人々に共有されていた。危機を好機に変えるための叡智が切望されていたのであった。

しかし私たちの政府は、社会は、「成長」なる言葉で表現される「調和無き弱肉強食システム」を強化することを選択した。「調和無き弱肉強食システム」の中核には大規模集中型のピラミッド型経済システムがあり、それを補強する中央集権体制と「持たざる者」の切り捨てを正当化するための自己責任論が一体となっている。だが果たして、このシステムは私たちを幸せにしてくれるのだろうか。私たちが幸せなのだとしたら、なぜ希望を語ることができなくなっているのだろうか。そこに矛盾はないのだろうか。

一部の大企業は巨大な内部留保を有しており、収益を上げ続けている。対照的に、中小企業の倒産は相次ぎ、労働者の給与所得は下がり続け、非正規雇用が増加している。そのような状況下で、少子高齢化が進行していることもあいまって格差が拡大し、閉塞感が高まっている。このシステムは一部の人々のみに幸せをもたらし、希望を語らせるにすぎない。

本来、このような状況を改善するために「政治」が存在しているはずである。だが日本の財政の所得再分配機能は、先進六カ国中最下位となるとともに、階層の固定化すなわち社会の世襲化により

「努力よりも生まれがモノを言う社会」になりつつある。政権党である自民党の中に世襲議員が圧倒的に多いのは、この階層の固定化と無縁ではあるまい。実質的な機会の均等が保障されないまま、競争主義を徹底させると、不平等が進展し、努力や能力ではなく生まれによってその後の人生に格差が生じる。加えて、政治的・経済的にも文化的にも、社会に参画する機会に恵まれない人々が構造的に再生産されるという社会的排除も起こりうる。格差は人々から幸福感を奪い、雇用形態や収入等の様々な相違によって人々を分断し、連帯を不可能なものとし、改革という希望を失わせるのである。

このような社会が、本当に私たちが目指していた社会なのであろうか。競争に駆りたてられる社会が、良い社会なのであろうか。目先の効率ばかりを求め、公正を忘れてもよいのだろうか。人間が共同生活を営む社会には、本来、協力や連帯が存在しなければ社会そのものが成り立たないにもかかわらず、それを無視して「調和無き弱肉強食システム」を強化することは、明日への希望につながると言えるのだろうか。

かつて、アリストテレスは「人間は社会的動物である」と言ったが、私なりに解釈するならば、「人はひとりで生きているのではなく、他者と共生し、人々の間で生きる『人間』として社会化されていく」ということであろう。したがって現在の日本社会は、ひとを「人間」化しないシステムをつくり上げようとしていると言える。

そのような意味において、東日本大震災と原発事故は、日本社会を、国を変える契機とすべき歴史的・文明史的転換点となるべきであった。しかし政府も財界も官界も、そして誘導された世論さえも従来のシステムを糊塗することに固執し、原発を重視する従来のエネルギー政策から再生可能エネルギー重視のエネルギー政策への転換による持続可能な社会、国家を目指すという至極当然の目標すら葬り去ってしまった。私たちは、目先の経済的利益を最優先するために取り返しのつかない、引き返すことのできない「ハーメルンの笛吹き」の道に踏み込もうとしているのではないだろうか。

マーティン・ルーサー・キング牧師は、ワシントン大行進の際に「私には夢がある」と演説し、「差別からの解放」と「自由」を求めた。そして、それはアメリカ社会を、国を動かし、紆余曲折を経て制度として実現した。しかし今、私たちの生きる社会は真の自由や解放、希望から遠くなりつつあるのではないか。だが、あきらめてはならない。闘い続けなければならない。なぜなら、「私たちにも夢がある」からである。

「私たちの夢」、それは「世界の平和を実現し、共生社会を創ってゆくこと」である。それは実は日本国憲法に私たちが目指すべき社会として、多くの人々が犠牲となった第二次世界大戦の反省の下に、私たちの先人が定めたものとして謳われているのである。そしてそれは、決して「押し付け」ではなく、多くの人々がデモクラシーの実現を求めるなかで育んできた思想の結実にほかならない。「共生社会を実現すること」は、「日本国憲法の理想を実現すること」と等しいのである。

憲法をめぐる攻防

今、わが国は「戦後レジーム」からの脱却を声高に叫ぶ政治家を総理大臣として戴いている。先の大戦で負けたことを否定したい、少なくとも忘れ去り、「未来志向」という言葉でごまかしたいという気持ちが透けて見える。

他方で、世界経済の秩序を維持するために、海外での武力行使を可能にする集団的自衛権の行使についても憲法をねじ曲げて列強の仲間入りを果たし、国連の常任理事国になるのだ、と力が入っている。政界・官界・財界のリーダーたちが考えているように、自衛隊の若い隊員がほんの少数殺されてくれる（彼らの言葉で言えば、「国のための犠牲になる」）だけで、莫大な経済的利益を手に入れ、更には敗戦を消し去るという、彼らの思惑どおりに進むならば、それはそれで「国家」としては結構なことかもしれない。

しかし、「戦後レジームからの脱却」という言葉は、日本を再び苦難の道に引きずり込む可能性を持っているのではないか、事態は想定を超えて取り返しのつかないところにまで行ってしまうのではないか、と危惧する。それは、どういうメカニズムで起こるのかを本稿において明らかにしてゆきたい。

動き出したら止まらない

二〇一五年九月十八日から九月十九日の未明にかけて、政府的には「平和安全法制」と呼ぶわけだが、その実態は「平和安全」ではなく「戦争することに根拠を与える法律」が、国会を取り巻く多くの抗議や心配の声を無視し、大変な混乱の中で成立した。

この九月十八日から九月十九日にかけての日というのは、一九三一年に柳条湖事件を関東軍が工作した、まさにその日であった。読者も御承知のとおり、この柳条湖爆破工作事件を端緒に、わが国は、満州事変、第二次世界大戦と、泥沼の戦争への道にはまり込み、三百万人を超える死者を出すことになる。

二〇一五年の、天皇陛下の新年に当たってのご感想の中で、「本年は終戦から七〇年という節目の年に当たります。多くの人々が亡くなった戦争でした。各戦場で亡くなった人々、広島、長崎の原爆、東京を始めとする各都市の爆撃などにより亡くなった人々の数は誠に多いものでした。この機会に、満州事変に始まるこの戦争の歴史を十分に学び、今後の日本のあり方を考えていくことが、今、極めて大切なことだと思っています。」(傍点筆者)と、述べられている。まるで、満州事変の始まった九月十八日に戦争法案が成立してしまうのを予言するかのようなご感想である。

今を生きる私たちからすると、満州事変から太平洋戦争へと続く悲惨な歴史を振り返るとき、何故あのような判断を、当時の政治リーダーや行政リーダー(軍部を含めて)がしたのか、理解に苦しむ。理解に苦しむどころか、現在へと続く連続した歴史の中で起きた出来事ではなく、あの戦争の時だけの切り離された時間と空間での特別な出来事であり、悪夢のようにも思えてしまう。

しかし、悪夢ではなく、それは現実として起きた戦争なのだから、そのようなことを二度と繰り返してはならないと考えるのが当然であろう。一方で、悪夢のようなものは、一刻も早く記憶から消し去らなければならない、と考える現実感覚の乏しい人たちもいる。安倍内閣、あるいは安倍内閣を取り巻く政治勢力、あるいは閉塞した経済状況の中で軍事部門に経済的利益の増大を企図する中央財界の経営者の一部らは、明らかに後者なのであろう。

私は、政治家である。政治家は街頭で演説する。私が、「海外での武力行使、いわゆる戦争する根拠を与える法律をつくれば、必ず戦争になります」と、演説すると、「そんなことになるわけがない、安倍総理も平和のためである、戦争しないためである、なぜなら抑止力が高まるからである、と言っているではないか」という反論が返ってくる。

では、本当はどうなのだろうか？　動き出したら止まらない。

君主論で有名なマキアベリが、「戦争は始めるのは簡単だが、終わらせるのは難しい」と言っている。それは何故なのだろうか？

まさしく、第二次世界大戦のときも、私たちの政府（軍部を含む）は、政府の正式文書の中に「一億玉砕」という言葉を方針として明記し、広島で一四万人、長崎で七万人の人々が、炸裂した瞬間に焼き殺された原爆が落とされてもなお、「本土決戦」を主張していたのである。原爆を落とす方も、落とされる方も、政治リーダーや、行政（軍部も含む）のリーダーは、悪魔ではない。人間である。しかも優秀な方たちであったはずである。それが、何故行き着くところまで行き着かざるを得なかったのか？

判断停止のムラ社会（利権集団）

安倍総理大臣、ならびに周辺（財界を含む）は、「平和安全法制」は「平和」のためである、「安全」のためである、と連呼する。かつて歴史上「平和のため」を連呼した政治リーダーが、安倍総理以外に、もう一人いる。それは、誰か？　アドルフ・ヒトラーである。

ナチスドイツがラインラントに侵攻した一九三六年、同じくポーランドに侵攻（第二次世界大戦の勃発）した一九三九年、ヒトラーは、ドイツ国会での演説をはじめとして様々な場で「平和のために」という言葉を多用したそうである。

「私が国民の名誉と自由のためにいつでも雄々しく進み出て、経済安定を実現できるようにしてほしい。そして真の平和のために戦うことを支えてほしい」

「ドイツ西部でドイツ軍がまさに今、将来の平和のための駐屯を行いつつある」

「われわれは世界の誰とも喧嘩するつもりはない。しかし、喧嘩をふっかけようと待ちかまえている他国もある」

「ポーランドが昨夜わが国を正規軍で攻撃してきた。故にわれわれは、平和のための攻撃を余儀なくされた。ポーランドがわれわれにそうせざるを得ないように仕向けたのだ」

これらは全て「総統」としてのヒトラーの言葉である。当時、ベルリンでオリンピックに向けて巨大なスタジアムを建設しようとしていたことといい、どこかの国の総理大臣とそっくりではないか！現実に起きた出来事を現実として受け止めず、悪夢として忘れ去りたい人々は「もう、そんなことにはならない。もうそんなことが起きるはずないではないか」と言う。これも、どこかで聞いたセリフだ。そう原子力村である。自分たちにとって「不都合な真実」は、起きない、あるいは、起きるはずがない、という根拠の無い確信を国民に植え付けようとする。しかし、政治リーダーや行政リーダー（軍部を含む）にとって起こるはずのない、「想定外」の「不都合な真実」が起きてしまうのが現実なのだ。

では、何故「想定外」の「不都合な真実」が起きてしまうのだろうか？

よく大規模な公共事業について動き出したら止まらないということが言われる。「八ツ場ダム」「諫早湾干拓」等々挙げればキリがないほど、今回の新国立競技場もそうだが、当初の理念や目的は、どこかに置き去りにされ、とにかく事業を推進してゆくことが自己目的化されてゆく。日本の官僚組織は超優秀な人々の組織である。民間ならば採算に合わないとか、ニーズが無いとか、理由があれば撤退する。しかし、官僚組織は法的根拠を与えられれば、即ち仕事を与えられればその優秀さ故に公務として、それをどこまでも推進しようとする。そして、民間業者が利権集団を形成する。利権集団と言えばおどろおどろしく聞こえるが、官僚集団から発注される様々な業務を受注する民間事業者集団が利益を分け合う集団を形成するという意味である。即ち、ムラである。典型的な例が、原子力ムラであろう。経済産業省設置法に「原子力推進」と書かれていれば、良い悪いとか、リスクがあろうが無かろうが、超優秀な原子力官僚たちは、規制側の官僚まで含めて、推進のための理屈をどうとでも考え推進してゆく。そして、そこから引き返すことはできないのだ。

かつてアウシュビッツ収容所で、たくさんの人が殺された。「ガス室送り」にしユダヤ人を殺してゆくことを、ナチスドイツの行政用語で「最終解決」と呼んだそうだが、これらは悪魔がやったわけでも殺人鬼がやったわけでもない。官僚が公務として行ったことである。事実、戦後裁判の中で、その罪を問われた収容所に関わった一人は、「自分は、単に指示通りの仕事をこなしていただけである。なぜ罪に問われなければならないのか」と、証言したそうである。ハンナ・アーレントは、これを「凡庸な悪」と呼び、仕事を担当した官僚の思考の欠如を指摘したが、国家が組織としての方針を持ち動き出したときに、同調圧力が強く働く中で、個人の思惑など簡単に踏みつぶされてしまうであろうことを、私たちは覚えておかなければならない。

今回の安保法制は、海外における武力行使に法的根拠を与える意味において、多くの憲法学者、内閣法制局長官経験者、最高裁長官経験者らに「日本国憲法違反である」いう指摘を受けている。が、現職の内閣法制局長官や、その担当部局は、最近明らかになったが、二〇一四年七月一日の集団的自衛権行使に関する憲法解釈の変更の閣議決定案文について、法制局審査の正式文書も作成せず、国権の最高機関たる国会で憲法適合性について恥ずかしげもなく答弁しているのである。ここに、日本国政府が戦争へと向かう「凡庸な悪」を見る思いである。

このまま、安保法制を放置しておくならば、「武器輸出を成長戦略の糧とすべきである」とか「そろそろ戦争でも起きてくれれば経済も成長するのだが」などと発言する幹部のいる経済団体も巻き込みながら「戦争ムラ」が形成されてゆくことになる。それは「防衛ムラ」が「戦争ムラ」に変わるというだけでなく、実際に自衛隊員が殺され、自衛隊員が誰かを殺し、私たちの誰かがテロの標的になることを意味する。その代償として「戦争ムラ」が利益を手にするということだ。

二〇一五年一月二十四日付の日本経済新聞のコラムの中に、こんな記述がある。

「戦後七十年間戦争をしなかったのは国連加盟一九三か国のうち八か国しかなく、アジアで日本以外はブータンだけである。世界に誇るべき歴史である。」

「私たちの国」日本は、日本国憲法という武力の行使を禁じている憲法を持っていたが故に、戦争をすることなく歴史をつくってくることができたという事実を私たちはもう一度再確認しておかなければならない。

何が問題なのか?

私たちの社会は、経済は資本主義、政治は民主主義という二つの考え方で動いている。資本主義とは文字通り「お金」を中心とする考え方。「お金」がモノを言う世界である。対して、民主主義とは、全ての人に一票の権利が与えられる、即ち平等な世界。「お金」は不平等に存在するが、「一票」は平等に存在する。即ち、資本主義と民主主義とは本来相容れない考え方なのである。

資本主義は弱肉強食の世界だが、民主主義は、それを是正するための働きとして政治を作用させようとしてきた。しかし、あらゆる物を商品化し支配しようとする資本主義は、民主主義さえも商品化し支配下に置こうとする。別な言葉で言うならば、格差を拡大させる方向に動くのが資本主義。それに対抗して公正な分配を求めるのが民主主義のはずであったが、資本主義が民主主義をも支配するようになったということである。

原子力ムラなどは、その一例である。多くの国民は、原発に対して不安を持ち不信を感じている。しかし、ムラという利益集団が形成されてしまうと、ムラの論理が民主主義の論理を乗り越えてしまうのだ。あるいは、労働者の権利を守るための労働法制が、いつの間にか経営者にとって労働者を使い易くするための労働法制に変えられてしまうのも、民主主義が資本主義に従属してしまう一例であろう。労働者派遣法改正や、いわゆる残業代ゼロ法案(ホワイトカラーエグゼンプション)地域限定正社員制度などである。

これらの資本主義が民主主義を支配する、即ち経済が政治を支配下に置くにあたっても活躍するのが官僚組織である。多くの国民にとって不利益なことを押し付けるのだから、上手にごまかさなければならないからだ。いわく、「化石燃料の輸入増大で国富が流出する」あるいは「多様な働き方を実現する」「改革」「再生」「集約」「適正化」「国際競争力」「イノベーション」など様々な霞ヶ関文学によって国民に対する情報統制が行われる。情報統制の典型的な例としては、特定秘密保護法が既に成立している。日本の安全のためという名目である。

このように、官僚組織は優秀なるが故に「凡庸な悪」を積み重ねてしまうのである。そして、現代においては、官僚組織の中の誰も責任を問われることもないのだ。なぜ責任を問われることがないのか？　新国立競技場問題の第三者検証委員会報告書の「おわりに」の部分に象徴的に記述されている。「色々問題はあるが、みんな真面目に仕事していた」からだそうだ。

以上、資本主義が民主主義を支配する、即ち経済が政治をコントロールするという動きの中に今回の安保法制も位置付けられる。二〇一五年四月、安倍総理は米国議会で、まだ法案の閣議決定さえされていない段階、即ち国会に法案の提出・説明もしていない段階で米国政府・議会に「夏までの安保法制の成立」を約束していた。と同時に、もう一カ所重要な演説を「笹川米国財団」で行い「強い経済をつくることは、軍事費を増やすことにもつなげてゆくことができる」という趣旨の話をしている。民主主義の手続きなど経済的要請の前では、いとも簡単に無視されるということだ。

政治は誰のものか？

民主主義社会においては、政治は分配を求める多数の国民のためにあるはずである。他方で、資本主義社会においては、資本は、政治を資本のために動かそうとする。だからこそ、政治の重要なファクターである人々の代表者たる「政治家」の思考・動きが重要になってくる。格差是正を求める民主主義サイドに立脚するのか、それとも資本の自由を求める資本主義サイドに立脚するかで、結果は大いに違ってくる。

もちろん、政治家たちはバランスを取りながら物事を運ぼうとする。しかし、今回のように「戦争しない国」から「戦争する国」に変わるという、国のあり方を一八〇度変えるような、しかも、憲法改正という手続きを無視して変えるような場合に、二者択一なのだから政治家たちの軸足が、どちらにあるのかよりはっきりしてくる。換言するなら、民主主義は「政治は国民からの預り物だから、国民の理解が大前提。即ち、憲法を無視することはできない。もし、どうしても、ということであれば憲法改正の国民投票をしてからである」と考える。他方で資本主義は「変化する国際情勢の中で、改正しにくくなっている憲法改正など待っていることはできない。とにかく成立させれば国民はついてこざるを得ないのだ。結論が大事。スピードが大事。国民は支配者についてくればよい。慣れる」と考える。

民主党政権から自民党政権へと交代し、安倍内閣が成立して以降、二〇一三年九月二十六日の安倍総理演説の一節「私を右翼の軍国主義者と呼びたいなら、どうぞ」という言葉から始まり、この間の自民党の政治家たちの言葉を思い出してみたい。

「我々は多数の民意を受けないとまず国会議員になれない。しかしそれによって得た任期においては多数の意見に従うわけではありません。私の判断でやる」（安倍晋三氏）。「みっともない憲法ですよ、はっきり言って」（安倍氏）。「ナチスの改憲手口を学んではどうか」（麻生太郎氏）。「国民が冷静な議論などできるのか」（菅義偉《よしひで》氏）。「国防軍にしよう。兵役を拒むものは極刑になる」（石破茂氏）。「デモは、テロと同じ」（石破氏）。「憲法を安保法案に適合させる」（中谷元氏）。「立憲主義なんて聞いたことがない」（磯崎陽輔氏）。「立憲主義を守ると国が滅ぶ」（船田元《はじめ》氏）。「そもそも国民に主権があることがおかしい」（西田昌司氏）。「天賦人権論をとるのはやめようというのが私たちの基本的な考え」（片山さつき氏）。

こうして思いつくままに挙げるだけでも、あいた口がふさがらない、というか信じられない言葉のオンパレードである。

これらの言葉の帰結として、安保法制について「国民の理解は関係ない」。「憲法学者よりも、自分たちのほうが勉強している」。「元法制局長官も、元最高裁長官も一私人」。「戦争反対は利己主義だ」。「法的安定性は関係ない」となるのである。

最早、自民党の主だった政治家たちが国民を支配の対象としてしか見ていないのは明らかであろう。

国民を支配しようとする政治、国民を統治するための官僚機構、そして公的部門からなるべく多く利益を取りたい財界。政・官・財が三位一体となって私たちをある一定の方向に動かそうとしている。

想定外が必ず起きる

今は、政・官・財のリーダーたちの思惑通りに事が運んでいるのだろう。しかし、動き出したら止まらない官僚組織が安保法制の運用を担う以上、政府の方針が如何なるものかを分析することも必要である。

現在、政府、あるいは安倍内閣の外交方針は大きく分けて二つある。

一、価値観外交……自由と民主主義を大切にする国々と価値を共有する。（ここで言う自由とは、「資本主義の自由」のことであろう。）要するに米国とやってゆくということ。

二、戦後レジームからの脱却……未来志向の外交関係をつくってゆく。（もう謝罪したくないということか？）

この二つの外交方針について分析を加えたい。先述したように、「戦後レジームからの脱却」という言葉は、日本を思わぬ落とし穴にはまり込ませる可能性を秘めた言葉である。一も二も、明らかに中国を意識した方針であるし、また、二の外交方針に基づく様々な情報操作により中国脅威論は国民の中に根深く浸透している。安保法制の国会審議においても、集団的自衛権の行使に関して政府答弁としてホルムズ海峡があげられていたが、あまりに不評だったために、最後の方は、中国脅威論をあからさまに答弁していた。いざという時のために、米国と共同行動をとれるようにしておいたほうがよいのだということであろう。以上のような安倍内閣の外交方針が最も端的に表れている文書が、戦後七〇年の安倍総理大臣談話であろう。

この「戦後七〇年談話」の重要な部分をピックアップしてみたい。

①「満州事変、そして国際連盟からの脱退。日本は、次第に、国際社会が壮絶な犠牲の上に築こうとした『新しい国際秩序』への『挑戦者』となっていった。進むべき針路を誤り、戦争への道を進んでいきました」

②「何の罪もない人々に、計り知れない損害と苦痛を、我が国が与えた事実」

③「先の大戦では、三百万余の同胞の命が失われました。（中略）たくさんの市井の人々が、無残にも犠牲となりました」

④「日本では、戦後生まれの世代が、今や、人口の八割を超えています。あの戦争には何ら関わりのない、私たちの子や孫、そしてその先の世代の子どもたちに、謝罪を続ける宿命を背負わせてはなりません」

⑤「わが国は、自由、民主主義、人権といった基本的価値を揺るぎないものとして堅持し、その価値を共有する国々と手を携えて『積極的平和主義』の旗を高く掲げ、世界の平和と繁栄にこれまで以上に貢献してまいります」

以上五点が、筆者が特に重要であると思われる部分である。

全体を通して言えることは「我が国」あるいは「日本」という言葉を使うことにより、国民の国に対する帰属意識を利用し、第二次世界大戦の責任の所在を曖昧にしている点である。「我が国」「日本」とは、国民や政府をはじめとする様々な組織の集合体としての概念であり「我が国」「日本」が行為の主体となることはない。この点については日本国憲法の前文においては「政府の行為によって戦争は起こる」と戦争の責任の所在として「政府」が行為の主体であったと明記してある。「戦後七〇年談話」に責任の所在を意図的に明記しなかったとすれば、「政府」には責任はなかったと考えているから、ということになるし、意図的ではなかったとすれば、負けたから取り敢えず謝罪するが、本当は誰に責任があるわけでもなく、集合概念である「わが国」あるいは「日本」という言葉を使ってごまかした、ということになる。

原発事故もそうだが、事故の原因や責任を曖昧にし、他方で何となく謝罪だけはする。しかし、除染や損害賠償等の事故後の処理費用は電気代という形で全て国民負担にしながら、事故以前のときと同じように原発を動かそうとする。まるで事故は運悪く台風や地震等の災害に見舞われたようなもので、誰かに責任があるわけではない。だから、以前と同じように動かします、というわけだ。

戦争についても全く同じ構造が見られる。「極東軍事裁判」の判決をサンフランシスコ講和条約で受け容れるとしたが、「わが国政府」は「わが国政府」自身として、あの第二次世界大戦についてその原因や、誰に責任があったのかを明らかにしたことはない。全てを曖昧にして、誰も責任を取らない、というのが「わが国政府」の悪しき伝統なのだ。

余談になるが、戦死した兵士たちについて「国のために命を捧げる」という言い方がされるが、正確に言うならば「国のため」ではなく、「戦争している行為主体である政府のため」に命を捧げた、ということになる。米国政府は、第二次世界大戦以降全ての戦死した兵士の遺体を一体残らず遺族のもとに還すようにしていると聞く。他方で、「我が国」の政府は、戦後、戦死した兵士全員の遺骨を遺族のもとに還すとして白木の箱に石コロを入れて「中を見てはならない」という言葉を添えて、遺族に返還したことにしたのである。御丁寧に「全ての遺骨返還が完了した」とする閣議決定までしたうえでのことだ。政府としては遺骨収集は「全て」完了したことになっているので、現在行われている様々な遺骨収集事業に関して、正式な行政文書上の表現は、終わったことに予算を付けることはできないので慰謝事業、即ち遺族を慰めるためという位置付けになっていることも付け加えておきたい。

この遺骨収集事業一つとっても「政府」自体に「戦争」するのは「政府」であって、「わが国」ではないという、行為の主体としての明確な自覚が現在においても欠けている。その政府が「戦争」することの根拠となる法律を手にしたとき、また再び「凡庸な悪」が繰り返される可能性は高いと言わざるを得ない。

以下「戦後七〇年談話」について、それぞれ見てゆきたい。

①について

第一次世界大戦から第二次世界大戦へと向かう当時の日本政府についての言及である。今、安倍内閣あるいは我が国政府は「戦後レジーム」からの脱却という言葉を使っている。「戦後レジーム」とは何かという定義についての説明を聞いたことはないが、国際社会にとっての「戦後レジーム」とは、「サンフランシスコ講和条約体制」であり「極東軍事裁判における判決」であり、日本を敵国条項の中に残す国際連合体制であろう。わが国政府が、第二次世界大戦以降の「国際秩序」に対する挑戦者とならないことを祈るばかりである。米国政府に気を使い、米国と共に国際社会の自由と民主主義を守るために、集団的自衛権の行使も可能にしたし、頑張りますと、「戦後七〇年談話」（抜粋⑤）のように力んでみせるのは、それこそ政府の自由であろうが、米国政府は、わが国政府が考えるほど「戦後レジーム」からの脱却について大目に見てくれることはないのではないか。

例えば二〇一三年に安倍総理は、米国の有名な外交専門誌である『フォーリンアフェアーズ』のインタビューに対して「日本人が靖国神社を参拝するのは、米国人がアーリントン墓地を参拝するのと同じ」と、コメントしている。が、その直後に来日したケリー国務長官とヘーゲル国防長官は、靖国には見向きもせず、千鳥ヶ淵戦没者墓苑に献花をし、安倍総理のコメントに無言のカウンターを放っている。
②③について
損害と苦痛を与えたのは、「我が国」という実体のない集合概念ではなく、「柳条湖爆破工作事件に端を発する我が国政府の引き起こした戦争」によるものであり、言葉のごまかしによる論理のすりかえが行われている。
③についても、台風や地震等による自然災害の犠牲であったかの如くに客観的な記述振りになっている。何度でも繰り返すが、「戦争の犠牲」とは、正しく言うならば「政府の始めた戦争により何らかの理由で殺された」とするのが正しい言い方ではないか。
④について
テレビのニュースなどで何回も繰り返し使われたので読者も覚えていると思う。私たち日本人の国に対する帰属意識の高さを利用して見事な論理のすりかえが行われている。政府あるいは安倍総理の巧妙な言葉のすりかえに、国民の多くは、この部分に大いに共感を抱かされてしまったのではないだろうか？

しかし、ポツダム宣言第六条に「日本国民を欺いて世界征服に乗り出す過ちを犯させた勢力」と、日本国民は戦争指導者たちにより欺かれた存在であり、戦争責任は「政府」にあると国際社会も認識し明記している。にもかかわらず、あたかも一人ひとりの国民に戦争責任の謝罪を求められてきたかの如くに「戦後七〇年談話」に記述し、国民の中にある対中感情を刺激しようとするスピンをかけている。姑息と言えば、あまりに姑息。巧妙と言えば、巧妙。

国会における党首討論で共産党の志位委員長からポツダム宣言に対する考え方を求められて安倍総理は、「つまびらかに読んでいない」と答弁している。政府の責任者として、「戦争責任は政府にある」と断定しているポツダム宣言の一つひとつの項目について、安倍総理が認めるのか、認めないのか、「つまびらかに読んで」いただいたうえで、徹底的に野党側は追及すべきであろう。

「党首討論」では「つまびらかに読んでいない」と、ごまかすことはできるかもしれないが、「内閣総理大臣」として出席する「予算委員会」等では、「読んでいない」等とは決して言えないはずだからだ。その証拠として、内閣総理大臣として答弁する、閣議決定をされた質問主意書に対する答弁書では、「当然、読んでいる」と答えている。野党側は、戦争さえもビジネスにしようとする新自由主義陣営の側に動かされる政府・与党の要人の立場の使い分けや言葉のごまかしを鋭く突いていかなければならない。

恐らく、談話は安倍総理御自身の謝罪したくない、という気持ちを国民の名を騙って記述したのであろう。総理自身のこのような態度こそが、周辺諸国の信頼を失い外交関係を緊張させるもとになってゆくものではないか、と危惧する。

決めるのは主権者

第二次世界大戦の戦争責任について「我が国」という曖昧な表現で「我が国政府」の戦争責任をごまかそうとする政府を私たち国民は戴いている。そして、その政府は安保法制の制定という「戦後レジーム」からの脱却、即ち第二次世界大戦後の「国際秩序」への挑戦を始めようとしている。財界の主だったリーダーたちも、それを歓迎しているようである。

が、官僚機構やその分野で血税を自らの会社の利益として受ける業者たちで今後構成されてゆくだろう「戦争ムラ」は、日本のムラ社会の悪しき慣習としての「動き出したら止まれない」という、「凡庸な悪」を繰り返しながら肥大化してゆく。実際に、民主主義や立憲主義、議院内閣制を理解しているとは到底思えない自衛隊のトップである河野統合幕僚長は、二〇一四年十二月に米国陸軍参謀総長に対して安保法制の成立の見込みを伝え、その会談記録の提出を国会で求められると、「無い」と平気で嘘をつくという「凡庸な悪」を既に働いている。このようなことの積み重ねが、「いつか来た道」となってゆく。

私は、予言しておきたい。

政界・官界・財界のリーダーたちが唱えている二つの方針、「価値観外交」と「戦後レジームからの脱却」は、矛盾する概念として、必ずどこかでぶつかる。分かりやすく言うならば、「戦後レジームからの脱却」とは中国に対して「優位に立ちたい」あるいは「封じ込めたい」ということだろうが、国際社会は米国を含めて「我が国政府」の味方をしてはくれない。中国は確かに脅威である。私も、そう思う。そして、多くの国民が中国脅威論で煽られ中国と対立・対抗することを支持するであろう。かつて、ナチスドイツが選挙で勝利し、ヒトラーが戦争へと向かったように。多くの国民が、マスコミを通じてなされる政府のプロパガンダに踊ることになる。

なぜなら、時代の雰囲気に危機感を覚え、発せられる声は、マスコミによって伝えられることによって国民が知るところになるわけだが、このような警鐘に対してマスコミは沈黙する。天皇陛下八〇歳の誕生日の御言葉の中で、「戦後、日本は、平和と民主主義を守るべき大切なものとして、日本国憲法をつくり様々な改革を行って、今の日本を築きました」という、陛下が最も伝えていただきたかったであろう部分だけを、NHKが放送でカットしたことなどは、その一例である。

従って、今後、「戦争ムラ」は国民のある部分からは一定の支持を受け、憲法改正もしながら動いてゆくことになるだろう。動き出したら止まらないのだ。第二次世界大戦のときは、陛下が「決断」により気の狂った軍部を止めていただいた。しかし、今、陛下の言葉は、マスコミが伝えてさえくれないのだ。ここで、私たちは民族として、第二次世界大戦のとき、ポツダム宣言受諾にあたっての御前会議で陛下が述べられた言葉をかみしめる必要があると思われるので再録したい。(因みに、これは御前会議に書記官として入っていた郷土鹿児島の先輩である迫水久常書記官長の述懐である。)

「大東亜戦争が始まってから陸海軍のして来たことを見ると、どうも予定と結果が大変に違う場合が多い。今、陸軍、海軍では先程も大臣、総長が言ったように本土決戦の準備をして居り、勝つ自信があると言っているが、自分はその点について心配している。先日、参謀総長から九十九里浜の防備について話を聞いたが、実はその後、待従武官が実地に見て来ての話では、総長の話とは非常に違っていて、防備は殆ど出来ていないようである。又、先日、編成を終ったある師団の装備については、参謀総長から完了の旨の話を聞いたが、実は兵士に銃剣さえ行き渡っておらない有様であることが判った。このような状態で本土決戦に突入したらどうなるか、自分は非常に心配である。日本民族は根絶やしにされてしまうのではなかろうかと思う。そうなったら、どうしてこの日本という国を子孫に伝えることが出来るか。自分の任務は祖先から受けついだこの日本を子孫に伝えることである。今となっては、ひとりでも多くの日本人に生き残ってもらって、その人達が将来再び起ち上ってもらう外に、この日本を子孫に伝える方法はないと思う。それにこのまま戦を続けることは世界人類にとっても不幸なことである。自分のことはどうなっても構わない。堪え難きこと、忍び難きことであるが、この戦争をやめる決心をした次第である」

昭和天皇に対する様々な評価があることは否定しない。しかし、重要なのは、大日本帝国憲法下で形式上全ての権力を掌握する立場にあった即ち主権者であった昭和天皇の、この言葉こそが戦争を終結させる唯一の言葉であったことを、私たちは歴史の事実として知っておかなければならないと私は考える。立憲君主として「あ、そう」と臣下の判断を追認してきた陛下が、軍部を含む官僚機構のウソの報告という「凡庸な悪」を指摘し、「わが民族が根絶やし」にされることに言及され、世界人類のことにまで触れて戦争終結を「発言」されたのである。

翻って、今回の安保法制の行き着く先は、どこなのか？　今は、御前会議も決断もない。それに代わるはずの、主権者国民の代表たる国会議員の集まる国会は、いとも簡単に、憲法違反の法律を成立させ立憲主義を否定してみせた。暴走する「政府」を止めるのは「国会」しかないのだ、という役割を放棄したのだ。

新たに出現するであろう「戦争ムラ」を止めるものは、何も無いのだろうか？　行く着くところまで行くしかないのだろうか？　先の大戦では、原爆を落とされてからやっと終わらせることができた。

山本太郎氏が、採決の際に数珠を持ち登壇し物議を醸した。「自民党は死んだ」と言ったそうだが、「国会が死んだ」のであり、憲法学者も、法制局元長官も、最高裁元長官も関係ない、即ち国会の議論など邪魔だと思っている「安倍総裁」を無投票で信認し「総理大臣」として戴く「自由民主党」は独裁政党としてますます元気に「生きてゆく」のである。

それでも、勝てば官軍、戦争に勝てば「あの時代はファシズムの時代だった」とは言われないだろう。しかし、「戦後レジームからの脱却」は「戦後の国際秩序」と必ず衝突する。その時は、頼みの日米安保は機能しない。なぜなら、米国政府も「戦後の国際秩序」を選ぶし、島国日本が焦土になり、他に影響が及ばないのであれば、軍事産業はその方が儲かるからである。米・中が共同して日本に牙をむいてくるかもしれない。

しかし、「国会が死んだ」ところで希望を失う必要はない。死んだのは「今の国会」だからだ。選挙は何回でも巡ってくる。あなたの一票で、国会を生き返らせればよいだけの話だ。事を始めるのも主権者、引きずるのも主権者、終わらせるのも主権者なのだ。決めるのは、一人ひとり。昔「天皇」今「自分」ということだ。

まとめ

資本主義経済が政治を支配する？

二〇〇四年十二月、ＩＢＭの元会長であったサミュエル・パルミサーノ氏が米国の官・財・学四百名余りのリーダーたちを率いて議長としてまとめた「パルミサーノ・レポート」の中で「イノベーションのためには、ルールを支配する必要がある。ルールを支配する者が、ゲームの勝者である」と宣言している。まさしく、資本主義経済が、ルールを作る場である民主主義政治を支配するという宣言であった。そして、その宣言の内容は、年次改革要望書等を通じて、わが国にも伝えられ、ＴＰＰ（環太平洋連携協定）にもつながっている。

強者が強者としての自由を謳歌し、支配を強化するためのルール作りに政治を利用する。様々な許認可権限を握る行政の長たる内閣総理大臣がマスコミ批判を平気で口にし、「私にも言論の自由がある」などと嘯き、恫喝を繰り返す。それは、なぜか？

新自由主義にとって民主主義は邪魔なものであるが、彼らも建前上民主主義を否定することはできない。従って、国民多数をごまかすために「自由」とか「改革」とか民主主義の側からも否定しにくい言葉を使うのだ。更には、民主主義を擬装するために「強いリーダーシップ」あるいは「決められる政治」などという言葉を使い、民主主義の本質である「議論」を封殺してゆく。

他方で、全ての人々にとり、自分の懐が豊かになるということを連想させるパターナリズム的「経済成長」を強調し、擬装やごまかし、恫喝から国民の目をそらそうともする。その典型的な例が「アベノミクス」なる言葉である。その実態は、国民の富を将来世代にわたって収奪し、資本市場に投入し、一部の大企業や富裕層に富を移転させながら株価を引き上げ、景気がよくなるように見せるふうにしているだけの空疎な中身のない政策でありながら、「アベノミクス」＝「経済成長」＝「豊かな生活」というイメージを、国民に対して刷り込んでいる。

かつて、新自由主義を提唱したハイエクが「競争が有利に行われるためには、慎重に考え尽くされた『法的構造』が必要であることを否定しないで、むしろ力説さえするのである。また、それは競争を有効に行わしめるために必要条件を作り出すことが不可能な場合には、経済活動を指導するために他の方法に訴えなくてはならぬことを否定することもしない」と、目的のためには手段を選ばず、何でも利用しなければならない、と書いている。

そして、「緊急事態条項から憲法改正を」と、新自由主義の陣営が持ち出してきた究極の「ルールを作り、ルールを支配する」「強者の自由」のための方策が「憲法改正」への執着である。狂人たちの狂った指導によってアジア太平洋で二千万人以上の罪無き人々が殺された第二次世界大戦への世界的な反省から生まれたのが、現在の「日本国憲法」である。民主主義、即ち、一人ひとりの国民の自由こそが、最も大事にしなければならない価値である、と説いている。

強者にとっては、その民主主義（国民一人ひとりの自由）が邪魔なのだ。強者にとって「憲法」を自分たちにとって使い勝手のよい「憲法」に変えてゆくことこそが「自由」なのだろう。強者（支配者）にとって使い勝手のよい「憲法」とは、即ち、国民を支配しやすい「憲法」ということになる。だからこそ、自由民主党の「憲法改正草案」は、「大日本帝国憲法」に近いものになり、私たち国民にとっては信じ難い内容となっている。

まさしく、私たちは今、強者（支配者）の自由の前に、私たち一人ひとりの自由を売り渡すのか否かの重大な時代の転換点に立たされている。リベラル側の人々は、強者（支配者）に対して「憲法守れ」と、シュプレヒコールする。しかし、「憲法」を守る気のない「改正」しようとしている強者（支配者）に対して「守れ」と言ったところで意味ないだろう。

日本国憲法十二条に「この憲法が国民に保障する自由及び権利は、国民の不断の努力によって、これを保持しなければならない。」とある。即ち、私たちの自由や権利は、私たち自身で不断の努力、日々連綿と続ける努力により守り、確立してゆかなければならない、誰も守ってはくれないのだ、ということを私たちに指示している。

人間としての自由を守る政治へ

二〇一五年、国会で憲法上の制約により「行使できない」とされてきた「集団的自衛権の行使」について、本来は憲法改正手続きをとるべきであるものを、禁じ手である、憲法解釈を「できない」から「できる」に変更し、それを元に安保法制（戦争法）を強引に成立させた安倍内閣。

安倍総理は、国会答弁で「(安保法制について）国民の理解が十分でないのは承知しているが、法律が成立してしまえば国民も理解するだろう」と述べた。そして、今年の年頭のＮＨＫの政治番組の中で「参院選で必要な議席を確保したうえで、憲法改正を目指す」と言い切った。

今は、私たち一人ひとりは、日本国憲法のもとで「自由」な存在である。しかし、ひとたび憲法が改正された瞬間に、私たちから「自由」が奪われ「不自由」な存在に落とされてしまう可能性が出てきているということだ。強者（支配者）の自由を担保するだけの憲法改正を許すのか、それとも弱者（多くの人々）の自由を守ってくれている現憲法を維持するのか、政治決戦が近付いてきている。

スターウォーズ「フォースの覚醒」ならぬ「民主主義の覚醒」が成るか、「不断の努力」が問われている。

今、私たちは「政治」と「経済」に関して、「経済」のための「政治」ではなく、「経済」を「政治」がコントロールすべき時代にさしかかっている。「経済」は資本主義。「競争」即ち「弱肉強食」。強者が「自由」を謳歌する世界。強者にとっての「自由」は、弱者（多くの人々）にとっては「強者に支配されること」を意味する。対して「政治」は民主主義。民主主義の本質は「分配」。即ち、「経済」で拡大した「格差」を「政治」による「分配」で埋めることこそが、民主主義の本質であり、「強者」の支配から弱者（多くの人々）が逃れるための「人間としての自由」を獲得してゆくものが「政治」でなければならない。

強者のための「憲法改正」は、「人間としての自由」を奪うものでしかない。

資本主義と民主主義をバランスよく運用してゆくためには、今、主権者である国民一人ひとりが民主主義的人間であることを志向せねば、「資本主義に操られた暴君」の独走を止めることはできないのだ。

かわうち・ひろし……元衆議院議員。民進党所属。一九九六年に初当選、衆議院議員を五期務める。二〇一三年三月、福島第一原発一号機建屋への視察調査を二度行い撮影を行った。著書に『アベノクライシス』（竹書房）。

第三章　「メディア・ファシズム」の波と安倍政権下の言論統制・情報操作

——原発報道・戦争報道と隠される不都合な真実

木村　朗

はじめに

二〇〇一年の九・一一事件以降、「テロとの戦い」が立ち上げられる中で「グローバル・ファシズム」、すなわちアメリカを起点とするファシズム化（戦争国家化・警察国家化）の波が世界的規模で加速することになる。この状況下において、特に重要性を帯びてきたのが言葉の意味をめぐる闘争である。「メディア・ファシズム」、すなわち権力のメディア化、メディアの権力化が急速に進むなか、正邪や真偽が真逆に伝えられる傾向が顕著になりつつある。権力とメディアが一体化して、民衆がそれに踊らされるという状況、つまり民衆と権力・メディアが三位一体になった〝鵺のような全体主義〟（辺見庸氏の言葉）が生まれている。安倍首相の唱える「積極的平和主義」が本来の意味とは真逆の「積極的軍事（戦争）主義」なのは明らかであるように、今の日本と世界はまさにジョージ・オーウェルが『一九八四年』で描いたような、狂気の倒錯した世界になりつつあると言っても過言ではない。

そこで本章では、戦争報道、原発報道の二つの分野・テーマを中心に、言論統制・情報操作と自主規制・集団同調圧力いう観点から権力とメディア、市民との関係を問い直すとともに、メディアリテラシーと「騙される者の責任」（無関心と沈黙は罪である）の問題を掘り下げてみることにしたい。

一　メディアと権力をめぐる今日的様相
——戦前の国家による言論統制の経験から何を学ぶべきか

戦前の日本が無謀な戦争に突入した原因の一つが、政府による言論統制・報道規制であった。これは太平洋戦争中に戦況に関する虚偽の情報・発表を繰り返した「大本営発表」につながる。その結果、多くの国民は政府に不都合な真実の情報から遠ざけられ思考停止状態に陥り、国策として遂行される戦争に自発的に参加・協力することになったわけである。

二〇一一年三月十一日の東日本大震災と福島第一原発事故以降の日本においても同じような状況が生まれている。原発事故の真の原因や被曝・汚染の深刻な実態が政府や電力会社によって隠蔽され、多くの国民は今現在何が起きているのかを正確に判断・認識するための情報を得ることが極めて困難な状況に置かれている。

安全保障問題でも中国脅威論や北朝鮮脅威論を利用するかたちで国民の不安を一方的に煽って「戦争に強い国家」を求める方向への情報操作・世論誘導が巧妙になされている。特に注目すべきなのは、ジョージ・オーウェルが言うところの「ダブルスピーク（二重語法）」や「ニュースピーク（新語法）」を通じて国民の思考を管理するための言葉の意味の収奪が行われていることである。安倍首相の唱える「積極的平和主義」や「平和安全法制」といった用語・言葉遣いがその典型だ。

昨年（二〇一五年）九月に安全保障関連法案という名を付けた「戦争法案」が国会で強行採決されて成立した。その時の国会では政府・与党側の嘘とごまかしの答弁が際立っていたが、今国会（二〇一六年三月の時点）ではその傾向にさらに拍車がかかっている。

その国会で注目を集めているのが、高市早苗総務相の「電波停止」発言問題である。二月八日の衆院予算委員会で高市早苗総務大臣が、放送局が「政治的に公平であること」と定めた放送法四条一項二号の違反を繰り返した場合、電波法七六条一項に基づき電波停止を命じる可能性に言及して国内外に波紋を呼んでいる。高市総務相は、「行政が何度要請しても全く改善しない放送局に、何の対応もしないとは約束できない。将来にわたり可能性が全くないとは言えない」と発言したが、多くの論者が指摘しているように、これは放送法の本来の趣旨を捻じ曲げた解釈であり「言論の自由」や「報道の自由」を侵害するのは明らかである（ジャーナリストの田原総一朗氏、鳥越俊太郎氏、岸井成格氏、田勢康弘氏、大谷昭宏氏、青木理氏、そしてＴＢＳ執行役員の金平茂紀氏らが出した共同声明「高市総務大臣〝電波停止〟発言に抗議する放送人の緊急アピール」、「立憲デモクラシーの会」の憲法学者である樋口陽一・東大名誉教授の「高市発言は違憲」とする見解などを参照）。

ここでより問題なのは、この高市総務相の重大発言とその意味を大手メディア、特にテレビ局が抗議せずにほとんど報道しなかったことである。政府による言論統制まがいの恫喝が大問題であることはもちろんだが、大手メディアの萎縮・自主規制は本当に異常であり民主主義の危機をもたらすものだ。日本の報道自由度ランキングは、一八〇カ国中、二〇一〇年は一一位、二〇一二年は五三位、二〇一五年には六一位になっている。すでに、安倍首相の盟友の籾井勝人氏を会長にしたNHKをはじめとする大手メディアは本来の権力監視を放棄し、政府に都合の悪い情報・事実を国民から隠すことで、逆に権力に監視されて国家に奉仕する広報機関に事実上成り下がっているといってよい。その結果、集団同調圧力は高まる一方で、物言えば唇寒しといった状況が生まれている。この問題については、私も次のような発言をしている。

「@すでに自民党は、放送局に文書を出したり、番組担当者を呼び出したりしてプレッシャーをかけています。テレ朝の『報道ステーション』での古賀茂明氏の発言を批判。政権にモノを言えない雰囲気が作られる中、安保法制に疑問を呈した国谷キャスター（NHK）や古舘キャスター（テレ朝）、岸井キャスター（TBS）などの降板が決まっています。さすがに東条内閣時代の横浜事件ほど直接的ではありませんが、戦前・戦中の言論統制に近づいていることは確かです。自民党は、一九九三年の細川政権発足時、テレ朝の椿取締役報道局長の発言を問題視し、放送免許取り消しを示唆してメディアに圧力をかけた過去があるように、表現の自由を制限したがる体質があるといえます。」（二〇一六年二月二十七日付『日刊ゲンダイ』「特集：大新聞メディアの危機」）

このように軍事・安全保障問題だけでなく言論・報道・表現の自由をめぐっても「新しい戦前」の到来が囁かれている。まさに秘密と沈黙は戦争への道である。今こそ、多くの市民が思考停止状態から脱して真の主権者としての意思表示を行うことが本当に求められている。その意味で、メディアリテラシー（情報を批判的かつ主体的に読み解く能力）を市民一人ひとりが身に付けるとともに、権力を監視・批判できる市民による独立した対抗メディアを早急に構築する必要がある。

二　戦争報道をめぐる情報操作――北朝鮮（核実験、「ミサイル発射」）報道を中心に

安倍首相らが口にする「この道しかない」は戦前日本が経験した「いつか来た道」であり、再び日本を破滅の淵に追いやる「戦争に強い国家」であることは明らかだ。この点に関連して注目されるのが、近年の一連の北朝鮮報道である。ここでは、特に戦争報道と情報操作という観点から、北朝鮮の核実験と「(長距離)弾道ミサイル」発射報道を取り上げてみたい。

北朝鮮が今年一月六日に行った四回目の核実験（前回は二〇一三年二月）と二月七日に行った「(長距離)弾道ミサイル」発射が今さまざまな論議を呼んでいる。この問題で国連安保理は三月三日に北朝鮮に対する非難と制裁強化を内容とする新決議を採択した。

北朝鮮による一月六日の核実験直後に、米日韓三カ国は、北朝鮮による核実験を国連決議違反だとして強く非難すると同時に、米国は核弾頭搭載可能の米国戦略爆撃機B52を韓国上空に飛来させ、韓国は軍事国境線付近での宣伝放送を再開し、日本は国連を舞台に協議されている国際制裁とは別に独自の制裁を行う意向を表明するなど対北強硬策で歩調を合わせた。

北朝鮮が行ったとされる核実験が小型水爆か強化原爆であるかを問わず、核実験の強行がたとえ北朝鮮が主張する「自衛的核抑止力」のためであっても正当化されないことは言うまでもない。しかし、

これまでの周辺関係各国の外交的対応をめぐる議論において、次のような重要な論点がほとんど報じられていないのはなぜなのか。一、北朝鮮が一体何を求めているのか。二、北朝鮮がここまで事態をエスカレートさせるに至った理由は何か。三、北朝鮮は本当に脅威なのか。四、周辺諸国に与える本質的な影響とは何か。五、この問題と他の国際的出来事との関連をどうみるか、といった論点である。

第一点は、米国との直接対話で両国の敵対関係に終止符を打ち休戦協定を平和条約に改定することである。具体的には、北朝鮮への敵対政策の転換、すなわち、毎年、春に実施している北朝鮮を仮想敵国とした米韓合同軍事演習の中止、北朝鮮への先制攻撃を行わないという体制保障を米国など関係各国から取り付けることである。

第二点では、ブッシュ政権当時の北朝鮮政策の転換によってクリントン政権下で結ばれたKEDO（朝鮮半島エネルギー開発機構）の合意が崩壊したことが大きい。米国などの強硬政策が北朝鮮を核・ミサイル開発などの戦争瀬戸際政策に追い詰めたとも言える。その一方で、厳しい対応で一貫していたイラク、イラン、リビアなどと比べて二重基準とも言えるような曖昧な対応を北朝鮮だけに取り続けていることも不可解である。

第三点は、北朝鮮の軍事的脅威であるが、核実験を行うことと、核兵器を実際に使用して相手国を攻撃する意思があるかどうかは区別しなければならない。米日韓三カ国は今回の核実験を北朝鮮の主張する水爆ではなく強化原爆とみなすとともに、ミサイルに搭載できる小型原爆の開発にもいたっていないと判断している。能力の点では、次第に射程距離を延ばしつつあるミサイル技術のほうがより脅威となろう。本当の脅威が生まれるのは、北朝鮮が先制攻撃をあえて行うような意思を持っている場合である。しかし、今日まで北朝鮮は一貫して米国の核攻撃への自衛的措置である意思を表明してきている。戦力が圧倒的に劣る側（北朝鮮）が戦力で圧倒的優位にある側（米日韓）に先制攻撃を行う合理的理由は考えにくい。そうであれば、北朝鮮の核実験自体は攻撃的な核ではないので（正当化はできないが）直接的な脅威とはならない、とも言えよう。

第四点では、その影響を一番大きく受けたのは韓国であろう。韓国は、今回の事態を受けて軍事境界線での宣伝放送を再開しB52の飛来を受け入れたばかりでなく、原子力空母の配備など、さらなる戦略兵器の展開を米側と協議を行った。また、対日関係改善を加速させ、日本との軍事情報包括保護協定（ＧＳＯＭＩＡ）の締結や中国への配慮から控えてきた高度防衛ミサイル（ＴＨＡＡＤ）システム導入の検討など軍事的連携強化の動きにつながった。

韓国内で核武装化を求める声が高まっていることも見逃せない事実だ。日本ではこうした韓国の動きに呼応するかのように、対北朝鮮での日韓連携への必要性が強調され新たな日韓軍事協力のあり方を模索し始めている。そして、米国との軍事的一体化がさらに進む中で、通常国会の安全保障関連法をめぐる論戦でも、今回の事態を受けてその必要性を強調する政府・与党に対してその廃止を訴えてきた野党が守勢に立たされることになった。

第五点では、今回の北朝鮮の核実験と昨年（二〇一五年）末の日韓慰安婦問題での合意、同じく昨年九月に憲法を破壊し立憲民主主義を否定するかたちで成立した安保法制との密接な関連である。北朝鮮は昨年から繰り返し核実験を行うことを予告しており、今回の核実験を米国だけは事前に察知していたとも言われる。また、昨年末の日韓慰安婦問題での合意の背景に米国の強い圧力があったことも明らかとなっている。安保法制の整備は第三次アーミテージ・ナイ・レポートに基づくものであったことも山本太郎参議院議員が指摘しているとおりである。

これまで述べたとおり、今回の北朝鮮による四回目の核実験を受けて、米日韓三カ国は、国連を通じて北朝鮮への制裁を一層強める一方で、米日韓三国間の軍事的連携を一挙に深めようとしている。特に、米日韓三国はそれぞれ独自の制裁を科すことに固執し、日韓両国は米国の東アジア安全保障政策に迎合する対米従属を競い合うかたちで「アジア版NATO」(二〇一四年三月七日の記者会見で当時の石破茂幹事長が軍事的な台頭を続ける中国への抑止力として打ち上げたもの)の結成に向けて積極的に動こうとしている。しかし、このような事実上の米日韓三国同盟による軍事的圧力を中心とした対北強硬策一辺倒で、はたして本当に北朝鮮の「脅威」は取り除かれるのであろうか(拙稿「北朝鮮の核実験を解く(上)」二〇一四年二月一八日付『琉球新報』参照)。

また、北朝鮮が二月七日に行った人工衛星発射実験に対しては、米ロなどが衛星打ち上げのための人工衛星発射であることを認めているにもかかわらず、日本政府や日本の大手メディアはこぞって「(長距離)弾道ミサイル」発射という発表・報道で足並みをそろえている。前回まで使われていた「事実上の」という但し書きも今回の発表・報道ではほとんど無く、(長距離)弾道ミサイル発射、と前提条件なしの表現で断定しているのはあまりにも異常である。例えば、二月九日に参議院本会議で採択された北朝鮮非難決議では、「去る二月七日、北朝鮮は〝人工衛星〟の打ち上げと称して弾道ミサイルの発射を強行した」とある。ほぼすべてのメディアが一切に「事実上の誤報」をしたのは、まさに大本営発表を思わせるものであった(田岡俊次「〝北のミサイル〟はメディアの大誤報だ」『週刊金曜日』二〇一六年二月二十六日)。

日本政府はミサイル発射準備の兆候をつかんだ段階で自衛隊にミサイル迎撃を可能とする破壊措置命令を出し、海上配備型迎撃ミサイル(SM3)を搭載したイージス艦を展開するなど、警戒を強めていた。そして、沖縄の石垣島と宮古島にPAC3(地対空誘導パトリオット)を配備し、与那国島へ陸上自衛隊の連絡員を派遣するなど、自衛隊配備を急展開した。しかし、「(北朝鮮が)打ち上げに成功する場合も失敗する場合も〝PAC3〟は機能しない」(軍事評論家・前田哲男氏、二月四日付『琉球新報』)、「PAC3が軍事的に何の役にも立たないのは明らか」(元防衛大教授・孫崎享氏、二月六日付『琉球新報』)である。安倍政権がPAC3を沖縄の石垣・宮古両島に配備する狙いは、北朝鮮への不安・恐怖感をかきたてることで「昨年強行成立させた安全保障関連法の必要性を強調する」ことや石垣・宮古など南西諸島への「自衛隊配備の地ならし」もあったと思われる(半田滋「上空通過しない石垣・宮古にPAC3を配備した狙い」『週刊金曜日』二〇一六年二月十二日)。

このような政府発表と大手メディアの報道は、まさに明らかに権力とメディアが一体化した意図的な「情報操作」であると言える。また、本体ではなく落下してくる可能性のある破片などの破壊を目的としていたとする政府説明も不自然である。なぜならば、これまで三回同じコースで行った韓国の人工衛星発射実験(二〇〇九年八月、二〇一〇年六月、二〇一三年一月)の際には同じ危険性があったはずなのに何ら対処をしなかった事実があるからである。

最後に、政府発表やメディア報道でなぜか報道されなかった重要な問題がある。それは、原発がミサイル攻撃のターゲットになりうるという深刻な問題である。北朝鮮が保有する弾道ミサイル「ノドン」は射程一二〇〇kmで、日本中がすでにその射程距離圏に入っているという現実である。この問題は、これまでの議論の中でもなぜか一貫してタブー視されてきた。日本独自の追加制裁を盛り込んだ参議院での北朝鮮非難決議にただ一人棄権した山本太郎議員がブログで、「ターゲットになりうる脆弱な原発施設に、ミサイルなどが着弾しても、政府はそれ自体の想定も、被曝防護の具体策も準備していない。驚くほどのお粗末ぶりである」と言及しているが、このタブー視されてきた問題も直視すべきであろう〔この問題を真正面から論じた藤岡淳氏の貴重な論考「軍事攻撃されたら福島原発はどうなるか」（木村・高橋：二〇一五）を参照〕。

このように、北朝鮮の核実験と「弾道ミサイル」発射報道にはさまざまな情報操作が行われていることが分かる。その背景に、北朝鮮の「脅威」をねつ造・誇張して、安保法制などを通じた日米軍事協力の一体化や抑止力強化の狙い、あるいはさらに一層高価な高高度防衛ミサイル（ＴＨＡＡＤ）システム導入という日米両国の軍産複合体の思惑が隠されているとすれば重大である。今最も求められているのは事態の冷静な把握と最悪の事態を避けるための具体的方策である。日本が今なすべきことは、「圧迫外交」ではなく平和外交に徹することである。軍事的威嚇を繰り返して緊張をいたずらに激化させるのではなく、あくまでも対話を重視しながら緊張緩和と信頼醸成を関係各国の間に築かなければならない。東アジアにおける平和と安定を築くためには「アジア版ＮＡＴＯ」ではなく、鳩山由紀夫元首相などが提唱している「東アジア共同体」を目指すことがより重要である。日本政府が行う「断固たる措置」では拉致問題の解決も遠のくばかりである。この問題を安保法制の正当化や根拠の乏しい在沖海兵隊の抑止力や「オール沖縄」の民意を無視して強行している辺野古新基地建設などと絡ませることは論外である。再び、東アジア地域に戦火を招くことがあってはならない。とりわけ、朝鮮半島と沖縄を再び戦場にすることは絶対にあってはならない。

三　原発報道における情報操作
――福島第一原発事故をめぐる政府・東電の対応とマスコミ報道を中心に

二〇一一年三月十一日の東日本大震災とそれに続く福島第一原発事故以降の日本は、ある意味で一九八六年四月二十六日のチェルノブイリ原発事故以降の旧ソ連以上に厳格な言論統制下にあるといえよう。なぜなら福島原発事故の真相究明や深刻な被曝と汚染の実態・状況が国民に一切知らされないまま、原発の再稼働・輸出や二〇二〇年開催予定の東京オリンピックの準備が着々と進められているからだ。

安倍首相は、二〇一三年九月七日に行った東京への五輪招致演説の中で、「フクシマについて、お案じの向きには、私から保証をいたします。状況は、アンダーコントロール（制御）されています。東京には、いかなる悪影響にしろ、これまで及ぼしたことはなく、今後とも、及ぼすことはありません。……」と語った。しかし、この発言が実は何の根拠もない大嘘であったことは、今もなお放射能で汚染された水が地下や海洋に容赦なく流れ込むままになっている状態を直視すれば、その実情が真逆の「アウト・オブ・コントロール（制御不能）」であることはあまりにも明らかである。それは、「東電福島第一原発からは、今も毎日二億四〇〇〇万ベクレルが大気中に、二〇〇億ベクレルが海に放出されている」という広瀬直己東電社長の参議院経済産業委員会での答弁によっても裏付けられている。それればかりではない。当の安倍首相自身も、そのことをのちの国会で認めているのである。

安倍首相は二〇一五年一月三十日の衆議院予算委員会で福島第一原発の状況について、「汚染水対策を含め、廃炉、賠償、汚染など課題が山積している」としたうえで「今なお厳しい避難生活を強いられている被災者の方々を思うと、収束という言葉を使う状況にはない」と語っている。この発言は、これまでの自分の発言内容をひっくり返すような内容であり、極めて重大な発言であるのは明らかだ。しかし問題なのは、それにもかかわらず国内の主要メディアがこの発言を取り上げていないことである。第一報も海外メディアのロイターが報じている点も見逃せない問題である。国内メディアは異常なほどに安倍政権を批判せず、政府や大企業にとって不都合な真実を国民に知らせようとしていないという現実がある。今や、日本国民は今何が本当に起こっているのかを知るためには外国メディアの情報や外国特派員協会を頼みにするしかなくなっている。

次に取り上げたいのは、最近になって東京電力が二〇一一年三月十一日の福島第一原発事故が「メルトダウン（炉心溶融）」状況にあったことをようやく認めたというニュースである（二〇一六年二月二十四日付『朝日新聞デジタル』）。

東京電力は、二月二十五日の記者会見で、当時の社内のマニュアルでは事故発生から三日後には核燃料が溶け落ちる、メルトダウンと判断できたことを発表し、謝罪した。東京電力は、福島第一原発の事故発生直後からメルトダウンを指摘する声を無視続け、事故発生から二カ月たって、メルトダウンが起きたことをようやく認めて社会から大きな批判を浴びるという経緯があった。東京電力は今回の発表で、福島第一原発事故当時の社内マニュアルに、核燃料が溶け落ちるメルトダウン（炉心溶融）を判定する基準が明記されていたが、その存在に五年間気付かなかったと説明している。しかし、このような重要な事故対策マニュアルの存在にそれを管理する立場の多くの人々が「五年間気付かなかった」ということが果して本当にあるのだろうか。これは、単に事故時の広報の在り方が改めて問われるといった程度の問題ではない。徹底的な真相究明と責任者の処罰、そして具体的な再発防止策の策定・公表がされなければならないだろう。

この問題とも密接にかかわっていると思うのが、SPEEDI情報の隠蔽をめぐる問題である。これは、放射能被曝の予測範囲と避難地域の指定で犯した「重大な誤り」によって該当地域の住民に甚大な二次被害、三次被害を生じさせた疑いがあるという問題である。それも、「単なる不作為」によって「結果的に」だけでなく、「意図的に」当該地域の福島住民を被曝させた可能性があるという「未必の故意」による国家犯罪にもつながる重大な問題である。以下は、二〇一一年当時に私がインターネット新聞NPJ旧版（http://www.news-pj.net/old/）に書いた論評「福島〝原発震災〟の意味を問う〜錯綜する天災と人災」からの引用・抜粋である。

政府と東電は、「SPEEDI：スピーディ」と呼ばれる、緊急時迅速放射能影響予測ネットワークシステム（原子力発電所などから大量の放射性物質が放出されていたり、そのおそれがあるという緊急事態に、周辺環境における放射性物質の大気中濃度および被曝量など環境への影響を、放出源情報、気象条件および地形データを基に迅速に予測するシステム）のデータを原発事故発生から最も大事な最初の一、二週間、ほとんど開示することなく隠していた。福島県もＳＰＥＥＤＩのデータを東京電力福島第一原発一号機が水素爆発を起こした翌日の三月十三日に確認していたが、県民には公表していなかったことが判明している（五月七日付『福島民報』）。こうして非常時の初期段階で、タイミングよく避難指示を出すなどの適切な対応をしなかったために、より多くの人々を被曝させるという取り返しのつかない最悪の結果をまねいた疑いがある。ＳＰＥＥＤＩは事故直後の三月十一日十七時から始動していたにもかかわらず、これまでにその放射能拡散予測図は三月二十三日、四月十一日の計二回、事故後に作成されたといわれる二千枚以上のなかのわずか二枚だけが公表されたにすぎなかった。東京電力は、地震発生翌日の三月十二日に一号機と三号機で「ベント」にようやく着手し、十三日には二号機でも実施しました。さらに、十五日には「ドライベント」（フィルターを通さないで放射能で汚染された大気を放出する緊急措置）も行っていた。この時点ですでに大量の放射性物質が飛散して多くの人が被曝することになったことは間違いない。しかし、こうした事実はなぜかすぐには公表されずに最も大事な期間に被曝情報が隠蔽されていたのだ。東電がようやく「ドライベント」を行っていたことを会見で認めたのは三月二十一日であり、しかも前日の会見での「十六日から十七日にかけて（ベンを）実施した」との発言を訂正したうえでのことであった（『ｍｓｎ産経』三月二十一日）。

また枝野幸男官房長官は、この間、「放出はただちに健康に影響を及ぼすものではない」との発言を繰り返していた。さらに見過ごすことができないのは、枝野官房長官が福島第一原発の三号機付近で、毎時四〇〇ミリシーベルトの放射線量（一時間で一般人の年間被曝線量限度の四〇〇倍となる）を観測したと発表した三月十五日に「不可思議な避難」（鎌田慧氏の言葉）が東京で実施されていたという情報だ。それは、大手メディアなどの企業で、十五日昼頃から社員を帰宅させて自宅待機を命じていたこと、また十四日深夜に体育館にいた避難民だけでなく自衛隊の特殊部隊など、原発から三〇キロ程度離れた地域にいた人たちがいっせいに逃げ出したということだ。これは、プルサーマル（MOX燃料：プルトニウムとウランとの混合酸化物）を使っている三号機の暴走という自衛官から知らされた情報が原因とも言われているが、詳細は不明とされている（鎌田：二〇一一、および『週刊現代』四月九日号、参照）。もしこのことが本当に事実ならば、政府・東電や大手メディアなどは極めて深刻な事態に陥っていたにもかかわらず、その情報を一部のものだけが共有して自分たちだけの身の安全をはかっていた、つまり多くの国民は真相を知らされずに「死の灰」という放射性物質を浴びせられる危険な環境に放置されていたということになる。

その後、政府と東電の事故対策統合本部は四月二十五日に、SPEEDIの試算図を今後すべて公表する方針を表明したが、実際に五千枚の試算図が新たに公表されたのは五月三日になってのことだった。細野豪志統合本部事務局長は、四月二十五日の会見で、「拡散予測に必要な放射性物質の放出量などのデータが得られずにSPEEDIの試算結果の公表が遅れた」と謝罪・弁明している（『共同通信』四月二十五日配信）。また五月二日の共同記者会見では、四月三十日の時点で、ニコニコ動画の七功尾記者からのSPEEDIに関する質問に「今政府が持っているデータはすべて公開した」としていたことを「誤った事実を伝えてしまったことに、心よりお詫びを申し上げたい」と訂正・謝罪するとともに、これまで公開しなかった理由について、「公表して社会にパニックが起こることを懸念した」と説明している。さらに、細野豪志首相補佐官は四日午前のテレビ朝日の番組で、SPEEDIの未公開データについて「早い段階で公表すべきだった」と述べる一方で、「データを出さなかったことで、国民が被曝する状況を隠していたとか、国民の健康を犠牲にしたということはない」とも主張している（『msn産経』五月四日）。しかし、こうした政府の情報公開の在り方は、特別の意図のあるなしを問わず「初動ミスを隠すため」と言われても仕方のない問題の多いものであったと言える。今回公表されたSPEEDIのデータがこれまで隠蔽されていたデータと本当に同じものなのか、つまりデータ改ざんの疑いがないのか、独立した第三者（組織）による検証が必要だ。

また、パニックや「風評被害」などの過剰反応を恐れて「正しい情報」を公開しないという理由も容認できるものではない。こうした政府や東電の姿勢が国民の間に不信・疑心暗鬼を生み、一部の買い占めや「風評被害」をもたらしたとも考えられるからだ。一部の海外メディアが原発被害を誇張する過剰報道を行い、その結果、「過剰被害」が生じたのも、やはり政府の情報発信の少なさに起因しているのではないだろうか。きくちゆみさんも指摘しているように、そもそも最近よく耳にする「風評被害」の多くは、本来の「風評被害」（本当は問題がないのに、間違った風評で被害を受けること）ではなく、「原発事故による被害」、「原発を作ったこと（推進したこと）自体の被害」であると思う（「きくちゆみのブログとポッドキャスト」四月二十一日：「風評被害ではなく原発被害」）。

「官邸幹部から、SPEEDI情報は公表するなと命じられていた。さらに、一号機でベントが行なわれた翌日（十六日）には、官邸の指示でＳＰＥＥＤＩの担当が文科省から内閣府の原子力安全委に移された」というＳＰＥＥＤＩを担当する文科省科学技術・学術政策局内部からの重大証言（「放射能拡散情報公表が遅れた背景に『政府の初動ミス隠し』」：『ＮＥＷＳポストセブン』四月二十六日、『週刊ポスト』五月六日・十三日号）がもし事実であるとすれば、これは明らかに人命軽視の不作為の犯罪であると言わなければならない。福島県がＳＰＥＥＤＩの試算図は当初からシステムどおりに送られていたのに、すぐに県民に公表しなかった理由も、「原子力安全委が公表するかどうか判断するので、県が勝手に公表してはならないと釘を刺されました」（福島県災害対策本部原子力班）と説明されており、まさに「『政府が情報を隠して国民を被曝させた』とすれば、チェルノブイリ事故を隠して大量の被曝者を出した旧ソビエト政府と全く同じ歴史的大罪である」。「福島県は、玄葉光一郎・国家戦略相や渡部恒三・民主党最高顧問という菅政権幹部の地元だ。玄葉氏は原子力行政を推進する立場の科学技術政策担当相を兼務しており、渡部氏は自民党時代に福島への原発誘致に関わった政治家である。この経緯は、国会で徹底的に解明されなければならない」（同上）。

以上が、ＮＰＪの私の論評からの引用・抜粋である。福島第一原発事故の発生直後からの日本政府と東電の対応で顕著だったのは、「情報伝達（開示）の少なさ、遅さ、曖昧さ」という点であった。特に注目すべきことは、これまで述べてきたような、政府と東電の危機意識の欠如と隠蔽体質がもたらした重大なミス・不手際、あるいは責任逃れの意図的な不作為の結果として原発事故が生じ、マスメディア（大手マスコミ）の情報操作・自主規制という加担行為によって健康被害・放射能汚染が拡大したという問題である。この問題が深刻なのは、そのことによって本来であれば避けられたはずの被曝をし、今もなお重い健康被害で苦しむ人々がいるという事実である。さらに、これから先も新しい被曝者を生む可能性が高いということだ。私たちは、今現在も福島原発事故は現在進行形であり、今後、住民に放射能による被曝の健康被害が実際に形となって現れた場合にどのような責任・補償措置をとるべきなのかを真剣に考える必要がある。「私が将来結婚したとき、被ばくして子どもが産めなくなったら補償してくれるのですか」（五月一日付『福島民友』）という飯舘村の女子高生の切実な訴えに今こそ耳を傾けなければならない。

ここで、注目すべき情報がある。それは、二〇一五年四月二十二日の原子力規制委員会の定例会で、原発事故時の住民避難方針をまとめた原子力災害対策指針を改定し、SPEEDIの活用を明記していた原子力災害対策指針からSPEEDIの記述を削除することを自治体等の要望を無視する形で決定したとの報道である（『産経ニュース』二〇一五年四月十九日）。SPEEDIの「予測の精度」に難があるとの主張がその削除の理由とされている。しかし、これは事実に反している。SPEEDI情報は、住民のパニックを恐れる政府と福島県により隠蔽され、避難指示に生かされることはなかったが、その後の経緯からみてもかなり実態に即した正確な数値の予測であったことが分かっているからだ。それでは、こうした動きは何を意味しているのであろうか。もし再び福島原発のような事故が起こった場合にSPEEDIで放射能拡散状況が遺漏して、都合の悪い情報を隠蔽できなくなるから一二〇億円以上の税金をかけたSPEEDIデータを使わないのだとしたら、日本は恐ろしい暗黒国家になりつつあるということだ。また、文科省は二〇一二年一月十六日に、国会の事故調査委員会で

SPEEDIで得られた放射性物質の拡散予測結果について、国内での公表より先に米軍に二〇一一年三月十四日から外務省経由で提供していたという驚くべき事実を公表している（二〇一二年一月十七日付『日経新聞』）。SPEEDIの有益な情報を国民に知らせることなく誤った避難誘導を行って福島の飯舘村などの地域住民に無用な被曝を強いる一方で、同盟国の米国や米軍には最優先でSPEEDI情報を提供していたことは明らかな国民への背信行為である。

これはまさに国家と企業・メディアが一体となった「国家犯罪」とも言べき性質の問題であり、この問題を無かったかのように看過することはできない。最近になってようやく、検察審査会の二度の議決を経て元会長の勝俣恒久被告（七五）ら三人の東京電力元幹部が強制起訴されて福島第一原発事故の刑事責任（「重大事故を未然に防止する注意義務を怠った」「業務上過失致死傷罪」）が初めて法廷の場で問われることになった。あまりにも遅すぎた基礎・裁判であるとはいえ、原因究明と責任追及の第一歩という意味で歓迎すべき出来事である。被曝をされた方々をはじめ、それを支援されている多くの仲間の方々と一緒に、この福島裁判の行方を最後まで注視し見守りたい。

福島第一原発からすでに五年の歳月が過ぎたが、依然として事故収束のめどは立っておらず住民の被曝・健康被害は広がるばかりである。例えば、二〇一四年八月、東京での外国特派員クラブで柳原敏夫弁護士は、チェルノブイリ事故当時と比べて、福島の子どもたちの間で広がりつつある甲状腺がんの比率は一四倍もの深刻さを表しているとする現地調査の結果を公表している（浜田和幸「五年目を迎える福島原発事故の不都合な真実」『月刊日本』二〇一六年三月号）。ここでは紙数の関係で、これ以上、原発事故の真の原因、深刻な汚染状況や福島第一原発の現場の実情被曝・健康被害の実態の封印をめぐる問題について述べることができないがそれはまた別の機会に譲りたい。

おわりに代えて――メディアリテラシーの意義とソーシャルメディアの可能性

最後に、ここでただ一点だけ触れさせてもらいたいことある。それは二〇一三年十二月に制定された「がん登録推進法」の問題である。これは、がん患者の情報を国がデータベースに記録して一元管理し、治療や予防に活用するという目的で提案されたとされている。日本人の死亡原因の第一位ががんであれば大方の人はその必要性にうなづくかもしれない。しかし、注意してほしい点がある。この法律には、もし医療関係者が知り得た情報を外部に漏らした場合は、「二年以下の懲役又は一〇〇万円以下の罰金」という罰則が設けられていることだ。もし、この法律の隠された目的の一つが、福島第一原発事故の関連情報（事故の真相究明や被曝・汚染の深刻な実態の公表）の封印にあるとすれば恐ろしいことだと感ずるのは自分だけではないだろう。

これは同じ時期に制定された特定秘密保護法にも当てはまることだ。「特定秘密」には、軍事機密や外交機密だけでなく、私たちの命と暮らしに直接関係する原発事故や放射能被害・被曝情報も当然含まれることになる。そのことを東京から沖縄に「避難移住」した作家・批評家の山口泉氏は、「この悪法が最初に目指すものこそ、今後いっそう明らかになるであろう東京電力・福島第一原発事故の惨害の情報統制ではないのか」（山口：二〇一六）と喝破している。

具体的には、私たち市民が直接放射能測定を行って放射能汚染地図を作成したり、そうした情報を拡散するような行為さえも禁止され、それが犯罪行為とみなされて取り締まり・処罰の対象になりかねないということだ。それと同時に、国民の生命の安全に関わる政府・東電の不作為・過失も容易に隠蔽されて、原因解明と責任追及がほとんど不可能になる事態が予想される。

マイナンバー制の導入もそうだが、こうした法制度を通じて国家によって国民の知る権利が奪われるとともに、国家や大企業が個人情報を一元的に管理する手段・道具として機能する可能性が高いと言わざるを得ない。日本にも否応なくファシズム化の波は訪れており、日本の警察国家化・戦争国家はすでに始まっているのである。

それでは、このような動きに対して私たち市民はどのように対応すればいいのであろうか。また特に、政府や企業・メディアが行う情報操作や世論誘導に対処する術はあるのだろうか。私たちにできることは限られているが、それなりに有効な対抗策がないわけではない。それは一言で言えば、メディアリテラシーの意義とソーシャルメディアの可能性ということに尽きると思う。やはり、私たち市民一人ひとりが政府や大企業・メディアが行う情報操作や世論誘導のカラクリを見破り、主体的に物事の判断・評価できるだけの能力を身に付けることが必要である。具体的に言えば、一、政府や大企業・手メディアが垂れ流す情報を鵜呑みにしない。二、多数派・主流派の意見を疑え。三に、反対意見・少数意に耳を傾けよ。四、できるだけ多くの信頼できる情報源（個人と組織・団体の双方）を持て、といった点を自分の情報の取捨選択や事実認識を行う際の最低限の姿勢として持っておくことを勧めておきたい。私たち一人ひとりが「騙される者の責任」（小出裕章氏の言葉）を自覚することが重要な鍵となってくるのは確かである。

もう一つの鍵は、政府や大企業・大手メディアに対抗できるだけの市民による独立したソーシャルメディアの育成と国内外のネットワークの構築である。これもまた、一朝一夕では実現できないことかもしれない。しかし、周りを注意深く見るならば、私たち市民にはすでに多くのそうしたソーシャルメディアをもっていることに気付くであろう。もしもそうした信頼できる情報源が見つからないというならば自分自身がメアになって情報発信を行うこともできるし、そうすべきだと思う。いずれにしても、諦めるには早すぎる。今からでも遅くはない。インターネット時代においては、言論統制・情報操作の危険性も満ちてはいるが、自由な情報伝達のための道も限りなく開かれているのだから。

参考文献

オーウェル、ジョージ（二〇〇九）高橋和久訳『一九八四年』（新訳版）ハヤカワepi文庫。

医療問題研究会（二〇一六）『甲状腺がん異常多発とこれからの広範な障害の増加を考える：福島で進行する低線量・内部被ばく』（増補改訂版）、耕文社。

海渡雄一（二〇一六）福島原発告訴団監修『市民が明らかにした福島原発事故の真実：東電と国は何を隠ぺいしたか』彩流社ブックレット。

鎌田慧（二〇一二）『原発暴走列島』ＡＳＴＲＡ。

カルディコット、ヘレン（二〇一五）河村めぐみ訳『終わりなき危機〜日本のメディアが伝えない、世界の科学者による福島原発事故研究報告書〜』ブックマン社。

ガンダーセン、アーニー（二〇一二）岡崎玲子訳『福島第一原発――真相と展望』集英社新書。

木村朗・高橋博子（二〇一五）『核時代の神話と虚構』明石書店。

木村 朗・高橋博子（二〇一六）『核の戦後史』創元社。
小出裕章（二〇一一）『知りたくないけれど、知っておかねばならない　原発の真実』幻冬舎。
佐藤栄佐久（二〇一一）『福島原発の真実』平凡社新書。
白井 聡（二〇一六）『戦後政治を終わらせる――永続敗戦の、その先へ』ＮＨＫ出版新書。
チョムスキー、ノーム（二〇〇三）鈴木主税訳『メディア・コントロール――正義なき民主主義と国際社会』集英社新書。
堤 未果（二〇一二）『政府は必ず嘘をつく アメリカの「失われた一〇年」が私たちに警告すること』角川ＳＳＣ新書。
広瀬 隆（二〇一五）『東京が壊滅する日――フクシマと日本の運命』ダイヤモンド社。
ファクラー、マーティン（二〇一六）『安倍政権にひれ伏す日本のメディア』双葉社。
山口 泉（二〇一六）『辺野古の弁証法――ポスト・フクシマと「沖縄革命」』オーロラ自由アトリエ。
山本太郎（二〇一六）『みんなが聞きたい 安倍総理への質問』集英社インターナショナル。

重要ウェブサイト

ＩＷＪ（Independent Web Journal: 岩上安身責任編集）　http://iwj.co.jp/
阿修羅の掲示板　http://www.asyura2.com/
ＮＰＪ（News for the People in Japan）　http://www.news-pj.net/
植草一秀の『知られざる真実』　http://uekusak.cocolog-nifty.com/
オルタナティブ通信　http://alternativereport1.seesaa.net/article/436082767.html
カレイドスコープ　http://kaleido11.blog.fc2.com/

櫻井ジャーナル（櫻井春彦）　http://plaza.rakuten.co.jp/condor33/
真実を探すブログ　http://saigaijyouhou.com/
新ベンチャー革命　http://blogs.yahoo.co.jp/hisa_yamamot
世界の裏側ニュース　http://ameblo.jp/wake-up-japan/
Democracy Now!（デモクラシー・ナウ！）　http://democracynow.jp/
デモクラＴＶ　http://dmcr.tv/
ＢＣＮ童子丸　ＨＰ　http://bcndoujimaru.web.fc2.com/bcndoujimaru_menue.html
ビデオニュース・ドットコム（神保哲生・宮台真司）　http://www.videonews.com/
辺見庸ブログ　Yo Hemmi Weblog　http://yo-hemmi.net/
孫崎享チャンネル（孫崎享のつぶやき）　http://ch.nicovideo.jp/magosaki
マスコミに載らない海外記事　http://eigokiji.cocolog-nifty.com/blog/cat39013118/
山口泉　精神の戒厳令下に　http://auroro.exblog.jp/
リテラ（ＬＩＴＥＲＡ）　http://lite-ra.com/

きむら・あきら………鹿児島大学法文学部教授。専門は平和学、国際関係論。日本平和学会理事。『危機の時代の平和学』（法律文化社）、『21世紀のグローバル・ファシズム』（耕文社）など著書多数。

第四章　「マクベスの魔女の呪文」にどう対抗するか

――働き手の言葉を奪い返すために

竹信三恵子

はじめに

日本社会は、大きな転換点を迎えつつある。戦後の雇用の柱だった輸出型製造業は、グローバル化の中で、賃金の安い海外へ生産拠点を移した。「海外との競争」という脅しに抑えられて、働き方は劣悪化を続け、今や五人に二人は低賃金で不安定な非正規雇用だ。このような働き手に、「消費を活性化」させる余力はない。こうした状況が景気の回復力を弱め、デフレからの脱出を難しくしているのに、「少子化が諸悪の原因」とばかりに、女性は出産へ追いまくられる。だが、そんな言説を押し返すための働き手や女性の権利ついては、ほとんど教えられていない。そうした知識の空白状態に、アベノミクスの「雇用改革」が、怒濤のように持ち込まれ始めている。そのやり方は、シェークスピアの戯曲『マクベス』に登場する三人の魔女の呪文に似ている。魔女たちは、「きれいは汚い、汚いはきれい」という呪文で主人公のマクベスを混乱させ、破滅に導くが、アベノミクスの「働き方改革」も、「汚いはきれい」のネーミングで私たちを混乱に陥れているからだ。

本章では、このような「雇用改革」の用語を読み解くことを通じ、私たちがどのような働き方に連れて行かれようとしているのか、その呪文から解放されて希望の働き方の再建へ向かうには、何が必要かを考えていきたい。

一 「世界一企業が活躍しやすい国」が生む活躍できない働き手

働き手に利益が回る仕組みの破壊

第二次安倍内閣が発足した翌年の二〇一三年一月国会施政方針演説で、安倍晋三首相は「世界で一番企業が活躍しやすい国」を打ち出した。(注1)

だが、「企業の活躍しやすさ」が働き手の元気に結びつくには、それによって企業が利益を上げるだけでは足りない。利益が働き手にも回るパイプが不可欠だ。その仕組みがあれば、購買力は増し、中小零細企業も潤い、懸案の「デフレからの脱出」が達成できるかもしれない。だが、パイプが壊れていれば、「活躍」しやすくなった一部の企業の内部留保や株主への配当が膨れ上がるだけで終わる。問題は、相次ぐアベノミクスの「雇用改革」策が、むしろ、このパイプの破壊改革だということだ。

一九六〇年代～七〇年代、日本の所得税の最高税率は七五％に設定され、これが高度成長の成果を中低所得層に回す役割を果たした。雇用の面でも、女性の排除という限界はあっても、原則は正社員という安定雇用と、三割を上回る労組の組織率が働き手の発言力を支えた。当時、通産省（現・経産省）の官僚だった根津利三郎氏は、「かつての経営者は利益を従業員（賃上げ）、株主（配当）、内部留保（企業）に三等分した」（括弧内は筆者）と振り返る。[2]

だが、そのパイプは一九八二年に発足した中曽根政権以降の相次ぐ最高税率の引き下げや、労働の規制緩和による非正規労働者の増加、民営化による官公庁労組の解体によって壊されていく。加えて、同じ時期に加速化したグローバル化の中で、製造業が賃金の安い地域を目指して脱出する「産業の空洞化」が進み、国内の働き手の賃上げ交渉力は低下していく。国内市場を支えていた中流の購買力は下がり、今大手企業は、購買力のある海外市場への展開を目指して海外企業の大型買収に余念がない。企業の利益は、株主への配当と企業買収などに回され、働き手には一段と回りにくくなるという悪循環に入っている。

こうした状況は日本だけではない。フランスの経済学者トマ・ピケティは、資産は放置すれば蓄積を続け、資産を持つものと持たないものとの格差は広がり続けることを指摘した。[3] だが、その資産は第一次、第二次世界大戦、世界大恐慌、ロシア革命などによって崩壊し、また、格差や貧困が戦争を招き寄せたという反省も背中を押し、戦後の世界は格差縮小策が続いた。二つの大戦間、軍事費の調達のため富裕層に重い累進課税が広がったが、戦後はその財源を「平和の配当」として、中低所得層の福祉などに回すことで格差は縮まり、中流の購買力も引き上げられた。ところが、大戦終結後、徐々に富の再集積が再開、富裕層の発言権が再び高まり、最高税率の引き下げや労働法制の規制緩和への要求が強まり、格差は再拡大を始める。それが一九八〇年代以降の私たちの世界だ。ピケティは、このような格差拡大に歯止めをかけるため、富裕層の資産課税を強めて低所得層に回す人為的な格差縮小政策の必要性を訴えた。そうした主張が、米国のウォール街占拠の際の「一％の富裕層に対する九九％の貧困層の闘い」を支えた[4]。

アベノミクスは、このような格差縮小策とは逆行するものを多数含んでいる。例えば、「異次元の量的緩和」によってつくり出された円安や法人税減税で大手企業の利益は上がったが、中小企業には、円安による輸入資材や原料の高騰で収益を圧迫される例が目立つ。「量的緩和」では株価も上がり、金融資産を持つ富裕層は二〇一三年、初めて百万世帯を超えた。だが一方で、株を持たないばかりか消費増税のあおりをうけた中低所得層を中心に、資産ゼロ世帯も三〇％台に増え、高止まりしている。

先に述べたように、企業業績の改善が働き手に波及しなければデフレ脱出は難しい。さすがに政府も企業に賃上げを要請し、「官製春闘」と皮肉られつつ大手企業の正社員の賃金は二・五％（二〇一五年春闘最終集計）上がった。だがこれは全企業の〇・〇〇六％にすぎず[5]、実質賃金はむしろアベノミクスの三年間下がり続けている[6]。その間、企業の内部留保は一〇％以上増え、過去最大の額に達した[7]。四割を超す非正規労働者は最低賃金レベルの時給のままで、その構成比率を上げげさえすれば正規の賃上げ分は吸収されてしまう構造だ。これでは働き手全体の取り分は簡単には増えない。だが、企業の成長と働き手の増収が連動していた高度成長期の記憶が、「世界一企業が活躍しやすい国」の呪文を有効にする。

「解雇特区」の登場

そんなアベノミクスの「雇用改革」の第一陣として打ち出されたのが、「国家戦略特区」の労働規制緩和案だった。国家戦略特区はアベノミクスの成長戦略の柱の一つだ。指定された地域（特区）内で企業に不便な規制を緩和して儲けやすい環境を整え、そこでの「実験」が成功すれば全国に広げていくという構想だ。二〇一三年五月に発足した「国家戦略ワーキンググループ」は、特区内の外国人比率が高い事業所や、開業五年以内の事業所を対象に、契約の際に解雇要件を明示すること、休日や深夜労働の労働条件緩和などができる構想を打ち出した。

働く側は、契約時に迫られれば仕事ほしさに条件を呑む。今は、働き手の安易な解雇による社会不安を防ぐため、人員整理を理由にした解雇の場合は、①人員整理の必要性、②解雇回避努力義務の履行、③被解雇者選定の合理性、④解雇手続の妥当性、の四要件を満たさなければならないことが判例で決まっている。これらの「解雇規制」を特区を利用して無力化しようとするものとして、マスメディアは「解雇特区」と名付けた(8)。

深夜労働の緩和も、企業が残業代を払わなくてすむようになるため長時間労働への歯止めがなくなり、過労死の温床にもなりうる。特区内の住民は働き手の人権から除外されかねないとの声も上がり、朝日新聞の風刺寸言投稿欄に、

「解雇特区　永田町を指定したい　非正社員(9)」

という投稿が載るなど、世論の反発が一気に高まった。

厚生労働省も「雇用は労働者の公平や、企業の公正競争に関わるので全国一律でなければならず、特区にはなじまない」などの見解を出し、当時の田村憲久厚労相も反対して閣内が割れる形になり、「解雇特区」は見送られた。

働き手目線から「汚いは汚い」と暴露した「解雇特区」のネーミングによって政策が押し返された

反省からか、その後、政府の側からの「汚いはきれい」の呪文は強まっていく。

派遣の固定化は「安定雇用」？

国家戦略特区ワーキンググループは、第二次安倍政権が発足させた「日本経済再生本部」の下にできた産業競争力会議の中に設置された組織だ。アベノミクス雇用政策の司令塔ともいえる同会議は、人材派遣などの人材ビジネス大手であるパソナグループ会長、竹中平蔵氏らが主要メンバーとして参加し、「雇用改革」という呪文の下、労働の規制緩和策が猛スピードで提案されていった。中でも二〇一五年九月に国会を通過した労働者派遣法改定案は、呪文をフルに駆使したものだった。

派遣労働者は、契約社員やパートと異なり、職場である派遣先企業に雇用されていない間接雇用の働き手だ。派遣会社に雇われる形になっているため、実際の職場である派遣先の労働条件について労使交渉を申し入れても、「うちの社員ではない」と交渉を拒否されることが少なくない。派遣会社が派遣先に代理で条件交渉をしてくれれば一応の筋は通るのだが、「お客さまにはモノを言えない」とばかりに取り上げられない場合が多く、働き手の交渉権は宙に浮きがちな特性がある。つまり、労働条件を改善するための働き手の武器とも言える団体交渉権を行使することが、極めて難しい働き方なのだ。

このような立場の弱い派遣の働き方は一時的なものにとどめるべきだとの考えから、二〇一二年に民主党政権下で改定された派遣法は、派遣先が年限を超えて派遣社員を働かせ続けた場合は派遣先と派遣労働者の間に直接雇用の契約があったとみなす「労働者みなし雇用契約制度」が設けられ、二〇一五年十月一日から施行されるはずだった。

ところが、二〇一五年九月の改定派遣法は、専門性が高くて立場が強いことを理由に派遣社員として無期限に利用できる「専門二六業務」の派遣労働者と、年限があるそれ以外の派遣の区別をなくし、派遣会社の有期契約の社員と、無期契約の社員の二つに分類し直した。前者の有期派遣は、派遣先が三年で別の派遣社員を取り替えさえすれば直接雇用なしで利用し続けることができるようにし、後者の無期派遣については期間の制限を外した。つまり、派遣先から見れば、どの派遣でも無期限に雇えることになったわけで、違法な期間超えを理由とした「みなし制度」は適用できなくなった。これでは直接雇用の道を阻まれ、生涯にわたり、不安定な派遣社員として固定化されてしまうという派遣社員たちの抗議が盛り上がり、安保法制の審議の難航ともあいまって、当初の施行日の九月一日を過ぎても審議は終わらなかった。そこで政府は、審議中に法案の施行日を十月一日に変えるという離れ業で法案を通し、期間制限違反へのみなし雇用制の適用をぎりぎりで回避した。

「生涯派遣法案」との批判に対し、首相の国会答弁は、派遣会社による職業訓練などで「キャリアアップ」ができるようになったり、派遣会社に無期で雇われたりする措置をとったので派遣のままでも雇用は安定化する、というものだった。[10] だが、職業訓練して質の高い派遣になったとしても、正社員化・賃上げの保障とはならない。派遣会社の「無期雇用」はある意味、派遣社員としての固定化されることだ。不安定な派遣にとどまり続けることを「派遣社員の安定」と呼ぶ呪文が、ここでも登場する。

「失業なき雇用流動化」の先は貧困

戦後の日本社会での雇用対策は、失業者を増やさないよう、会社ができる限り社内に働き手を保持するように促すことだった。そのため、不況期に社員を解雇せずに踏ん張る企業には「雇用調整助成金」が支給されてきた。一方、アベノミクスの労働政策では、解雇規制を緩和し、働き手の転職を支援して別の産業へ移動させる「失業なき労働移動」が提唱されている。再就職支援を実施した会社などに支給される「労働移動支援助成金」が二〇一四年には前年の三〇倍以上に増やされ、「雇用調整助成金」との予算比率は逆転しつつある。

多くの先進国が、働き手の産業間の移動を促す流動化政策に向かっているのは事実だ。グローバル化の中で産業構造が急速に変わり、成熟産業から有望産業へと働き手を移動させることで、食べていける雇用を育てようという発想からだ。その代表例として知られるデンマークでは解雇規制の大幅緩和による移動促進策を取った。ただ、その実施主体は、公的職業紹介機関（日本のハローワーク）と七割近い組織率を持つ労組だ。労組は会社の解雇者リストを点検し、パワハラなどによる不合理な解雇はないか、人選は公正かなどをチェックする。さらに、ハローワークが提供する人手不足の業種リストを対象者に見せて希望の転職先を聞き出し、退職時までに次の就職先へつなげるよう資格取得などの手助けをする。退職までに仕事がみつからなければ、その後も労組と公的職業紹介機関が協力して継続して相談に乗り、これを手厚い失業手当が支える。国民の生存権を保障するため、公が責任を持ち続けることがデンマーク方式の原点だ。[11]

一方、安倍政権の「失業なき労働移動」で想定される実施主体は人材ビジネスだ。二〇一三年に、当時の田村厚労相は「雇用調整助成金を大幅に減らしたうえで、民間人材ビジネスを活用した労働移動の支援に取り組む」という趣旨の発言をし、前出のパソナグループ会長兼産業競争力会議メンバーの竹中氏が、「現在千対五くらいの二つの助成金の比率を一気に逆転するようなイメージでやっていただけると信じている」と発言している。[12] これらの措置によって人材ビジネスの業務は拡大しつつある。一方で、ハローワークの職員の人件費は絞られ、今や六割が低賃金で仕事を打ち切りやすい短期契約の非正規となっている。

またデンマークでは、無期雇用（日本で言えば正社員）が原則で、同一労働同一賃金が浸透している。このため、流動化で移った先も、仕事が同程度なら賃金は同程度の無期雇用となる。それに比べ日本では、非正規比率が四割を超えているため、移動すれば低賃金で不安定な雇用となるリスクが高い。同一労働同一賃金も整っていないため、転職による条件悪化も起きやすい。日本の移動促進策は、デンマークのような「生活を立てられる雇用への労働移動」への視点が欠けているのだ。

二〇一四年に都内で開かれた労働問題の集会で、こうした欠陥を浮き彫りにする実例が電機メーカー社員から報告された。この会社では数千人規模の希望退職の募集があり、報告者の同僚の勤続三〇年の五十代男性は、就職あっせんを引き受けた大手人材会社から「一年以内に新天地がみつかりますよ」と言われて退職に応じた。彼は、その人材会社に登録したものの、正社員での再就職先は見つからなかった。人材会社社員から「派遣の道もある」と助言され、元の勤め先の子会社の派遣会社に登録、元の勤め先に派遣されて、以前より大幅に安い賃金で働くことになったという。二〇一六年二月に明るみに出た王子ホールディングス子会社の退職勧奨も、同じ構図だ。

このように「労働移動」させた社員をとりあえず派遣会社にはめ込めば、数の上では「失業なき労働移動」が実現する。派遣法の改定で派遣労働者の直接雇用の心配から解放された派遣先は、「労働移動」のやりすぎで人手が足りなくなれば、こうした働き手を派遣会社から借りてくればすむ。「流動化」された働き手の一時的なプール先として、その再就職や「キャリアアップ」のための職業訓練ビジネスの場として、竹中氏らが経営する大手人材ビジネスには大量のカネが流れ込む。「失業なき労働移動」の呪文による人材ビジネスの錬金術だ。

二　会社の支配力の強化

「同一労働同一賃金」が「同一過労死労働同一低賃金」になるとき

こうした批判が高まるなか、二〇一六年一月の国会での施政方針演説で、安倍首相は「同一労働同一賃金」の検討を表明した。先に述べたように、日本はこの制度が整っていない。このため、雇用を「流動化」させて転職を進めると、賃金が下がってしまうことが多い。また、同様の仕事をしている非正規労働者と正規労働者の賃金格差も大きく、二〇一一年の厚生労働省の調査でも、正規労働者と同じ職務の非正規労働者の六〇%が、正規労働者より高いスキルの非正規労働者の四四%が、年収二〇〇万円以下だ。このような事態を改善するには、同じ仕事には同じ賃金の原則を、日本でも確立する必要がある。

ここで問題なのは、「同一労働」の「同一」を決める基準によっては、この制度は企業の賃金決定権を極大化し、働き手の賃金交渉力が大きく弱められる結果を招くことだ。

国際的に採用されているＩＬＯの基準では、仕事を構成する職務を分析して、知識・技能、責任、負担度、労働環境の四大要素について点数を付け、その総計が同じ仕事の賃金は同じ、という判定方法を取る。職務が同等の、または類似した仕事を比べる場合は「同一労働同一賃金」、全く異なる仕事の価値を比べる場合は「同一価値労働同一賃金」となり、どの仕事もこの分析方法なら客観的に比べることが可能になる。また、負担度や労働環境が評価項目に入っているので、猛暑に気温の高い職場でハンバーガーを作り続ける非正規の店員のように、責任はさほどでない非正規労働者でも、過酷な労働環境に耐えて働いていることが評価の対象になる。

この考え方は、一九七〇年代に盛り上がった米国の「公民権運動」の中で、賃金での人種差別や性差別に対抗するため、職務を点数とすることで偏見を取り除き、社会の底辺で働く人たちの仕事の重みも評価の対象にすることを目指したところから始まり、各国に広がった[13]。

一方、日本では、経団連の「二〇〇八年版経営労働政策委員会報告」で、「同一価値労働とは、将来にわたる期待の要素も考慮して、企業に同一の付加価値をもたらす労働」との考え方が示されている。これでは働き手の仕事の中身でなく、期待や会社の業績への貢献度といった会社の恣意的な評価で競わされるおそれがある。二〇〇八年の改定でパート労働法にパートと正社員の均等待遇が盛り込まれたが、ここでは転勤などの「人材活用」が正社員と同じであることが条件とされている。二〇一〇年に厚労省がパートの均等待遇にからんで公表した「職務分析職務評価マニュアル」[14]でも、「責任」に相当する項目に重点が置かれている。扱い方によっては、過労死するような長時間労働でも昇進が遅れて役職につけず、「責任」が軽いとされた正社員は、非正規と同等の賃金、ともされかねない。これでは「同一過労死労働同一低賃金」だ。

施政方針が示された段階での首相発言では、付加価値や人材活用のあり方を考慮することを表明(二月六日付『朝日新聞』)しており、このまま行けば働く側の労苦を反映したものや、差別の是正につながるものにはなりにくい。こうした批判にこたえて、その後「熟練度」を同一基準に入れることで非正規にもプラス、という新しい呪文が繰り出されてきたが、これも、主観が入りやすいあいまいな基準だ。

欧州では企業横断型の産業別労組と使用者側が賃金交渉し、中立の第三者機関の裁定で賃金差別を認定する仕組みもあり、企業の恣意的な「同一」評価に歯止めがかけられている。首相が提唱する同一労働同一賃金では今のところ、そうした歯止めについての言及もない。差別是正のために生まれた「同一労働同一賃金」の言葉が、「同一過労死労働同一低賃金」に転化しないよう、警戒が必要だ。

「残業代ゼロ」でワークライフバランス?

会社の支配力を増す改変は、まだある。労働時間規制の取り外しだ。「高度プロフェッショナル制度」と呼ばれる一日八時間の労働時間規制の適用除外と、裁量労働制の大幅な緩和を盛り込んだ労働時間法制の改定案だ。「高度プロフェッショナル制度」は、二〇〇六年前後、「ホワイトカラーエグゼンプション」という名で話題になった。この案は、日本経団連が、対象は年収四〇〇〇万円以上とする報告書[15]を出したことから「正社員の大半を残業代支払いの外に置く残業代ゼロ法案」として世論が強く反発、二〇〇七年、国会への提出は見送られた。労働時間規制から外されれば、いくら働いても企業の負担にはならないため、長時間労働が野放しになりかねない。また、拘束された時間が賃金に換算されなくなれば、賃金は会社の評価だけに左右されることになり、働き手の対抗力は弱まる。

一日八時間労働は、家事・育児・地域生活との両立が必要な共働き男女にとっては、不可欠な規制だ。一日八時間労働は、八時間働かなければならないのではなく、八時間以上働かせてはならない規定だ。にもかかわらず、二〇一四年四月に産業競争力会議メンバーの民間議員が提出したペーパー[16]では、女性が活躍できないのは一律の労働時間に縛られて育児などとの両立が難しいからとして「労働時間と報酬のリンクを外す」ことが提案され、これが今回の労働時間制度の改定に、ほぼそのままつなげられた。労働時間を企業に対する規制でなく、働き手への規制と読み替えたアクロバットだ。このように、働き手を守るために生まれたさまざまな用語を、働き手の活力を絞り上げるものに読み替え、それによって働き手の抵抗力を奪いつつ進めようとするのが、アベノミクスの「雇用改革」だ。

三　安全ネットとしての社会保障の縮小

「完全雇用」の影に働けない人々

一方、アベノミクスの金融政策の大きな柱である「異次元の量的緩和」も、働き手に影を落としている。その推進者である黒田東彦日銀総裁は二〇一四年、アベノミクスの成功の証しとして、「失業率もすでに三・七%まで低下しており、(日本経済は)ほぼ完全雇用状態[17]とし、これからは働き手の売り手市場になり、賃金は上がる、と胸を張った。

完全雇用とは、働きたい人がほぼすべて雇用されている状態のことだ。完全雇用状態と言われた一九六〇年代の失業率は、一%程度で、それを考えると、三・七という数字は、働きたいと思わない人、働けない人の率が大きく増えたことを意味している。高齢者が増えたことは一因だろう。だが、メンタル疾患による労災申請件数が過去最多という現状[18]から考えると、過酷化する職場で体調を崩して働けなくなった人や、雇用の劣化の中で働くことへの希望を失った人が増えている可能性は見過ごせない。

そうした事態を増幅しかねないものをはらんでいるのが、二〇一五年度から施行された「生活困窮者自立支援法」だ。「支援法」では、生活保護を受ける前に求職活動をすることが義務付けられた。これに対し、反貧困団体や日本弁護士連合会などからは、職場環境の改善や不安定雇用の削減を放置して求職活動だけ促せば働き始めたとしても続けられず、その結果、働く意欲や自信を逆に失わせかねないこと、生活保護を削減するため就労支援を防波堤にする事態が起きること、などが指摘されている。[19]

実際、就労支援のための職業訓練として猛スピードのラインで箱詰め作業を担当させられ、逆に速さに付いていけずに働くことへの自信を失ったとの声も聞く。「就労支援」が生活保護の支給とリンクすることで強制就労と化し、それが働き手を壊し、「働きたい人」の分母を下げれば、失業率は下がる。「完全雇用」という呪文の影にあるものを注視していく必要がある。

骨太の社会保障削減

「完全雇用」と並んでアベノミクスの成功の証拠とされてきた「株高」も、中低所得の働き手の絞り上げに下支えされている。二〇一四年、年金の運用を担当する年金積立金管理運用独立行政法人（GPIF）の株式による運用比率が五割にまで拡大され、この資金が株式相場の維持役となったからだ。政権維持のための「株高」演出に、株を持たない働き手の年金原資が投入され、一般の働き手は株価の下落によって大きな損失を被ることになった。また、低所得者に負担が重いといわれる消費増税と引き換えに、大幅な法人減税も進められた。消費増税による法人減税の補てんとの指摘が出る所以だ。[20]

消費税が増税されても、これが社会保障に回って低所得者への再分配につながれば、格差の是正には役立つ。だが、二〇一五年六月末に閣議決定された「経済財政運営と改革の基本方針二〇一五～経済再生なくして財政健全化なし」（骨太方針[21]）では、社会保障が歳出削減の重点分野とされ、伸びを二〇一八年度までの三年間で一兆五千億円（年五千億円）程度に抑えることが打ち出された。高齢化の進展による社会保障費の自然増は年八千億円～一兆円と言われてきたことを考えると、年五千億円は大幅な圧縮を意味する。その範囲は、医療、介護、年金、生活保護、障害者関連と、社会的弱者を直撃する分野ばかりだ。

「骨太方針」は、「公共サービス分野を『成長の新たなエンジン』に育てる」として、ビジネス化による成長の道具とすることも打ち出した。公共サービスは、利益にならなくても人々の生存に必要な支えを提供するもので、株主への配当を求めて利益を迫られるビジネスでは対応が難しい。だからこそ税という見返りを求めない公的な資金が財源とされる。それをビジネス化で代替させれば、低所得層や貧困層への支えは弱まり、これらの層は、サービスを自力で購入させられて、低い賃金がさらに目減りし、保育・介護サービスを購入できなければ外へ出て働けないためにさらに貧困化する事態が起きる。

貧困化が進む今、誰もが生存権を確保できるよう、一定の現金を支給するベーシック・インカム(BI)が注目されているが、ここにも魔女の呪いはかかっている。公共サービスを私的な人材ビジネスの儲け口に転化しようとする動きが進む中、公共サービスを削ってBIの財源に充てることを提案するBI論が出回っているからだ。これによってケースワーカーや公的就労支援がさらに削られれば、人々は人材ビジネスの有料サービスに向かわざるを得ず、結局はこれにBIを充てる事態も生まれかねない。「BIもらってパソナに行こう」とならないようなBIの設計が問われている。

女性活躍を低賃金保育・介護労働者に支えさせる

「骨太の方針」の路線を先取りした形で二〇一五年度からは介護報酬も引き下げられ、介護や保育に携わる働き手の労働条件も低下しつつある。介護労働者の労働条件の低さが敬遠されて人手を集められない事業所が増え、東京商工リサーチの二〇一五年一~九月の調査では介護事業所の倒産件数は過去最多の五七件に上った。多くが、人手不足が原因という。アベノミクスが演出した「好景気ムード」によって人手の確保を競う空気が広がり、比較的労働条件のいい他の業界に働き手が吸い寄せられた結果ともみられる。

「待機児童解消」をうたった保育園増設も、中身は、保育所の基準を下げて民営化でしのぐというものだ。園庭のないビルの一室での保育所開設や、国の最低基準を上回る自治体の規準を下げて子ども詰め込みを求める、といった子どもの育ちを考えない規制緩和策も相次ぐ。こうした「箱」の増加に保育士数が追い付かず、ここでも人手不足が問題になっている。二〇一三年の厚労省の調査では、資格があっても働かない潜在保育士の四七・五％が「仕事の割に賃金が安い」を理由に上げている。だが政府は、労働条件の引き上げは後回しで、子育て経験のある女性に二〇時間程度の研修を行って低賃金で雇用する「保育支援員」の創設や、潜在保育士が再就職するときに準備金を貸し付け、一定期間働けば返済免除という「前借り」で縛る作戦に出ている。

また外国人の介護実習生や国家戦略特区内での「外国人家事支援人材」という名の家事労働者の導入も進められている。いずれも三年たったら帰国させられる仕組みなので、労働組合がつくりにくく、渡航費を前借りしてやってきた働き手は、劣悪な労働条件でも、返すまでは帰国できない。労働条件の向上ではなく、「やめられない仕組み」による雇用確保によって、保育・介護サービスを低賃金の女性労働者に支えさせる構図という点では共通している。

四　「一億総活躍」が連れてくる「一億総貧困」

「女性が輝く」が「女性は死ね」に読めるわけ

一連の働き手絞り上げ政策を完結させる呪文が、「女性が輝く」政策と「一億総活躍社会」だ。日本では男性が女性を扶養し、女性は家庭内で介護や保育などの福祉を担って国の福祉費用の抑制に貢献するものとされてきた。だが、グローバル化による男性雇用の不安定化に、アベノミクスの働き手絞り上げ政策が加わって、「扶養」するはずの男性労働者の貧困化は一段と進んでいる。少子化による労働力不足も手伝って、「頼みは女性の労働力化」とならざるを得ない。安倍政権が「アベノミクスの柱」として「女性活躍」を打ち出したのは、そんな背景がある。

その第一弾は、内閣府開催の「少子化危機突破タスクフォース」が提案した「生命（いのち）と女性の手帳」だった。「出産適齢期」を過ぎると妊娠に問題が起きやすいという医学的知見を書き込んだ手帳を配るというものだった。女性たちからは「産めないのは子育て世代の貧困化や長時間労働が原因」といった批判が続出し、見送られた。続く「三年育休」も、「三歳になるまで抱っこし放題」という首相のテレビでのパフォーマンスに対し「三年間も家庭にいたら職場に居場所がなくなる」といったリアルな反撃が続出し、不発となった。「待機児童対策」で打ち出された保育所の増設は、歓迎された。だが、先に述べたようなビジネス化と低賃金労働力の導入が中心で、女性の低賃金化や、安心して子どもを預けられるのかという懸念が強まっている。女性の働きやすさに不可欠な一日の労働時間規制も先に述べた労働時間法制の改定案のように、「残業代ゼロ」制度にすり替えられた。

欧米の女性活躍政策も、背景には同様の男性労働者の雇用の不安定化や、少子化対応としての女性の労働力への期待がある。だが、女性の人権を求める勢力が一定の基盤を持っているため、公的資金を保育や介護の公的サービスに振り向けて女性を支え、企業の労働時間の短縮で両立がしやすい労務慣行をつくる政策が併用されている。例えば、グローバル化による産業空洞化で男性の失業が増大して働く女性が急増したオランダでは、財政赤字で公的保育施設を十分用意できず、保育園不足で女性が短時間しか働けないことが社会問題となった。これを解決しようと、一九九六年に短時間労働差別の禁止法を導入し、二〇〇〇年には働き手が労働時間を選べる「労働時間調整法」も制定した。スウェーデンは、世界的な好景気だった一九六〇年代、人手不足で女性の労働力が必要になり、税金の使い道を保育・介護施設の増設に切り替えた。中級公務員の保育士や介護士として働く女性が増え、女性たちが納税者となって税収や社会保険が安定した。

女性の人権と安心に一応は配慮したこれらの女性活躍政策に比べ、アベノミクスでは、「企業のため」の政策が「女性のため」として進められ、本書の金井論文にあるような「出生率一・八」の達成数値目標が女性に課せられる。女性は、仕事と家事の二重負担を自己責任で踏ん張って出生率の目標数値を達成せよと追い立てられる〝営業マン〟となった。インターネット上で「『女性が輝く（Shine）』のShineがローマ字読みの『死ね』に読める」という声が出るのも[22]、そんな政策の真意を読み取ったからだ。これに、高齢者の再雇用による低賃金労働力の供給と年金節約策、三世代同居[23]での「おばあちゃん保育」による公的保育費の節約策などの高齢者の踏ん張り要求が加わったのが、「一億総活躍社会」という名の「一億総貧困化」の素顔ではないか。

五　魔女の呪文に対抗する拠点づくり

言葉を奪われた働き手

不安定な派遣労働への固定化が「派遣社員の安定化」、解雇の簡便化が「失業なき労働移動」と、アベノミクスの労働政策は、「汚いはきれい」の呪文の連続だ。それは、私たちの世界の二極化に一因がある。

米国では企業トップの報酬が一九八〇年代以降、急増している。日本でもその影響を受けて億単位の報酬の経営者は珍しくなくなった。また、自民党国会議員の世襲比率は二〇〇八年時点で四割という調査[24]がある。第二次安倍内閣の閣僚の世襲議員比率は発足時、半数程度との調査もある。[25]二〇一六年一月の衆院予算委員会で、首相は「夫の収入が五〇万円、妻がパートで二五万円稼げば」という一般世帯の賃金感覚では考えられない例を挙げた。また、「非正規でも雇用は増えた、ゼロよりはいい」という趣旨の発言をし、雇用だけを収入源に生きる人たちを無視した雇用観を表明している。さらに、二〇一三年、アジア太平洋協力会議（ＡＰＥＣ）の域内最高経営者（ＣＥＯ）サミットで行われた基調演説で首相は、「改革は待ったなし。岩盤のように固まった規制を打ち破るには、強力なドリルと強い刃が必要だ。自分はその『ドリルの刃』になる」[26]と規制改革への意欲を示した。岩盤とは、「解雇特区」や「残業代ゼロ制度」などの労働規制の緩和策であり、働き手から見れば「労働者の人権の岩盤」を意味する。人権だからこそ、突き抜けてはならない岩盤とされてきたものが、働き手不在の「ＣＥＯサミット」では、成長の障害としてしか語られない。こうした「企業の活躍しやすさ」だけが目的となる意思決定の場では、働き手のために生み出された労働用語が、雇う側や富裕層を主語にした意味に転換する。また、働き手が自らを生かすための労働が企業利益や政権維持の道具に転倒させられ、企業の都合に合わない能力は無意味として切り捨てられていく。

派遣社員の生活安定を意味するはずの「派遣労働の安定化」が、派遣会社や派遣先にとって安定的な派遣労働力の確保の意味になってしまうのも、働き手が失業の不安なく転職できることを意味するはずの「失業なき労働移動」が、企業が働き手を自在に追い出すための仕組みになってしまうのも、働く側を支えるはずの就労支援が生活保護費の節約や、過酷な単純労働への追い込みになってしまうのも、そのためだ。

こうした「汚いはきれい」への抵抗の道具となるはずの労働権は学校ではほとんど教えられなくなり、会社に押し込むための「キャリア教育」が進められてきた。そうして働き手たちは自らの言葉を奪われ、その結果、自らに何が起きているのかを働き手は把握できなくなってしまった。マクベスの魔女の呪文のようなすり替えに対し、何か変だと感じながら働き手たちが対抗できないのは、そのためだ。

呪文の背後の実態を共有する

だが、企業が利益を上げやすい仕組み（「世界一企業が活躍しやすい国」）をつくり上げるという明確な意志の下で働き手の言葉を奪い、対抗力を削ごうとする「働き方改革」が、怒濤のように繰り出されてきたにもかかわらず、その動きは必ずしも円滑に進んでいるわけではない点は注目に値する。

例えば、働き手の生死に関わるような解雇についての規制を、気軽に取り外せる特区を設けるという制度の本質をマスメディアが「解雇特区」という言葉によって的確に暴露したことによって、この試みは押し返された。「生命と女性の手帳」も「三年育休」も、働く女性たちの現実を見ていないという女性たちからの批判がネットで高まり、立ち消えになった。改定派遣法も成立こそしたが、派遣労働者たちの予想を超えた抵抗が起き、審議中に施行日を繰り下げる前代未聞の修正に追い込まれた。また、若者労働に取り組むユニオン（個人加盟労組）やNPOなどによるブラック企業・ブラックバイト批判の高まりを受けて、厚労省が相談窓口を設け、女性社員の妊娠に対する嫌がらせ「マタニティハラスメント」をめぐる訴訟の判決を受け、厚労省が通達を出すなど、働く側の対抗措置のために行政が動く例も出ている。つまり、働き手が「改革」の実態を把握して有効な言葉で表現し、SNS（ソーシャル・ネットワーク・サービス＝フェイスブックなどインターネットで人間関係を広げるサービス）などを通じて批判のうねりを生み出し、それにマスメディアが呼応することで、「呪文による目くらまし」をかなりの程度、押し返せる可能性があるということだ。

言葉を取り戻す拠点の創出

問題は、その拠点となり、発信場所となるはずの働き手や女性のネットワークが日本では大きく後退してしまっていることだ。そんな新しい拠点づくりのヒントになるのが、米国のワーカーセンターなどを中心とする社会運動と労働運動の連携だ(27)。米国の労組の組織率は一三%で、一八%を割った日本以上に落ち込んでいる。だが、問題がなくなっていない限り、人はことを起こす。

郵便はがき

お手数ですが
切手をお貼り
ください。

102－0072
東京都千代田区飯田橋３－２－５
㈱ 現代書館
「読者通信」係行

ご購入ありがとうございました。この「読者通信」は
今後の刊行計画の参考とさせていただきたく存じます。

お買い上げいただいた書籍のタイトル

ご購入書店名
書店　都道府県　市区町村

お名前《ふりがな》

〒
ご住所

TEL

Eメールアドレス

ご購読の新聞・雑誌等　特になし

上記をすべてご記入いただいた読者の方に、毎月抽選で
５名の方に図書券５００円分をプレゼントいたします。

書のご感想及び、今後お読みになりたい企画がありましたら
書きください。

書をお買い上げになった動機（複数回答可）

新聞・雑誌広告（　　　　　　）2. 書評（　　　　　　）
人に勧められて　4. SNS　5. 小社HP　6. 小社DM
実物を書店で見て　8. テーマに興味　9. 著者に興味
. タイトルに興味　11. 資料として
. その他

記入いただいたご感想は「読者のご意見」として匿名でご紹介させていただく
合がございます。

新規注文書↓（本を新たにご注文される場合のみご記入ください。）

名　　冊	書名　　冊
名　　冊	書名　　冊

指定書店名

書店　都道府県　市区町村

ご協力ありがとうございました。
なお、ご記入いただいたデータは小社での出版及びご案内や
プレゼントをお送りする以外には絶対に使用いたしません。

二人揃えば労組をつくれる日本と異なり、米国の労組は職場の過半数を取らないと認められない。そこで、労働NPOという形で地域に働く人の拠点として設けたのがワーカーセンターだ。州の補助金や財団からの寄付などを財源に、全米に二百を超すセンターを立ち上げられ、大学の労働教育センターや労働組合と連動して大手労組に組織されない多数の移民労働者や女性労働者、サービス労働者らの労働相談にあたるシステムをつくってきた。米国では非正規労働者が大幅に増え、労組がない働き手にとって賃金低下の歯止めとして最低賃金が大きな意味を持つようになった。連邦政府を動かすのは大変だが、それでは地域から、と始まった「生活賃金(28)(生活できる最低賃金)」を求める運動の原動力になったのが、ワーカーセンターなどを通じた地域の低賃金労働者のネットワークで、ロサンゼルスやシアトルなどの主要都市で、時給一五ドルへの引き上げが相次いでいる。

日本でも、個人で加入できる地域ユニオンが似た機能を果たしている。だが、紛争が解決すると加入者がやめてしまうため組織率がなかなか上がらないことや、主に低賃金の非正規労働者が対象になっているため組合費収入だけでは活動費が足りないことが課題になっている。

マスメディアが政府の圧力にさらされ、すでに新聞紙上では「中立にもとる」として「残業代ゼロ」をという言葉さえ使えなくなったと嘆く新聞記者もいる。そんな今、地域など学校外の労働関係のNPOやユニオンに情報担当者を置き、これらの情報担当者が連携し、SNSを活かして「魔女の呪い」を暴露する情報を広げ、それに基づいて法制度の改変や活動の支援、労働権教育、活動に必要な資金集めを共有する仕組みができれば、働き手によるバーチャルな全国組織の役割を果たせる。こうした全国ネットに、反貧困へ向けたネットワーク、女性の個別の問題に取り組むグループなどがリンクし、男性正規労働者の問題にとどまらない働き方の立て直しや、人権の「岩盤」崩し批判などへ向けた情報発信を強め、これらの拠点に相談にやってきた人々とのリアルな情報共有と活動につなげていけば、呪文からの解放への一歩となる。

その拠点に必要なことは、働くことと社会保障の両面からのアプローチだ。グローバル化で、雇用の次の柱となる産業が失われ、社会が次の雇用の柱をさがしあぐねている今、賃金だけで「安心」を担保できる人は多くない。企業の壁を超えて「人が人らしく生きられる」設計を目指しつつ、社会保障、公的な住宅、教育費の引き下げなど、公的なサービスの引き上げと賃金の改善を組み合わせた安全ネットの貼り直しを掲げて拠点をつくり、これよる希望の共有を広げることこそが、魔女に導かれて破滅したマクベスの二の舞を防ぐ。

注

1 「安倍総理・施政方針演説~第一八三回国会における安倍内閣総理大臣施政方針演説~」二〇一三年一月二十八日。http://www.kantei.go.jp/jp/headline/183shiseihoushin.html
2 「生活攻防08春闘 働き手の取り分 増やせるか」二〇〇八年二月二十六日付『朝日新聞』(朝刊)。
3 ピケティ、トマ(二〇一四)山形浩生他訳『二一世紀の資本』みすず書房。
4 竹信三恵子(二〇一四)『ピケティ入門――『21世紀の資本』の読み方』金曜日。
5 井上伸「指標で読み解くアベノミクスの大失敗」『週刊金曜日』二〇一六年三月四日号。
6 厚生労働省「毎月勤労統計調査」。
7 財務省「法人企業統計」。

8 「『解雇しやすい特区』検討　秋の臨時国会に法案提出へ」二〇一三年九月二十一日付『朝日新聞』（朝刊）。
9 「かたえくぼ」二〇一三年十月十日付『朝日新聞』（朝刊）。
10 二〇一六年六月十九日衆議院厚生労働委員会速記録。
11 「世界変動　安全ネットの底力　デンマーク　解雇者に手厚い支援」二〇〇九年三月十八日付『朝日新聞』（朝刊）。
12 二〇一六年二月二十九日衆議院予算委員会速記録（議事速報）。
13 遠藤公嗣（二〇一三）『同一労働同一賃金をめざす職務評価』旬報社。
14 http://www.mhlw.go.jp/bunya/koyoukintou/partime/dl/zentai.pdf
15 「労使はいまこそさらなる改革を進めよう」二〇〇五年版経営労働政策委員会報告、日本経団連、二〇〇五年。
16 産業競争力会議雇用・人材分科会主査　長谷川閑史「個人と企業の成長のための新たな働き方～多様で柔軟性ある労働時間制度・透明性ある雇用関係の実現に向けて」二〇一四年四月二十二日提出。
17 「ロイター」二〇一四年三月二十五日。http://jp.reuters.com/article/idJPL4N0MM0GH20140325
18 厚生労働省「平成二十六年度過労死等の労災補償状況」二〇一五年。
19 日弁連「生活困窮者自立支援法案に対する意見書」二〇一三年十月二十三日。
20 伊藤周平（二〇一五）『社会保障改革のゆくえを読む』自治体研究社。
21 「経済財政運営と改革の基本方針二〇一五　～経済再生なくして財政健全化なし～」http://www5.cao.go.jp/keizai-shimon/kaigi/cabinet/2015/2015_basicpolicies_ja.pdf
22 「安倍首相がすべての女性に『死ね』と発言した？　いつかはその本性が現れるという見本です。」http://rapt.sub.jp/?p=12174

23 一億総活躍国民会議「一億総活躍社会の実現に向けて緊急に実施すべき対策（案）～政党と分配の好循環の形成に向けて」二〇一五年十一月二十六日。

24 「陽月秘話　国会議員の世襲比率」http://imogayu.blogspot.com/2009/03/blog-post_21.html

25 木走正水「我が第二次安倍内閣世襲議員率五〇％は何を意味するのか」二〇一四年十月二十日。http://blogos.com/article/96845/

26 「『岩盤規制を打ち破る』―安倍首相、ＡＰＥＣで改革を前面に」『ウォール・ストリート・ジャーナル』二〇一三年十月八日。http://jp.wsj.com/articles/SB10001424052702303941704579122150967812812

27 遠藤公嗣・筒井美紀・山崎憲（二〇一二）『仕事と暮らしを取りもどす～社会正義のアメリカ』岩波書店。

28 ルース、ステファニー（二〇一六）「低賃金を引き上げる―米国の最低賃金引き上げ運動とその背景」『労働法律旬報』一八五八号。

■たけのぶ・みえこ……朝日新聞記者、編集委員兼論説委員（労働担当）などを経て二〇一一年から和光大学現代人間学部教授。『家事労働ハラスメント』（岩波新書）『ピケティ入門―「21世紀の資本」の読み方』（金曜日）など著書多数。

第五章　「希望出生率」論と国民の諸希望

金井利之

はじめに

戦後日本は、一九六〇年代から地方圏が過疎に悩んでいる。地方圏の人口減少問題は、すでに半世紀近い歴史を持つとともに未解決である。もっとも、一九七〇年代以降も、日本は人口増加社会であり、「地方圏のみの過疎」という地域限定的現象だった。こうした政策枠組に転換を迫るのが、二〇〇〇年代からの人口減少問題である。

しかし、合計特殊出生率が二を下回ったのは一九七五年であり、もっと早期に少子化問題は全国的政策課題となるべき客観条件はあった。実際、一九九〇年の「一・五七ショック」（一九八九年合計特殊出生率）から、一九九四年の「エンゼルプラン」、一九九九年の「新エンゼルプラン」、二〇〇三年の「少子化社会対策基本法」「次世代育成支援対策推進法」、二〇〇四年の「少子化社会対策大綱」「子ども・子育て応援プラン」などと課題認定と対策がなされてきた。しかし、功を奏さないまま、二〇〇五年には一・二六まで落ち込んだ（注1）。

結局、少子化対策に大きな政治的関心が向けられるのは、日本が人口減少社会に突入する二〇〇〇年代後半であった。二〇一〇年の「子ども手当」（政争の具にされ二〇一二年三月に廃止）、二〇一二年の「子ども子育て新制度」という取り組みはされた。また、政策効果の有無はともかく、この時期に統計上は若干の合計特殊出生率の上昇は見られた。

しかし、人口推計の観点では、予想しうる将来の人口減少は不可避であり、少子化と人口減少は、漠然とした課題として充満・滞留し続けている。そのようなか、「地方消滅」[2]の危機感を契機に、懐古趣味的な「地方圏のみの過疎」という一九七〇年代の政策枠組を再動員しつつ、人口問題を政策課題化したのが「地方創生」である。

一　政策目標としての「希望出生率」

「まち・ひと・しごと創生長期ビジョン」

第二次安倍政権は、二〇一四年九月に「地方創生」（まち・ひと・しごと創生）を政策課題に採り上げた[3]。同年十一月には、「まち・ひと・しごと創生法」が制定された。「地方（も）重視」のスタンスを打ち出して、二〇一四年十二月十四日の総選挙でも政権与党は大勝を収め、これを受けて、「まち・ひと・しごと創生長期ビジョン」（二〇一四年十二月二十七日閣議決定、以下「長期ビジョン」）が決定された[4]。

国の「地方創生」は、日本創成会議・人口減少問題検討分科会「ストップ少子化・地方元気戦略」（二〇一四年六月、以下、『第一次増田レポート』）の「地方消滅」論を背景にしているので、少子化対策を重要な政策課題と位置付けている。[5] それを受けて、「長期ビジョン」では、「国民希望出生率」(九頁)が掲げられた。それによれば、

「(2) 国民の希望の実現に全力を注ぐ。

まず全力を挙げて取り組むべきは、「国民の希望の実現」である。

その第一が、地方への移住の希望に応え、地方への新しいひとの流れをつくることである。(中略)

第二は、「若い世代の就労・結婚・子育ての希望の実現」である。若い男女が結婚し、子どもを持ちたいという希望は強い。一八歳から三四歳の未婚者を対象にした意識調査では、男女とも「いずれ結婚するつもり」という人の割合は九割程度に達している。そして、夫婦が予定する平均子ども数は二〇一〇年で二・〇七人であり、未婚者が希望する平均子ども数も男性で二・〇四人、女性で二・一二人と二人を超えている。この水準は他の国の状況から見てもかなり高く、一九八〇年代後半以降、今日までほぼ安定的に推移している。こうした若い世代の結婚・子育ての希望の実現を図ることである。」(「長期ビジョン」九頁、傍点・傍線部筆者)

とされた。[6] こうして、「地方創生」においては、「国民希望出生率」が政策目標として掲げられた。

二 「希望出生率一・八」のその後

「まち・ひと・しごと創生基本方針」

その後、二〇一五年四月の統一地方選挙も「地方も重視」のスタンスで乗り切った第二次安倍政権は、「まち・ひと・しごと創生基本方針二〇一五――ローカル・アベノミクスの実現に向けて――」（二〇一五年六月三十日閣議決定、以下『基本方針二〇一五』）を決定した。

「ローカル・アベノミクス」という副題にあるように、経済政策の色彩が強い『基本方針二〇一五』では、「希望出生率」という全国目標数値自体は消滅している。しかし、「三、若い世代の結婚・出産・子育ての希望をかなえる」として、若い世代による「出生希望」は政策目標に入れられている。ただし、地域ごとに出生率が大きく異なるとして、「地域アプローチ」を提唱している。地域の「見える化」と称する「地域指標」を公表し、「効果検証」し[7]、地域や自治体を競争させる工夫である[8]。「地域アプローチ」によって、「出生希望」を実現する責任を、国ではなく地域や自治体に転嫁する。つまり、国が責任を負うべき「働き方改革」の放置を意味する。

「地域アプローチ」を採用した「基本方針二〇一五」においても、「一・八」という全国平均数字は作用し続けている。すなわち、「平成二十年～平成二十四年の市町村（特別区を含む。）別の合計特殊出生率では、一・八〇以上が一二〇団体、うち二・〇〇以上が二七団体ある一方で、一・〇〇未満が一二団体となっている」（二七頁、脚注36）と表記されている。地域差を鑑別する基準[9]としての「一・八」という数字を導く点で、「希望出生率」は機能を果たしている。

もっとも、この地域差の分析は全く論理破綻している。仮に地域・自治体ごとに政策目標を設定するならば、国民平均「希望」ではなく地域平均「希望」を、地域ごとに算出しなければならない。実際の合計特殊出生率に地域差があるように、「希望出生率」にも地域差があるはずである。しかし、国には地域住民の「希望」に沿う意図はないのである。

「アベノミクス第二ステージ」と「新・三本の矢」

上記基本方針は、同日六月三十日閣議決定された「日本再興戦略改訂二〇一五」とともに、人口減少下における供給制約を乗り越える対策を講ずる新たな「第二ステージ」を構成するという。(10)並行して二〇一五年九月十九日に安保法制が成立した。軍事大国を実現するには、経済大国でなければならず、兵員力・労働力の確保のためには、人口大国でなければならない。(11)

こうして、二〇一五年九月二十四日の安倍首相記者会見で、アベノミクス「第二ステージ」の「新・三本の矢」が公表された。具体的には、①「希望を生み出す強い経済」：GDP六〇〇兆円、②「夢を紡ぐ子育て支援」：希望出生率一・八、③「安心に繋がる社会保障」：介護離職ゼロ、である。加えて、「一億総活躍プラン」を策定するとともに、五〇年後にも人口一億人を目指すという、様々な内容の為政者の「希望」が表明された。(12)

「一億総活躍社会」に向けたプラン

二〇一五年十月七日の第二次安倍政権の内閣改造により、内閣府特命担当大臣として、石破茂が地方創生担当として留任しつつ、一億総活躍担当として加藤勝信が入閣した。「地方創生」は、二〇一六年参議院選挙等に向けて「一億総活躍」に上書されつつある。二〇一五年十月十五日には、内閣官房に一億総活躍推進室が設置された。また、十月二十一日に「一億総活躍国民会議の開催について」が首相決裁され、十月二十九日に第一回会合が開催された。[13]

一億総活躍国民会議は、二〇一五年十一月二十六日の第三回会合で、「ニッポン一億総活躍プラン」に向けて、「一億総活躍社会の実現に向けて緊急に実施すべき対策――成長と分配の好循環の形成に向けて――」（以下、「緊急対策」）を取りまとめた。ここでも「希望出生率一・八」は継承された。[14] いずれ策定される「ニッポン一億総活躍プラン」でも、同様であろう。

三　政策論議における人口

人口問題～「過剰」論／「過少」論と分配～

人口が政策課題になるとき、「過剰」または「過少」という価値判断が前提となる。「過剰」論は、マルサスが典型であるが、食糧や経済との相対関係である。もっとも、新マルサス主義のケインズ風に言えば、人口が有効需要に転換されれば、必然的に経済を好循環させる。したがって、人口は客観的には過剰ではあり得ず、有効需要につながる分配がなされていないという意味でしかない。いわば、「過剰」論は、分配問題の政策的是非を不可視化する機能を内包している。[15]

しかし、近年日本の人口問題は、「人口減少」や「過疎」「限界集落」「消滅可能性」など、「過少」

論の側にある。マルサス的に言えば、食糧または経済力に比して人口が減るから、むしろ望ましい。しかし、人口減少は、経済の労働力やサービスや地域社会の担い手が減るので、セイの法則（生産・供給されたものは自ら需要をつくり出して必ず消費される）的に供給側・生産側の意味で問題である。また、ケインズ風でも、有効需要が減るから、需要側・消費側で問題である。つまり、結局、人口減少は、生産・供給も消費・需要も双方が減るから、結局は相対関係であり、生産側と消費側の分配問題でしかない。「過少」論も、分配問題の政策的是非を不可視化する機能を内包している。

資源としての人口

人口などを計測する近代日本での国勢調査は、一九二〇年に開始された。ひとりの人間を一人として集計する人口概念は、為政者にとっては、動員可能人数でもある。被治者人口が多くないと、兵力や労力に動員できない[16]。人口減少は、国勢・国力・国威の低下として、為政者からは問題視される。為政者にとって、人口に「過少」論はあっても「過剰」論はない。

為政者が人口を動員可能資源ととらえ、その減少を憂うるのは、独裁制・民主制を問わず、国・自治体を問わず、違いはない[17]。国民・住民の中にも、為政者と視点や発想を同一化して[18]、人口減少を嘆く人もいる。

評価としての人口

人口は、その社会で子どもを産み育てようという、国民の意思と能力の総和の結果でもある。子どもを産み育てたいと思える社会なのか、そう思えない社会なのかの、（特に子育て世代による）「世論調査」である。絶望的な社会であれば、あるいは、将来展望のない社会であれば、必然的に少子化という「世論調査」の結果が出る。日本においては、敗戦による平和回復は第一次ベビーブームという「世論調査」結果に現れた。あるいは、産み育てたいと思っても、それを実現できる条件の整った社会なのかの、無言の「政策評価」でもある。ここには経済・衛生・医療・栄養状態などが大きく反映する。高齢者の平均寿命が延びれば人口ストックは増加するが、これは、全世代にわたる「政策評価」の結果である。また、社会が豊かになって多産少死から少産少死に移行するが、これは絶対的水準で豊かになってくると、将来展望は頭打ちしてくるという「政策評価」であろう。

人口とは、社会に対して人々がいかなる判断をし、また、その判断を実現できるのか、を示す指標である。それは「世論調査」や「政策評価」であり、当該社会の状態の改善に責任を負うべき為政者に対する、総合的かつ概括的な重要業績評価指標（ＫＰＩ）である。為政者は人口によって、治政の是非を評価される。人口減少は治政の失敗を意味し、人口増大は治政の成功を意味する。ここでも、政策判断としては、人口に「過少」論はあっても「過剰」論はない。

人口減少・少子化とは、国民が「こんな社会では子どもを産み育てたくない／産み育てられない」という無言の「世論調査」「政策評価」「同盟罷業」でもある。為政者は人口減少・少子化は忌避したい。為政者としては、国民から「産み育てたくない」と言われては立つ瀬がない。そこで、せめて、意思はあるが環境条件がないから「産み育てられない」という物語にしたい、という「希望」が為政者にはある。

四 「希望出生率」論の起源と加減性

「ストップ少子化・地方元気戦略」(二〇一四年六月)

①定義

「希望出生率」という概念が政策言説に登場した直接の契機は、『第一次増田レポート』である。問題は、なぜ、それを数値目標として設定できるか、そもそも、「希望出生率」とは何か、である。『第一次増田レポート』による「希望出生率」とは、夫婦の意向や独身者の結婚希望等から合成した数字である。人口学での概念ではない[19]。

「希望出生率」は、以下の算式で算出するという。すなわち、

「希望出生率」＝〔既婚者割合×夫婦の予定子ども数
＋未婚者割合×未婚者結婚希望割合×理想子ども数〕×離別等効果

である。既婚夫婦と未婚者で区別されている。既婚夫婦が何人子どもを持つことを「予定」しているかであり、現在までに何人の子どもを現実に育ててきたかという実績値ではない。実績に将来的な願望を加味した数字である[20]。未婚者部分は実績値を含まず、完全な将来的願望である。

②思想的前提

「希望出生率」の定義の大前提は、夫婦が結婚しなければ子どもを持たない、少なくとも、「希望」した出生ではない、という価値判断である。この結婚には事実婚が含まれているかどうかは不明である。仮に事実婚を含めても、パートナーが不在の子育ては、「希望されない子ども」と位置付ける。

また、「希望出生率」の算出は、離婚・死別などが起きるかで割り引いている。つまり、離別をするや否や、「希望」した出生ではなくなる。

ここで言う「希望」とは、両親が揃った家庭のもとにある子ども（「戦後型核家族」）のみである。個々人として核家族モデルを希望する人が（多数）いるということと、それを政策的に、つまり、それを希望しない人も含めて、「希望」という政府の公の意思形成として採用することには、大きな溝がある。端的に言えば、「結婚相手には期待できないけれども子どもを持ちたい」「結婚はしなくても子どもは欲しい」「離婚をしても子どもを引き取って育てる」という国民の希望は、『第一次増田レポート』のいう為政者の「希望」ではない。

政治的数値の意味

①「一・四三」と「二・〇七」の中間値としての「一・八」

このような政治的中立性のない思想をもとに定義した「希望出生率」の計算式に、統計数値を代入すると、二〇一四年段階の「希望出生率」が算出される。具体的には、

「希望出生率2014」＝｛（34％×2・07人）
＋（66％×89％×2・12人）[21]｝×0・938≒1・8　となる。

ちなみに、『第一次増田レポート』作成時の最新（二〇一二年）の合計特殊出生率は、一・四三で

あった。また、当時の人口置換水準は二・〇七である。一・八を実現しても人口減少は止まらないが、当時の実態に比べればはるかに高い数字であり、仮にこの数値目標が実現できれば、人口減少が減速する。

つまり、一・八とは一・四三と二・〇七の中間値である。[22] 実際的な政策目標にするには、中間値であることが不可欠である。人口減少対策であるから、『第一次増田レポート』でも、二・〇七を長期目標として想定している。しかし、現実は一・四三である。現実の実績値を政策目標に据えることは、「無策」であるから採用しがたい。[23] とはいえ、二・〇七を政策目標に据えるのは、「あまりに非現実的」である。そこで、一・四三と二・〇七の中間の数字を提示するしかない。とはいえ、適当に「腰だめ」に設定したとは言えない。そのために、中間値を算出できる計算式の模索が始まったと見るのが、自然な仮説であろう。

②加減性

虚心坦懐に国民あるいは若い世代の希望に寄り添うならば、

純粋希望出生率＝既婚者割合×夫婦の予定子ども数＋未婚者割合×理想子ども数

でもよかったはずである。[24] この場合、未婚者の「理想の子ども数」二・一二が、結婚の意思のある未婚者にのみ質問しているため、このままは使えないので、

純粋希望出生率＝（34％×2・07人）＋（66％×2・12人）≒2・1

となるとは限らないのであるが、二・〇八程度の数字も出せる。とはいえ、あまりに高ければ「非現実的」なので、下方修正する必要がある。

一・八よりさらに低い数字にすることもできる。「希望」とは、国民が考える現実的に実現する水準より若干高めの数字である、と想定するならば、割引率を設定すればよい。例えば、既婚者夫婦から理想の子ども数、予定子ども数、現実の子ども数、などをもとに、適当に割引率を加減すればよい[25]。

③現実性の弁証

「希望出生率」は適当に加減した数字であるため、「非現実的でない」という論拠が必要になる。そこで、『第一次増田レポート』では、以下の状況証拠を列挙している。第一に、最も出生率が高い沖縄県は出生率＝一・八〜一・九である。第二に、OECD諸国の半数が出生率＝一・八を超えている。第三に、スウェーデンは一九九九年から二〇一〇年の一一年間で一・五〇から一・九八に上昇した。第四に、将来人口が安定する「人口置換水準」は二・一であるから、長期的には視野に入れられる。第五に、日本の夫婦の理想平均子ども数は二・四二人であるから、二・一も長期的には国民の「希望」である。第五に、米、仏、英、スウェーデンの出生率は二前後である（九一―一〇頁）。

上記の弁明のうち、第四から第六は、国民の希望ではなく、単に為政者の「希望」に過ぎないが、それを「国民の希望という点で長期的には視野に置きうる水準といえる」と曲解している。第一で、第二次安倍政権と鋭く対立する沖縄県を証拠に挙げるのは皮肉でもある。第二・第三・第五のように、OECD諸国など外国の実績が日本にあてはまるのであれば、そもそも少子化は起きなかったはずである。つまり、いずれも現実性を傍証できず、単なる為政者の「希望」である。

五　政策要素としての「希望」

諸希望の中からの取捨選択

国民には多種多様な希望や願望がある。しかし、為政者は、全ての希望を公平・平等に配慮するわけではない。むしろ、ある「希望」を採択して、別の希望を拒絶する。一見すると、国民の「希望」の実現をそのまま政策目標として採り上げたように見えるが、それは見掛けに過ぎない。政府は、採択しない国民の希望について、沈黙する。

例えば、一億総活躍国民会議の取りまとめた「一億総活躍社会の実現に向けて緊急に実施すべき対策」[26]（二〇一五年十一月二十五日）において、「希望」が何と結合しているかを列挙すると、以下のとおりである。

①一人ひとりの希望を阻む、あらゆる制約を取り除き、活躍できる環境整備する（二頁）
②結婚、出産、子育てに関する希望がすべてかなえられる環境が整備（二頁）
③希望出生率一・八（二頁、その他）
④希望を生み出す強い経済（三頁）
⑤希望通りに結婚（三頁）
⑥希望通りの人数の子供（三頁）
⑦結婚から妊娠・出産、子育てを望む全ての人の希望をかなえる環境整備（三頁）

⑧希望通りの介護サービスを利用（四頁）
⑨希望に反して介護のために離職せざるを得ない状況を改善（四頁）
⑩障害や難病のある方が、安心して生活できる環境づくりや、希望に応じた多様な働き方や社会参加を実現（四頁）
⑪希望すれば生涯現役で就労していける（五頁）
⑫不安定な雇用と低所得のために結婚に踏み切れない若者の希望を実現（七頁）
⑬不妊で悩む夫婦の妊娠・出産の希望を実現（七頁）
⑭希望する教育を受ける（八頁）

簡単に言えば、「希望」は結婚（⑤）、妊娠・出産（不妊対策も含む）（②③⑦）、子どもの人数（⑥）、介護サービス（⑧）、介護離職の回避（⑨）、障害者・難病者の多様な働き方や社会参加（⑩）、生涯現役（＝高齢者）就労（⑪）、教育（⑭）、経済一般（④）とは結合する。

最も重要なことは、国民一般や女性の就労、安定した就労、賃金・所得の上昇などの希望は、政策目標としては却下されていることである。就労と「希望」が結合するのは、介護者（⑨）・障害者（⑩）・難病者（⑩）・高齢者（⑪）という特定類型に限られ、また、若者の不安定雇用と低所得を脱したいという希望に配慮するのは、結婚に踏み切る「希望」に限定されている（⑫）。国民の希望就労・希望賃金は政策目標ではない。つまり、国民の希望する賃上げや安定就労は目指さない、と率直に沈黙している。

責任転嫁としての「希望」

少子化対策を掲げる以上、政策目標は政府の責任のもとで決定しなければならない。しかし、政策目標を国民の「希望」とすることで、政府は国民に責任を転嫁する。これは、民間企業が人員整理の際に、「希望退職」を募るのと同じ原理である。権力者にとって都合の良い「希望」は、優先的に採り上げる。しかし、為政者にとっての目標は、国民や労働者の希望とは本来関わり合わない。「希望」によって実現できないときには、必要に応じて強権を発動する。為政者が採り上げた国民の「希望」は、たまたま為政者の選好に合致していただけである。「希望出生率」とは、為政者の「希望」に過ぎないものを、国民に挙証責任を転嫁しただけである。

勿論、私的な営みである出産に関して、国が政策目標を定めることが適切か、という根源的な問題にある。その点からすれば、国民の「希望」という形でしか政策目標を設定できないことは、権力謙抑の点からは望ましい。しかし、上記のとおり、「希望」の後には、事実上または法令上の強制が後続するのはよくある。また、政策目標を示すことが、逆効果になる可能性はある。政府が政策指標を示せば、かえって国民は意思が減退するかもしれない。因果関係は不明であるが、『第一次増田レポート』と「地方創生」国会の二〇一四年には、合計特殊出生率は一・四二と九年ぶりに低下した。

希望と現実の乖離

そもそも、国民の個々人が持つ希望とは、白紙状態での願望・空想ではなく、〈ある条件〉想定が背景にある。希望とは、現実には存在しないが、満たされる可能性が皆無ではない〈ある条件〉が満たされたときの行動の予測、である。この場合、〈ある条件〉とは、回答者の想定である。全く非現実的ではないが、あまり現実的でない条件である。

例えば、年収一千万円くらいで安定していれば、三人くらい子どもをほしいという希望は、年収五百万円くらいなので一人で限界という現実である。仕事・会社・上司や伴侶・両親の協力がうまく得られれば、二人くらいほしいという希望は、現実には協力を得ることは無理だということである。希望とは、少なくとも何らかの対策がなされなければ、実現不可能な数字である。もっとも、本当に〈ある条件〉が満たされたら、本当に希望のとおりに行動するかも不明である。存在しないことは実証分析しようがない。

また、単に質問者[27]（＝政府）の「希望」を忖度して、回答しただけかもしれない。となると、そもそも調査の段階から「国民希望出生率」ではなく、「政府が『希望』するものを国民が忖度した出生率」であり、要は政府の自問自答を調査しただけかもしれない。

現実と希望は乖離している。現実とは、現実に存在する条件の下での行動の実績であり、合計特殊出生率や夫婦完結出生数などに示される。希望がどの程度の数字になり、希望がどの程度現実と乖離するかは、〈ある条件〉と「現実に存在する条件」の乖離をどの程度に見込むかだけの主観的な問題である。現実と希望の乖離は、国民が政府に対する要求期待水準であるから、希望出生率が高いことは、現在の政府への期待が大きいことを意味し、また、現実の政府の無為無策・無能ぶりの指標でもある。そして、政府は〈ある条件〉を満たすことができないと、単に将来の政府への不信を増長する。

おわりに

『人口政策確立要綱』（一九四一年）

第二次近衛文麿（大政翼賛会総裁）内閣は、一九四一年一月二十二日に『人口政策確立要綱』を閣議決定した。それによれば、主な項目として、

①二〇年後（一九六〇年）に総人口一億を目標
②高度国防国家における兵力及労力の必要を確保
③個人を基礎とする世界観を排し、民族を基礎とする世界観を確立
④婚姻年齢を三年早婚化、一夫婦の出生数を平均五児
⑤家族制度の維持強化
⑥団体・公営機関が積極的に結婚紹介、斡旋、指導
⑦結婚費用の徹底的軽減、婚資貸付制度の創設
⑧女学校で母性の国家的使命を認識させ、保育及保健の知識・技術を教育
⑨二〇歳以上の女性就業を抑制
⑩扶養家族の多い者の負担軽減、独身者の負担加重をする租税政策
⑪家族手当制度を確立、家族負担調整金庫制度、多子家族の優遇
⑫妊産婦乳幼児等の保護

⑬避妊、堕胎等の人為的産児制限を禁止、花柳病の絶滅
⑭国土計画により人口構成・分布の合理化、特に大都市を疎開・人口分散、そのため、工場・学校等は地方に分散させる措置
⑮人口の動態・静態に関する統計を整備改善
⑯人口問題の統計・調査・研究機構、人口政策の企画・促進・実施機構

等が掲げられている（傍線部筆者）[28]。当時の為政者の「希望」である。

第二次安倍政権の「地方創生」「一億総活躍」との相違点は当然ある。例えば、「女性活躍」を目指す現政権と、成人女性就業を避ける⑼戦時政権とは異なる[29]。また、労働力不足解消を目指す点では、現政権と戦時政権は同じであるが、現政権は積極的平和主義国家のための兵力確保（②）の明示はしていない。また、現政権は避妊・人工妊娠中絶（⑬）を否定はしないし、個人を基礎とする世界観も現時点では明示的には否定していない。「一・八」の現政権と「五」（④）の戦時政権とでは国勢の乖離は大きい。そして、最大の差異は、現政権は国民の「希望」を前面に出しているが、戦時政権は「皇国ノ使命」「民族ヲ基礎トスル世界観」「東亜共栄圏ノ確立、発展ノ指導者」を打ち出している。

とはいえ、人口政策を政策課題と据える以上、技術的な側面での類似性が生じる。地方分散による人口一億人の確保は、まさに「地方創生」「一億総活躍」である。さらに、人口政策を課題に据える政策の大方針が類似すれば、政策の構成部分も類似してこよう。例えば、日米開戦前には成人女性就労を否定した「人口政策確立要綱」であるが、実際の戦時下では、「進め一億火の玉だ」の「総動員」

体制であるから、兵力[30]・労力不足により、女子または婦人[31]の勤労・奉仕・挺身という「活躍」が進められた。その意味では、現政権の「女性活躍」は「事態」を先取りしている。

希望に向けた鬼謀

結婚や子育てへの国民の切実な希望は、為政者の「希望」に容易に回収される。そこでは、為政者の「希望」を国民の希望と称するものに転嫁する。むしろ、国民の希望とは、為政者が自身の「希望」を打ち出す露払いでもあり得る。しかし、人口推計的には既に「手遅れ」の少子化対策である。地域間での人口の奪い合いとミクロの地域活性化に矮小化される「まち・ひと・しごと創生」によっても、日本社会というマクロの少子化は止まらない。それゆえに、現存する人に「一億総活躍」を期待する。しかし、疲弊する国民は、将来には一億規模も維持できないであろう。現在為政者の「希望」は、国民の棄亡である。

しかしながら、本論で見たように、人口とは為政者にとっての動員資源ではなく、国民の意思と能力の集積であり、為政者の施策の是非に対する国民世論でしかない。それは為政者が達成すべき目標ではなく、為政者の治政に対する評価結果として現れる指標に過ぎない。ましてや、国民が一喜一憂すべき数字ではない。

国民の希望にとって重要なことは、第一に、子どもを産み育てようという希望を持ったときに、それを実現しやすい社会を実現することである。国民がどの程度の希望を持つかは国民の自由であって、将来の国民の希望は不明である。したがって、国民の希望が完全実現したとしても、将来において出生率一・八になる保障はない。そもそも、人口規模や出生率は政策目標にはなり得ない。従って、少子化対策においても、出生率を政策目標に据えるという目標の転移または倒錯は、避けたほうがよい。

第二に、国民の希望にとって重要なことは、客観的には人口減少が予測される社会において、人口減少を与件にして、国民諸個人の生活を確保し、経済の安定循環と社会の持続性・公平性を成立させる方策の樹立である。特に、国民の諸希望のうち、政府が採用を却下している、国民一般や女性の就労、安定した就労、賃金・所得の上昇などの希望を、正面から政策目標に据えることである。このような課題に取り組むことから逃避し、出生率向上・人口維持とグローバル人材育成の掛け声だけを掲げているのが現状である。そうではなく、「不都合な真実」として位置付けるかどうかはともかく、人口減少の推計を直視し、課題に正面から立ち向かう調節戦略に知恵を使うべきである。

今求められているのは、人口減少社会の中で、国民の真の希望を実現する鬼謀なのであろう。

注

1 『平成二十五年版　少子化社会対策白書』第一部第一章第一節一。
2 増田寛也（二〇一四）『地方消滅』中公新書。
3 「地方創生」に関しては、増田寛也・冨山和彦（二〇一五）『地方消滅　創生戦略篇』中公新書、山下祐介（二〇一四）『地方消滅の罠』ちくま新書、小田切徳美（二〇一四）『農山村は消滅しない』岩波新書など。筆者自身の分析は、金井利之（二〇一四）「少子化のミライとストップ、少子化・地方元気戦略」『ガバナンス』二〇一四年七月号、八四－八五頁、金井利之（二〇一四）「ミイラ化する地方の創生と早逝」『ガバナンス』二〇一四年十月号、八四－八五頁、金井利之（二〇一四）「地方の麻痺死早逝を回避するには」『ガバナンス』二〇一四年十一月号、八四―八五頁、金井利之（二〇一五）「選択と集中のミライ」『ガバナンス』二〇一五年一月号、八四―八五頁、金井利之（二〇一五）「『地方創生』について」『自治実務セミナー』二〇一五年一月号、二―七頁、金井利之「東京圏高齢化のミライ」『ガバナンス』二〇一五年七月号、八四―八五頁、金井利之（二〇一五）「『まち・ひと・しごと創生』への自治体の採るべき対応」『生活経済政策』二〇一五年七月号、二二二号、九―一四頁、山下祐介・金井利之（二〇一五）『地方創生の正体』ちくま新書、金井利之（二〇一六）「町村への提言～「地方創生」」『群馬自治』二〇一六年一月号（三四七号）、五―七頁、など。

4 「まち・ひと・しごと創生長期ビジョンについて」二〇一四年十二月二十七日 閣議決定。
https://www.kantei.go.jp/jp/singi/sousei/pdf/20141227siryou3.pdf

5 増田寛也（二〇一四）『地方消滅』中公新書。

6 重要なことは、若い世代の希望のうち、結婚・子育ては政策目標に据えたが、就労は据えていないことである。『長期ビジョン』を虚心坦懐に読めば、第一文で見られるとおり、若い世代の希望は、就労・結婚・子育てである。しかし、第二文以降、結婚・子育てにのみ焦点が当たり、就労への希望は政策目標とはならなかった。この点に関して後述する。

7 「基本方針二〇一五」に沿って、二〇一五年九月三十日に、地域少子化対策検証プロジェクトが設置される。ただし、同第一回資料3「地域少子化・働き方改革について」では、むしろ「働き方改革」が青地に塗られており、地域・自治体では対処困難という認識が滲み出ている。内閣官房まち・ひと・しごと創生本部の官僚の「矜持」または「良心」が垣間見える。

8 「基本方針二〇一五」（二七―二八頁）では、「競争」という用語ではなく、「先駆的・優良事例の横展開の推進」と表現されているが、要は、「先駆的・優良事例」になるように、地域や自治体に発破をかけているのである。

9 他は「二・〇〇」と「一・〇〇」である。「二・〇〇」は、人口置換水準（二・〇七）と近い。しかし、「一・〇〇」は特に根拠は示されていない。約一七〇〇の市区町村で、一・〇〇未満は一二団体、一・八〇以上が一二〇団体、二・〇〇以上が二七団体であるから、「地域差」があるとは言いながら、一・八〇がいかに奇冒的に高い政策目標であるかは伺える。

10 http://www.kantei.go.jp/jp/headline/seicho_senryaku2013.html（二〇一五年十二月二十日閲覧）。

11 労働力人口という観点だけからは、移民を導入する選択肢はあるし、現に、すでに大量の外国人労働者が流入している。むしろ、正規に移民を認めずに、事実上の移民労働者が遍在する事態は、「ホモ・サケル」（まともに人間として扱われない人）を生み出しているので、移民政策の是非はともかく、労働政策・教育政策では国籍を問わない普遍対応が求められている。アガンベン、ジョルジョ（二〇〇七）『ホモ・サケル』以文社。兵員力人口という観点だけからは、外国人傭兵という選択肢もあるが、経済小国には外国人部隊を雇う資金はない。

12 この段階では「一億総活躍社会」とは、大まかなイメージを示した標語のみである。その後、十月二十一日の第一回「一億総活躍国民会議」において、二〇一七年春頃を目途とする「ニッポン一億総活躍プラン」の策定に向けて、事務局から「一億総活躍社会とは」とする資料（3-1）が示された。ちなみに、その資料によれば、首相が記者会見で表明した「五〇年後（二〇六〇年頃）にも人口一億」となるのは、合計特殊出生率は二〇三〇年に一・八程度、二〇四〇年に二・〇七程度、という推計である（スライド一五枚目）。

13 「地方創生」も当初は二〇一五年統一地方選挙向けであったが、衆議院解散総選挙は直前に決定できるので、選挙目当ての「一億総活躍社会」でも同様であるから「等」とした。

14 また、「新・三本の矢」の公表の際に、「これは『矢』（＝政策手段）ではなく『的』（＝政策目的）に過ぎない」という批判があったため、この「緊急対策」では、「新・第二の矢：夢をつむぐ子育て支援」と「新・第二の矢の的：希望出生率一・八」のように表記するようになった（図、一二頁、傍線部筆者）。

15 橋本比登志（一九九八）「近年におけるマルサス復興―ヴィクセル、ケインズ、ガルブレイスによる―」『人口学研究』二三号、中矢俊博・柳田芳伸（編）（二〇〇〇）『マルサス派の経済学者たち』日本経済評論社、藤田菜々子（二〇〇九）「一九三〇年代人口問題におけるケインズとミュルダール」『経済学史研究』五一巻一号、同（二〇一〇）『ミュルダールの経済学』NTT出版。

16 ただし、人口とは兵士・労働者になるための潜在的な資源であって、戦力・兵力や労働力そのものではない。人的資源を精神力（道徳力）・知力（学力）・体力に変換するための心技体の教育訓練が必要とされる。

17 吉田秀夫（一九四〇）『新マルサス主義研究』大同書院。

18 アンダーソン、ベネディクト（二〇〇七）『定本 想像の共同体』書籍工房早山。

19 河野稠果（二〇〇七）『人口学への招待』中公新書。

20 完結出生児数は実績値であるが、合計特殊出生率も実績値である。厚生労働省によれば、合計特殊出生率は「一五～四九歳までの女性の年齢別出生率を合計したもの」で、「期間」合計特殊出生率と「コーホート」合計特殊出生率の二種類がある。後者はその世代が五〇歳に到達するまで実績値が得られないため、期間合計特殊出生率が一般に用いられている。
http://www.mhlw.go.jp/toukei/saikin/hw/jinkou/geppo/nengai11/sankou01.html（二〇一五年十二月二十一日閲覧）。

21 ここで代入されている二・一二は、女性の数字である。男性は二・〇四である。単為生殖を想定しているようである。一一一頁も参照。

22 政治過程の妥協の比喩的表現である「単に足して二で割る」で計算すると、一・七五である。「希望出生率」＝一・八と極めて近い数字である。

23 ちなみに、『第一次増田レポート』以前に出された、国立社会保障・人口問題研究所の人口推計（二〇一二年一月）によれば、中位仮定においては、合計特殊出生率は、二〇二四年までに緩やかに下降して一・三三となり、その後は緩やかに上昇して、二〇三〇年の一・三四を経て、二〇六〇年に一・三五となるとされている。同じ期間に関して、高位仮定は一・六〇程度、低位仮定は一・〇八〜一・一二程度という。http://www.ipss.go.jp/syoushika/tohkei/newest04/gh2401.asp（二〇一五年十二月二十日閲覧）。この場合には、一・四一という現状維持さえも、決して無策では実現ではないのであって、政策目標にもなり得たとも言える。

24 国立社会保障・人口問題研究所「第一四回出生動向基本調査　結婚と出産に関する全国調査　独身者調査の結果概要」。調査において結婚と出産がセットになっているため、結婚の意志はないが出産する（または子どもを持つ）ことへのデータがないようである。なお、この調査は、既婚者の場合は女性のみ、未婚者は男女への、標本調査である。既婚者は女性だけで出産に至るという単為生殖を想定しているようである。であるならば、未婚者も女性にだけ調査をすればよいとも言えるが、出産の前提条件が異性婚であるため、一夫一婦制を前提とする配偶者候補として、未婚男性にも調査をしているのであろう。

なお、既婚夫婦の予定子ども数二・〇七という数字は、既婚者調査の結果であるが、あくまで、夫婦の合意による回答ではなく、妻（有配偶女性）の回答である。国立社会保障・人口問題研究所「第一四回出生動向基本調査　結婚と出産に関する全国調査　夫婦調査の結果概要」。この点は極めて重要で、妻が予定しても夫が予定しない場合、例えば、妻が二・〇七でも、夫が一・〇〇の場合（例えば、一人で充分で二人目はいらないと思っている）、夫婦では一・〇〇である。したがって、希望出生率の計算においては、二・〇七は相当に割り引く必要がある。例えば、男女ともに予定子ども数が平均二だとしてみよう。妻三、二、一という予定で、夫三、二、一という予定のとき、三：三、二：二、一：一の夫婦の組み合わせであれば、夫婦の予定子ども数は平均どおりの二・〇になる。しかし、一：三、二：二、三：一の夫婦の組み合わせであれば、夫婦の予定子ども数の平均は、一・三三である。しかし、『第一次増田レポート』は割り引いていない。http://www.ipss.go.jp/ps-doukou/j/doukou14_s/doukou14_s.pdf。

25 http://www.ipss.go.jp/ps-doukou/j/doukou14/doukou14.pdf（二〇一五年十二月二十日閲覧）。

例えば、国立社会保障・人口問題研究所の二〇一〇年調査によれば、夫婦の理想の子ども数は二・四二、予定子ども数は二・〇七である（http://www.ipss.go.jp/ps-doukou/j/doukou14/chapter3.html）。（二〇一五年十二月二十日閲覧）。つまり、理想と予定は異なる。とするならば、未婚者に関しても理想の数字ではなく予定の数字に割り引く必要があるかもしれない（「理想予定割引率」＝２・０７÷２・４２＝０・８５５）。つまり、未婚者に二・一二ではなく、２・１２×０・８５５＝１・８１を代入することになり、そのような「予定希望出生率（二〇一四年段階）」＝｛（34％×２・０７人）＋（66％×89％×１・８１人）｝×０・９３８≒１・６９、となる。逆に、国民の希望に赤心から寄り添うのであれば、既婚夫婦に関しても、二・四二を使うべきかもしれない。超純粋希望出生率＝（34％×２・４２人）＋（66％×２・１２人）≒２・２２、となる。

26 それに加えて同調査で重要なことは、長期的趨勢として、理想の子ども数も予定子ども数も低下傾向にあることである。とするならば、二〇一四年段階の希望出生率を基に二〇二五年段階の政策目標を設定することはできず、むしろ、二〇二五年段階の国民の希望を推計すべきかもしれない。

一億総活躍国民会議「一億総活躍社会の実現に向けて緊急に実施すべき対策─成長と分配の好循環の形

成に向けて―」二〇一五年十一月二十六日。

27 http://www.kantei.go.jp/jp/topics/2015/ichiokusoukatsuyaku/kinkyujisshitaisaku.pdf

「出生動向調査」を行う国立社会保障・人口問題研究所は、厚生労働省の施設等機関である。独立行政法人ですらない、政府の直轄機関である。なお、沿革的には一九三九年八月に設置された厚生省人口問題研究所が起源である。

28 「人口政策確立要綱」(一九四一年一月二十二日閣議決定)。「いい夫婦の日」だという。なお、本文での①以下の数字は、筆者が整理のための付番したものであり、「人口政策確立要綱」の項目建は別である。

http://rnavi.ndl.go.jp/politics/entry/bib00302.php(二〇一五年十二月二十一日閲覧)。

29 むしろ、男性稼得・専業主婦モデルという、戦後体制に近い家族・就労観である。

30 看護兵のことである。

31 成人した未婚女性は想定されていない。

かない・としゆき……東京大学法学部教授。専門は自治体行政学。『自治制度』(東京大学出版会)、『原発と自治体—「核害」とどう向き合うか』(岩波ブックレット)、『オランダ・ベルギーの自治体改革』(第一法規)、『地方創生の正体』(ちくま新書、共著)など著書多数。

第六章　希望社会の経済基盤を考える

――経済的毒消し作業の勘所はいずこに

浜　矩子

はじめに

ここまで、政治・メディア・労働・人口の各視点から、関連分野の毒消し名人たちが現状に巣食おうとする毒の正体とその退治方法を論じられてきた。筆者の担当は経済の分野だ。

政治・メディア・労働・人口。この四つの視点のいずれもが、経済の在り方に対して多大な規定力をもつ。政治は人がつくる枠組みだ。メディアは人が発する声だ。労働と人口は人そのものに他ならない。人々がどんな枠組みをつくるか。どんな声を発するか。どんな思いを抱きながら存在し、働きに出るのか。これら全てのことによって、経済活動の姿形が決まる。経済活動は人間の営みだ。経済活動の主役は、いつでも、そしていつまでも、人間である。その人間たちが政治やメディアにどのような思いを託すか。あるいは、政治やメディアによってどのように翻弄されるか。どのような労働環境に当面するか。どのような人口構成の中でお互いに向き合っていくのか。これら全てのことが、人間の営みとしての経済活動が全うなものであり得るか否かを左右する。

この認識を念頭に置き、胸に刻みつけつつ、本章では、人間の営みである経済活動の世界に、昨今の日本においてどのような毒が流し込まれようとしてきたかを検証していきたいと思う。毒の成分分析も試みたいと思う。毒の成分が分かれば、解毒剤の成分がどうあるべきかも分かる。恐らく、どこに行けば、解毒剤づくりの材料がみつかるかということも、分かるはずである。

首尾良く解毒がなれば、そこに芽生えるのが希望だ。解毒材料探しの旅は、すなわち希望探しの旅でもある。ただし、希望という言葉には、なかなか注意を要する。怪しげな連中の手に渡ると、希望は怪しげなまやかしの呪文と化してしまいかねない。その危険性について、第四章と第五章で雄弁・鋭角に語られている。誰の希望か。どんな希望か。それが問題だ。希望と期待は違う。希望と望みも違う。希望と夢も違う。誰かの期待は誰かの危惧だ。誰かの望むところは、誰かの忌むところであるかもしれない。誰かの夢の実現は、誰かの望みを絶つことにつながる。本当の希望は、こうした損得勘定や利害得失を超えたところにある。そのはずだ。

ギリシャ神話に登場するパンドラの箱から、あらゆる災いが飛び出した後に顔を出した希望は、全ての人々のための希望だったはずである。全ての絶望に対する解毒剤としての力をもっていたはずである。もっとも、このパンドラの箱の物語にも、実は様々なバリエーションがある。最後に出てくるのが、何と希望ではないというエンディングもあるのだが、この辺りのことについては、次節で改めて取り上げたい。いずれにせよ、我々が探索する希望には、普遍性がなければならない。そして、希望が普遍性をもつためには、そこに人と人とのつながりがなければならない。人が人の痛みを目の当たりにして嘆くもらい泣きの世界が存在しなければならない。人が人の喜びを知って歓喜する光景が広がっていなければならない。

昨年十月、安倍政権は「アベノミクス」の第二ステージ入りを宣言した。新たなステージ入りだということで、「新三本の矢」なるものも打ち出された。いみじくも、その筆頭に登場したのが、「希望を生み出す強い経済」だった。強い経済が生み出す希望とは、一体、どのような希望か。誰のための希望であるのか。首相官邸のホームページで確認すれば、この「新・第一の矢」が的としているのが、「GDP六百兆円」の実現だ。この的を射当てること。それが、「希望を生み出す強い経済」をもたらすというわけだ。なぜだろう。謎が深まる。この謎の背後にあるものは何か。まずは、この辺りの謎解きを手始めに、本当の希望探しのエコノミック・ジャーニーに向けて出発することとしたい。

一　パンドラの箱から出てきた災い

飛び出してきた二つの不吉

二〇一二年十二月、日本国民の手元に「アベノミクス」という名のパンドラの箱が送られてきてしまった。アベノミクスを筆者的に言えば、「アホノミクス」だ。ただ、本書では他章との兼ね合いもあるから、アベノミクスを使うことにしておこう。そもそも、パンドラの箱は、ギリシャ神話の最高神ゼウスが、人間を懲らしめようとして地上に送り込んだものだ。パンドラという絶世の美女をサイボーグよろしく製造し、黄金の箱を持たせて地上に派遣する。これがパンドラの箱だ。絶対に開けるなと命じておきながら、神々は美女サイボーグに並大抵ではない好奇心を植えつける。「見たい知りたい」の誘惑に堪えかねて、彼女は箱を開けてしまう。すると、ありとあらゆる災いが箱の中から飛び出して、地上全土を覆い尽くす。まさに、毒が地上に広がったのである。

日本国民は、神様に懲らしめられるべきどんなことをしたというのだろう。罪深い面が多々あるとは思う。国民の多くが、箱を開ける選択をしてしまったことにも問題がある。だが、それにしても、このパンドラの箱の贈り物はちょっと酷過ぎたのではないかと思う。

ところで、「はじめに」で言及した通り、この「パンドラの箱」のエンディングには諸説ある。最も一般的には、あらゆる災いくんたちが飛び散った後、たった一人、箱の底に希望さんが残ったという結末になっている。そして、その希望さんが後から世の中に出て行ったおかげで、人類は災い群に包囲されながらも、生きながらえていくことができるようになる。これが通説だ。

だが、これに対して、最後に残ったのは、実は「イヤな予感」なのだという説もある。要は懸念である。人間は、始終、先行きに関する懸念に駆られてばかりいたのでは、生きていけない。凶事の予感は絶望につながる。だから、懸念が箱の中に残って世の中に拡散しなかったのが、不幸中の幸いだった。そういう終わり方もある。

筆者は、どうも、このエンディングには納得がいかない。人間にとって、懸念は重要だ。嫌な予感を感じ取る力は、嫌なことの出現回避につながる。恐れを知らず、不安に駆られないというのは、実に危険なことだ。懸念が最後に出てくるというのは、むしろ、心強いことだ。実際問題として、今、そのことが証明されているように思う。安倍政権下の経済運営が三年余り続いてきたなかで、やれ、三本の矢だの、新三本の矢だの、異次元緩和だの、マイナス金利だの、そして安保法制だのという様々なとんでもないものが箱の中から飛び出してきた。そうした展開を目の当たりにすることで、人々の中に次第に大いなる懸念が芽生えてきた。とっても不吉でとってもイヤな予感が、人々の胸をうずかせるようになってきた。この懸念と予感が、市民たちを立ち上がらせ、声なき声に声を与えつつある。それが現状なのだと思う。懸念する者たちこそ、希望への道を見つけ出すことができる。そういうことだろう。

最後にちゃんと懸念が出てきた。そのことで、希望への道が開けつつあると思う。だが、あまり先走りして喜んでしまってはいけない。まずは、このパンドラの箱から湧き出してきた災いの各種を、改めてじっくり観察しておく必要がある、その最も懸念すべきところは、どこにあるのか。何が、その不吉さの中核部分を形成しているのか。そこをしっかり見定めておくことが肝要だ。ここでは、我が責任分担領域である経済の分野において、不吉の核心を見極めていきたいと思う。

ざっくり言えば、不吉の核心は二つあると思う。その一が「下心の経済学」だ。そして、その二が「不条理の金融政策」である。順次、検討していこう。

政治の下心が経済を踏みにじる

まずは、下心の経済学である。下心とは、すなわち不純な動機だ。安倍政権の経済運営を動機づけているもの、そして、結果的にその勘を狂わせている不純な動機とはどのようなものか。この点については、既に他著でも検討しているが、改めて確認しておきたいと思う。二〇一五年四月、安倍首相はアメリカを訪問した。その時、安倍首相は笹川平和財団アメリカで講演した。その中で、彼は「私の外交安全保障政策は、アベノミクスと表裏一体であります」と言った。質疑応答の中で、司会者がこの発言の意味するところを問いただした。すると、彼は次のように答えた。

「……デフレから脱却をして、経済を成長させ、そしてGDPを増やしていく。それは社会保障の財政基盤を強くすることになりますし、当然、防衛費をしっかりと増やしていくこともできます。また、海外に対する支援も行うことができる。日本のプレゼンスを引き上げていくことができる。つまり、強い経済はしっかりとした安全保障政策の立て直しに不可欠であると、こう考えています。」

言うまでもなく、ここで最も明確に下心が滲み出ているのは、「当然、防衛費をしっかり増やすこともできます」のくだりだ。ご覧の通り、一応は、社会保障の財政基盤も強化できるというフレーズが挿入されてはいる。だが、この順番でものを言えば、どちらに力点を置きたいのかは明らかだ。「社会保障の財政基盤を強くすることになりますし」とさっとアリバイづくりをした上で、「当然、防衛費をしっかりと増やすことができます」と来れば、どちらにより気合いが入っているかは明らかだ。

続く次の部分も見落とせない。「海外に対する支援も行うことができる」というのは、ひとまず結構だ。だが、その次に「日本のプレゼンスを引き上げていくことができる」と続くと、少々動機が疑わしくなってくる。どうも、影響力の拡張が本当の狙いであるように聞こえる。ここにも、下心の香りが漂っている。そして、締めくくりが「つまり、強い経済はしっかりとした安全保障政策の立て直しに不可欠」となる。目指しているのは、あくまでも強い経済だ。上手く回る経済でもない。バランスがとれた経済でもない。居心地のいい経済でもない。強い国家の基盤となり得る強い経済。それが狙いだ。そのためのアベノミクスなのだということである。

国民のためのデフレ脱却ではない。人々の生活基盤安定化のための成長追求でもない。ＧＤＰが大きくなれば社会保障の財源も楽にはなる。だが、それよりも何よりも、「防衛費をしっかりと増やしていくこと」ができるというのである。一方で、社会保障については「財政基盤の強化」というに止めている。社会保障費を増やすとは決して言っていないのである。だが、国防費については、明確に「増やす」という言い方をしている。社会保障費は何とか抑制しなければいけない状況だから、致し方ないといえば言える。だが、本質論的に言えば、社会保障を支出削減対象としてしか話題にできないような状況は、近代国家として深く恥ずべきところだ。ひたすら「強い経済」づくりにばかり固執していると、こういう話の運び方にもなってしまうのだろう。

強さが全て

強い経済づくりを進めつつ、彼らの経済運営と表裏一体の関係にある外交安全保障政策は、どのようなゴールを目指しているのか。これについても、安倍首相ご本人が明快に語ってくれている。目指すゴールは、「戦後レジームからの脱却」である。戦後から脱却するというのは、すなわち、戦前に戻ることに他ならない。日本の戦前といえば、そこは、大日本帝国の世界だ。そこを目指して、強い経済づくりをもって富国を実現し、憲法改正によって強兵の体制を整える。これが彼らのシナリオだ。そのことを、チーム・リーダーの言葉が我々にあまりにも明確に伝えてくれている。

この点を踏まえていれば、昨年打ち出された「アベノミクス第二段階」とその「新三本の矢」なるものも、その意図するところがとてもよく見えてくる。前述の通り、新三本の矢の一本目は「希望を生み出す強い経済」を目指している。この矢の「的」として設定されたのが、日本のGDPを六百兆円に増やすという目標だ。「日本のGDPを増やすことができれば、しっかりと国防費を増やせる」。そのように明言した人が、日本のGDPを六百兆円に増やすと言っているのである。そこに根を張る下心が何であるかは、あまりにも明白だ。

この辺の脈絡は、しっかり見定めておく必要がある。見誤ってはいけない。安倍政権の経済政策に関しては、国家主義的な意図を隠蔽するためのカムフラージュや煙幕だという批判もある。確かに、経済政策を煙幕張りのために使うなどということは、もってのほかだ。だが、こと安倍政権の経済運営に関して言えば、それは、単なる煙幕よりももっとタチが悪くて、危険な代物だと思っておく必要がある。何しろ、大日本帝国への回帰を目指す安全保障政策と表裏一体なのであるから、煙幕どころの話ではないのである。強い経済づくりは、カムフラージュではない。強い国家づくりプロジェクトの中で基幹的な位置づけをもっているのである。

現に、よほど軍備増強のためのGDP増強を急ぎたいのだろう。その目標めがけて、企業経営に対してかなり露骨な口出しが目立つようになっている。賃金を上げろ。雇用を増やせ。投資を増やせ。生産性を上げろ。いずれも、その限りでは、誠にごもっともな目標設定だ。だが、何のためにこれらを要求するのか。なぜ、政府がそこまでしゃしゃり出るのか。経済政策を富国強兵の安全保障政策の手段として使う。この下心に基づいて行動する人々が、企業に向かって目標設定しているところが、大いに気掛かりだ。企業側も、「動機は不純な奴らでも、経済が元気になればまぁいいじゃないか」式の発想で、彼らに振り回されないようにしてほしい。下心の経済学と向き合うとき、企業経営の見識が問われる。

怖い下心の背後で渦巻いている情念はどのようなものか。それは、どうも、力と強さへ固執であり、憧憬なのだと思う。

「……国民一丸となって、『強い日本』を取り戻していこうではありませんか」。二〇一三年の総理大臣年頭所感の中で、安倍首相はこのように言った。総理就任後、初の新年のご挨拶だった。その中で、「強い日本を取り戻す」というテーマがいち早く登場したのである。


ところで、今の時代において、誇大妄想的な力と強さへのこだわりは、決して日本だけに固有の問題ではない。国境なきグローバル時代は、誰も一人では生きていけない。誰もが、数多くの他の誰かたちに支えられている。だからこそ、手を差し伸べ合わなければいけない。ところが、そうであればあるほど、それを嫌がる子どもじみた自立主義が台頭する余地も広がる。この狭量な自立主義が、グローバル世界のあちこちで力と強さへの憧憬を生み出す。これは、筆者が従来から懸念してきたことだ。

そして今、この懸念がまさに現実となりつつある。なぜなら、アメリカにドナルド・トランプが出現している。来る大統領選に向けて、この人が共和党側の候補者に指名されそうな勢いになってきた。この人の相次ぐ過激発言に、世界中があきれ返り言葉を失った。そのトランプ氏いわく、「アメリカを再び偉大にする」。そして安倍総理大臣いわく「強い日本を取り戻す」。二人のメッセージが示唆するところは、寸分違わない。驚くべき感性の一致ぶりである。かくして、力と強さを追い求める妄念が不気味な広がりを示す。

GDP六百兆円目標との関係では、「目指すは『一億総活躍』社会」だという宣言も飛び出した。「少子高齢化に歯止めをかけ、五〇年後も、人口一億人を維持する。その国家としての意志を明確にしたい」という意志も示された（二〇一五年九月二十四日、安倍晋三総裁記者会見（両院議員総会後）より）。「国家としての意志」という言い方がすごい。国家に人格を与え、その意志に従って物事を取り運ぶのだと言う。国家は、国民のためのサービス事業者だ。その意志が国民を一定方向に追い立てていくというのは、全く許されないことだ。

「希望を生み出す強い経済（目標　GDP六百兆円）」について、安倍首相は次のように言っている。

「そのターゲットは、『戦後最大の経済』、そして、そこから得られる『戦後最大の国民生活の豊かさ』であります。GDP六百兆円の達成を、明確な目標として掲げたいと思います。

そのために、雇用を更に増やし、給料を更に上げて、消費を拡大してまいります。デフレから脱却し、力強い成長軌道に乗せるため、『生産性革命』を大胆に進めていく。大きな経済圏を世界に広げながら、投資や人材を日本へと呼び込む政策を、果断に進めてまいります」

（二〇一五年九月二十四日、自民党総裁としての両院議員総会後の記者会見）

いよいよ、経済政策と外交安全保障政策の表裏一体論が、具体的にフル稼働し始めたということだ。その意味で、確かに、安倍政権の経済運営は新たなステージに踏み込んだ。その富国強兵的実像が、いよいよ全貌を現してきたと言えるだろう。「目指すは『一億総活躍』社会」宣言が、その気負いぶりをよく示している。強いお国づくりのために、皆さん、頑張って頂きます。一億の民よ、総員奮励努力せよ。このメッセージが、「一億総活躍」の五文字の背後から浮かび上がってくる。高齢者も生涯現役で働き続けて下さい。若者たちは産んで増やして下さい。強い日本を取り戻す作業が、いよいよ本格稼働の段階入りです。この掛け声が、「経済最優先」の呼び声の背後で聞こえる。

金融の不条理化が人々を追い詰める

不条理の金融政策に目を移そう。安倍政権がその登場時点で持ち出してきた「三本の矢」の中で、金融政策はその「一本目」の位置づけを与えられていた。「大胆な金融政策」を展開すると宣言された。どう大胆なのかといえば、「量的にみても質的にみても、これまでとは全く次元の違う金融緩和を行う」からだということだった。ここから「異次元緩和」というもう一つの呼び名がつくことになった。

量的な異次元性は、従来に比べて格段に大規模な資金を日銀が市場に流し込むようになったことである。質的異次元性は、資金を市場に流し込むために日銀が買い入れる資産の中で、残存期間の長い国債やリスク性の高い金融商品のウェイトを高めたところにあった。

これらのやり方を通じて、天下を回るカネの量を増やし、その回転速度を高める。そのことによって、経済成長の花を大きく開花させる。これが「大胆な金融政策」の狙いだということになっていた。実を言えば、本当にそこが狙いなのかという点がどうも疑わしい。この点については後述する。ここはひとまず触れ込みをそのまま受け止めておく。その上で、大胆な異次元緩和が果たしてカネの出回り方の拡充に奏功したか、この点についてみておこう。

第一に、世の中に出回るカネの量は増えていない。日銀による金融緩和は、民間金融機関が日銀に開設している当座預金にカネを振り込む形で行われる。国債などを日銀が民間金融機関から買い入れて、その代金を彼らの日銀口座に振り込むのである。こうして日銀が民間金融機関に供給する資金規模を「大胆に」増やしたわけである。ところが、問題はその先だ。日銀からどんどん振り込まれてくるカネを、民間金融機関が貸し出しなどを通じて世の中に押し出して行けば、天下に出回るカネの量も増えることになる。だが、この間、実態はそのようには動いてこなかった。

なぜかと言えば、そのための土壌がないからだ。何しろ、企業の手元には、溢れんばかりの内部留保が滞留している。彼らは、借金までして多少ともリスクを伴う投資をしようとは考えていない。このカネ余りのご時世で、それでも借金に頼ろうとする企業があれば、そのような企業の経営基盤は相当に危なっかしいはずだ。少なくとも、金融機関はそう考える。だから、いくら手元に日銀提供のカネが積み上がってきても、それを持って行く先がない。結局は、そのまま金融機関の手元に滞留するばかり。これが、当初からの一貫した展開だった。

第二のカネの回転具合についてはどうか。人々の間をカネが活発に行き交うようになったか。これまた答えは否である。政策的なてこ入れが必死に株価を押し上げた分、株の取引規模が膨張した面はあるだろう。だが、それを除けば、カネの動きはいたって不活発に推移してきた。この間、人々は、むしろ、極力カネを回さず大事に貯め込む行動を強めてきたのである。預貯金金利も、この間は限りなくゼロに近いところで推移してきた。超うす切りの生ハムのごとき状態になってしまっている。だが、それに嫌気して人々はカネを貯め込まず使い始めたかといえば、実は逆なのである。

銀行預金の残高は、年間十兆円増というペースで増えてきた。その結果、二〇一五年十一月末時点で六七七兆円に達した。過去の記録を更新している。預金残高はこの二〇年で約二三〇兆円増えている（日銀調べ）。企業の預金も増えているが、増分の九割は個人預金によって占められているのである。一人当たりの預金額も増えている。

人々は貯金をしたがらなくなる。そう思いきや、むしろ、超低金利下でかえって預金が増えているのである。要は、低金利が貯金離れを呼ぶのも、程度によりけりだということである。あまりにも低金利過ぎると、かえって、人々は自己防衛的にカネをより多く貯め込むようになるのである。利子が三％もつくなら、貯金は三千万円でいい。でも、金利ゼロとなると、五千万円はないとダメかもしれない。そのように思うようになる。

経済現象には、しばしばこういうことがある。例えば、物価が下がると、確かに家計は助かる。だが、物価が下がり過ぎると、人々の賃金も下がり、雇用も減るから、家計は苦境に落ち込む。経済現象の一定方向への変化が、常に一定方向に向かう効果をもたらすとは限らない。全ての変化に、いわば損益分岐点がある。だからこそ、経済は生き物なのである。ここを忘れて、金利はいつも下がれば下がるほどいいと思い込んでいると、どんでもないしっぺ返しが待っている。過ぎたるはおよばざるがごとしだ。

この状態の中で、二〇一六年一月には、ついにマイナス金利が導入された。金利がゼロに張り付いたままというだけで、既に相当に不条理な世界に踏み込んでいた。もっとも、ゼロ金利は決定的に不条理な現象だとも言いきれない。ヴェニスの商人、アントーニオはゼロ金利でカネを貸すことを旨としていた。それで人助けをしようとしていた。その意図に文句はいえない。だが、それでも、結局は高利貸しシャイロックの恨みを買って胸肉一ポンドを奪われかけたから、やはり、ゼロ金利にもリスクが伴う。理にかなわないことをすると、この種のリスクが発生する。

「異次元緩和」がカネの量についてもその回り具合についても、所期の効果を発揮しない。おまけに、グローバル環境もそれこそ少々異次元的な危うさを呈するようになってきた。こうした中で、安倍式経済運営の金融的側面を担う黒田総裁として、思えば残された道は一つしかなかったと言えるだろう。異次元でダメなら、さらにもう一段異次元に行くしかない。かくしてマイナス金利の世界に踏み込むことになった。こういうところだろう。ただし、これも、先ほど言及した「もう一つの疑念」を別とすればの話だ。とりあえず、この疑念を封印して考えれば、黒田総裁は「第一次異次元緩和」の内在的な行き詰まりと外部環境の緊迫化に追い立てられて、マイナス金利という「第二次異次元緩和」の世界に踏み込むことになった。そういうことになる。

混迷の風景

マイナス金利は、明らかに経済的条理ではない。カネを貸す側が借りる側に金利を払うというのは、全く経済的に理にかなわない話だ。ただ、それも緊急事態には一定の効用をもつことがある。全くカネが凍り付いてしまって動かなくなったとき、そのカネを解凍するために、逆転のマイナス金利を導入することには、一定の合理性がある。だが、これもまた、損益分岐点の範囲内の話である。ゼロ金利に長らく痛めつけられて、金利が低くなればなるほど貯金を増やす。人々がそのような行動パターンに陥っている状態の下では、マイナス金利はますます人々の不安をあおるばかりだ。今の日本では、凍り付いてしまったカネを動かすための苦肉の奇策であったはずのマイナス金利が、ますますカネを凍結させていく。そういう現象が早くも見え始めている。

金庫がどんどん売れる。百貨店友の会への加入者が激増する。そういう状況が現出している。一万円札への需要も増えている。買った金庫に整然とそしてたくさん現金を収納しやすくするためだ。

初体験のマイナス金利環境に当面させられて、金融機関の対応も狼狽い気味だ。多くの金融機関は、マイナス金利政策の導入とともに、自分たちがお客様に支払う預金金利を引き下げた。部分的とはいえ、自分たちの日銀当座預金にマイナス金利が適用されたということは、彼らにとって資金コストが上昇したことを意味する。なぜなら、日銀当座預金にマイナス金利が付くというのは、要するにカネを日銀口座においておくことに対して、手数料をとられることにほかならない。罰金が科せられると解釈してもいい。この手数料ないし罰金分のコスト増を相殺しようとすれば、自分たちが支払う金利を節約するほかはない。かくして、大多数の金融機関が、すでにほとんどないに等しくなっている預貯金金利をさらに引き下げることにした。既に充分過ぎるほど薄造り状態になっている預貯金金利の生ハムから、さらにもうひとめくり分をはぎ取ろうというわけだ。よほどのカンナかけの名手でも、なかなかできる芸当ではない。

そんな薄造り競争的パフォーマンスばかりに力を入れないで、日銀当座預金から不要不急なカネを引き出してくれればいいのに。引き出して企業への貸し出しなどに当ててくれればいいのに。黒田総裁が真剣にマイナス金利政策を奏功させたいと考えているなら、そんなふうに気をもんでいるはずだ。ところが、金融機関は貸し出しを増やすどころか、預貯金金利を薄造り名人芸で引き下げるという行動に出た。それも、そのおかげでカネが預貯金から流出し、投資や消費に向かって高速回転し始めるようなら、マイナス金利政策のやりがいがあるというものだ。確かに、銀行口座からはカネは流れ出している。だが、そのカネが向かう先は、もっぱら金庫の中や百貨店友の会の口座の中だ。ゼロ金利下で必死になって預金を増やしていた人々が、マイナス金利下ではついに地下に逃げ込み始めた。こうなってしまえば、金融機関は資金コストを心配しているどころではなくなる。資金枯渇が問題になる領域に追い込まれていくことになる。金融機関は、カネを天下に回すのが商売だ。だが、手元にカネが集まってこなくなっては、商売あがったりである。

そうなることを恐れて、マイナス金利下で逆に預貯金金利を引き上げる金融機関も出てきた。主として中小零細金融機関だ。大手は、預貯金以外にいくらでも資金調達手段がある。海外からでも資金を引き寄せてくることができる。だが、国内で地域密着型の仕事をしている小規模金融機関の場合には、そういうわけにはいかない。預貯金がタンスや金庫の中へと逃げていくことを食い止めなければならない。そこで、必死の逆走作戦に踏み切っている。遠賀《おんが》信用金庫（福岡県岡垣町）と熊本第一信用金庫（熊本市）の事例がそれだ。

遠賀信金は、個人向け一年物定期預金の金利（通常年〇・〇二五%）を二〇一六年二月から年〇・一五%と六倍に引き上げた。ただし、一人当たり三〇〇万円の上限を設定。総額三〇億円までとしている。熊本第一信金も、同年二月十日から新規預け入れの一年物定期預金を対象に、子育て世代が多い五〇歳未満で年〇・一％（五〇万円以上）、五〇歳以上で〇・〇八％（二〇〇万円以上）の商品を販売している。

本当の不条理がもたらすもの

不条理な政策展開が、不条理な自己防衛対応を呼び起こす。こうして、日本の金融環境はどんどん異次元性が増しつつある。行き着く先は一体どんな世界だろう。

筆者は、『毎日新聞』で「危機の真相」というコラムを書かせて頂いている。その二〇一六年二月の回で、今回のマイナス金利政策を取り上げた（「ゼロ金利芝居の怪しい台本」二〇一六年二月二十日付『毎日新聞』）。その冒頭で、次のように書いている。

「『こんなはずじゃなかった』。これが、マイナス金利政策に踏み込んだ黒田日銀総裁の今の心境だろうか。それとも、「やったぁ」と喜んでいるのか。前者なら、困ったものだが、それなりに理解はできる。後者なら、とんでもない話だ。」

さらに次のように書き進んでいる。

「このところの展開を見ていれば、マイナス金利政策の導入責任者が『こんなはずじゃなかった』感を募らせても、一向におかしくはない。なぜなら、ゼロ金利政策というものの基本的な考え方は、以下の通りだ。

カネを貯め込んでいると損をする。そんな環境を作り出せば、金融機関はカネの貸し出しを急ぐだろう。人々は、カネ使いが荒くなるに違いない。モノをどんどん買うようになるだろう。高利回りがとれる資産を求めて、株も買うようになる。同じ発想から、人々が海外に投資機会を求めることにもなるだろう。そのことが自国通貨安をもたらせば、景気回復の追い風になる。これまでのところ、日銀のゼロ金利政策は、上記のような反応を全く引き出していない。」

以上の中で言っている「こんなはずじゃなかった」展開が、まさにここでみてきた状況だ。人々がマイナス金利にあおられてカネを借りたり使ったりするどころか、現金をかき集めて地下に潜行しようとしている。

さて、ここまでは黒田日銀総裁が「こんなはずじゃなかった」と頭を抱えている場合に関する考察だ。だが、ひょっとすると、どうも、今の彼の心境は、毎日新聞稿の冒頭で掲げたもう一つのケース、すなわち「やったぁ」というほうなのかもしれない。

つまり、黒田総裁は、国債の利回りがどんどんマイナス圏に入っていくことについて、まさしく、「やったぁ」と喜んでいる可能性があるということだ。実際に、マイナス金利導入後、十年物国債の利回りも初めてマイナスになった。言うまでもなく、これは、日本国政府にとって大喜び要因だ。言うまでもなく、国債もマイナス金利状態になれば、政府はカネを借りるのが実に楽になる。というよりは、カネを借りれば借りるほど得をすることになる。彼らにとって、これほどめでたいことはない。

ひょっとして、黒田総裁も、日本国政府とともにこの事態に歓喜しているのか。この喜びを共有するためのマイナス金利政策だったのか。まさか、こんなところに真相があったとは思いたくない。だが、「まさか」はとってもしばしば現実になる。それが歴史の教訓だ。

原則論的に言えば、マイナス金利付きの国債など、誰も買うはずがない。日本国政府が借り手なら、マイナス金利付きでも、カネを貸して差し上げたい。日本国政府に対して、よほど強い憧憬の念でも抱いていなければ、人がこんなことを考えるはずはない。だが、実を言えば、今の日本の金融機関は、マイナス金利付き国債でも、買った後直ちに、日銀に高値で転売すればそれで済む。かくして、結局は日銀と民間金融機関の間で、国債がぐるぐる回りをするだけだ。しかも、政府の財政負担は減っていく。この状態こそがそもそもの狙いだったのか。そうだとすれば、黒田総裁に「こんなはずじゃなかった」感など、あるわけがない。せめて、「こんなはずじゃなかった」と思っていて欲しいものだが、どうも、なかなか怪しげだ。

「やったぁ」が真相だったとした場合、大きな問題となるのが、果たしていつまでこの状態を続けていられるかだ。日銀の国債保有高は、すさまじい勢いで伸びつつある。日銀のお蔵が日本国債ですっかり満杯になってしまったとき、何が起こるか。それでもなお、「やったぁ」大作戦は継続されるのか。継続できるのか。この点について、とても考えさせられる一連の数字がある。

異次元緩和を続けてくるなかで、日銀の国債保有高は何ともすさまじい勢いで積み上がっている。二〇一五年末の数値が約三三一兆円に達した（日銀資金循環勘定二〇一六年三月二十五日発表分。国庫短期証券と国債・財投債の合計ベース）。日銀を含む金融機関全体としての国債保有高が約八四九兆円だった。したがって、日銀の保有割合は三九％に及ぶ。これに対して、預金取り扱い機関の保有高は二三八兆円で、全体の二八％に止まっている。要するに、いまや、全金融機関の中で最も多く国債を保有しているのが、何と日銀なのである。これは驚くべきことだし、恐ろしいことだ。中央銀行が持っている国債の残高が民間保有分よりも大きいなどということは、そうそうあるものではない。よほど、他に誰も国債を買う人がいないということか。あるいは、そのような状態にならないために、中央銀行が必死で国債の供給過多状態を隠蔽しているか。いずれにせよ、要するに日本の政府債務は、いまや民間の経済活動の中ではとうてい消化し切れない水準に膨れ上がってしまっている。そういうことだ。溢れかえる政府の借金を、日銀が懸命に吸い上げているのである。

元来、中央銀行というものには、他にカネを貸してくれるあてがない金融機関に対して、「最後の貸し手」として機能する役割がある。ただし、こうして救済の手を差し伸べてもらう代わりに、中央銀行貸出しに頼る金融機関は、市場の実勢よりも高い金利を中央銀行に支払わなければならない。高い金利で中央銀行からカネを借りる以外に、資金調達のすべがない。こうなったら、あの銀行ももうお仕舞いだな。そのように思われたくなければ、ウチの窓口にはなるべく来ないで済むようにして下さいね。これが中央銀行のメッセージだ。中央銀行貸しという伝家の宝刀は、抜きそうで抜かないところに価値がある。この伝家の宝刀をちらつかせることで、中央銀行は通貨の番人であると金融秩序の番人役を務めるのである。日銀の場合、この中央銀行貸し出しの際の基準金利を「基準割引率および基準貸付利率」という。かつての公定歩合である。

こうして、日銀はいつでも最後の貸し手になってあげるという「アメ」とその代り高い金利を頂戴しますよという「ムチ」をもって金融システムの安定に努める。そのはずである。ところが、その日銀が、日本国政府に対しては、いまや「最初で最大の貸し手」となってしまっている。しかも、金利はマイナスと化している。こんな調子では、次第に日本国政府にとって日銀が「唯一の貸し手」となってしまいかねない。そうなった時、不条理金融政策はまちがいなく行き詰まる。

さらに確認しておくべきことがある。日銀は、目下、「長期国債の保有残高が年間約八十兆円に相当するペースで増加する」ことを目途に資産買い入れを行っている。これが異次元緩和の大きな柱だ。直近の保有高が三三〇兆円強に達していることは、今、みた通りである。これを年々八十兆円ずつ増やしていくとなれば、どうなるか。単純計算で、二〇一八年には日銀の国債保有残高が五七〇兆円に達する。一方で、仮に例の「めざすはGDP六百兆円」プロジェクトが想定通りに進むとすれば、日本経済が成長していくとすれば、二〇一八年の名目GDPは五六〇兆円なる計算だ。つまり、安倍政権のそれこそとても大胆な経済成長作戦が仮に奏功したとしても、二〇一八年の時点で、日銀の国債保有高のほうが日本の経済規模を上回ってしまうことになるのである。

これは、いかに何でも怖すぎる話だ。あまりにも不条理である。さらに怖いのは、この空恐ろしい状態が顕在化することを回避するために、ついに強権が発動されることである。悪夢をあえて見てみれば、例えば、突如として国民の預貯金の一定部分が、強制的に国債に振り替えられてしまうかもしれない。あるいは、明日からは、お手持ちの国債は一切転売禁止でございます、と言われてしまうかもしれない。ひょっとして、「愛国税」などという新税が導入されてしまうかもしれない。悪夢は無限に広がる。

二　パンドラの箱から出てきた希望

悪夢が現実味を帯びてくる中で、今の経済風景の中のどこに希望を見出すことができるのか。二つの不吉を検討していく中で、三つの希望が浮かび上がってきたように思う。その一が市民たちの知恵、その二が均衡の力学、その三が真の表裏一体である。それらを見ていこう。

希望その一：市民たちの知恵

前節で、マイナス金利に立ち向かう人々の対応についてみた。カネを使わせよう、カネを動かそうとする政策意図に反して、人々はカネをより深く、より巧妙に隠し持つ方向に動いている。いわばカネの地下化だ。つまり、金庫という名のタンスにカネをしまい込んだり、百貨店友の会に逃げ込んだりする行動だ。地下経済というと、とかく、ブラックなイメージがつきまとう。決して、領収書が発行されないような怪しげな現金取引。話題のパナマ文書が追求している税金逃れ。地下経済という経済用語には、これまでは、このようなダークな雰囲気が漂ってきた。だが、経済環境そのものがダークになり、政策による経済運営にダークな下心がまつわりついてくると、むしろ、地下に潜ろうとする経済行動のほうに正統性が出てくる。今、そんな状況が現出してきているように思えてくる。

市民たちによる経済的レジスタンス。それが、経済活動の地下化現象だ。いつの時代にも、それは起こる。一九三〇年代の世界不況下においては、国々の地域経済が、それぞれ独自の地域通貨をつくって独自の経済小宇宙を形成していった。ユーロ圏との関係が微妙になってきたギリシャでも、地域通貨による自活と自立に向けて、ローカル・コミュニティが動き出した。
危機に瀕して、市民たちはとても合理的な知恵を出す。そこに希望がある。このことは、ここまでの各章の中でも、示されている。

希望その二：均衡の力学

経済活動は、常に原点を模索する。原点という言葉には、二つの意味がある。一つは、出発点の意だ。そこには、「初心忘るべからず」のニュアンスが含まれている。もう一つの原点は、交点である。縦軸と横軸の交点だ。ここはすなわち、ゼロ点だ。全ての力が見合って、バランスし合っている。究極の均衡点。それが原点である。原点は、出発点であると同時に、究極のゴールでもある。この点を求めて、経済活動は常に揺れ動いている。一定方向に走り過ぎた経済は、その行き過ぎを常に矯正しようとする。上がれば下がり、下がれば上がる。それが経済活動だ。

この原点模索力学が生きている限り、経済活動はそれほど破壊的な状態にのめり込むことはない。経済活動が極限的にひどい状況に向かって突っ走ろうとすると、極限的に過激な矯正の力学が作動する。それが恐慌だ。恐慌は恐いが、同時に、とても良く効く均衡回復薬でもある。言い方を変えれば、恐慌という名の治療を要するほどに経済活動の不均衡化を放置すると、治療がそれだけ痛いということだ。

下心の経済学は、経済活動をどんどん原点から遠ざかる方向に追いやる。だが、それに対して、経済活動に内在する均衡化の力学は決して負けない。そのことに一番早く気づいていたのが、かの『国富論』を世に送り出したアダム・スミスだと思う。彼が「見えざる手」に全てを委ねるべしと言ったのは、経済活動の自己矯正力ある均衡化の力学を見抜いていたからだと思う。政策や政治は、余計なことをしなくていい。「見える手」は不要だ。スミス先生はそう言っていた。決して、弱肉強食の淘汰の論理を礼賛していたわけではない。

希望その三：真の表裏一体

なぜ、経済活動には均衡化の力学が内在するのか。それは、経済活動が人間の営みだからだ。怪しげな下心が働きだしたり、不条理の世界が迫ってきたりすると、そのうさん臭さを人々が嗅ぎ取る。そこで、行き過ぎを制御する経済活動の均衡化の力学が作動し出すのである。

「日本経済のファンダメンタルズはいいのに、何が起きているのか」。安倍首相がこう繰り返しているらしい（二〇一六年五月十七日付『毎日新聞』）。「日本経済のファンダメンタルズ」とは一体何か。彼らは、どうも、それを「過去最高の企業収益」とか、「最高水準の有効求人倍率」がそれだと思っているらしい。「過去最高」とか、「過去最大」を達成することが、すなわち「経済ファンダメンタルズがいい」ことだと考えているようである。

それは違う、ファンダメンタルズが良くないのに、企業収益が最高水準に達していたり、株価がやたらに上がったりすることがある。特定地域に偏重した人手不足が、有効求人倍率の平均数値を押し上げることがある。「経済ファンダメンタルズ」なる言葉を使いたいなら、その意味するところをしっかり勉強する必要がある。

経済活動は、人間のバランス感覚がそれを上手に、そして自然体な形で誘導しているとき、ファンダメンタルなレベルでの健全性を保ち得る。その意味で、市民たちの知恵と経済活動の均衡の力学こそが、本当の意味での表裏一体関係にある。この表裏一体性にこそ、希望がある。戦前回帰を目指す外交安全保障政策と経済政策の表裏一体は、パンドラの箱から絶望の種を引っ張り出すばかりだ。人間の賢き感性と経済活動の均衡化の感性の表裏一体には、パンドラの箱の底の底から、必ず希望を芽生えさせる力が備わっている。

はま・のりこ………同志社大学大学院教授。専門はマクロ経済分析、国際経済。希望社会研究委員会委員長。『グローバル恐慌〜金融暴走時代の果てに〜』（岩波書店）、『新・国富論グローバル経済の教科書』（文春新書）、『老楽国家論――反アベノミクス的生き方のススメ』（新潮社）など著書多数。

第七章　希望の子ども学へ～教育がしてはいけないこと

桜井智恵子

はじめに

二十一世紀に入り世界は、先進国を筆頭にグローバリゼーションの波に翻弄されるようになった。日本でも大量生産・大量消費で動いてきた経済のサイクルが、一九九〇年前後から変化をきたし、いわゆる新自由主義的なルールが広がった。それまで見えにくかった人々の経済格差が顕在化し、富める者はより富み、生活が苦しい者の層は急激に厚くなり、国民国家の様相が著しく変容してきた。相対的貧困率は上昇し、再配分システムの機能不全は明らかになっている。到底、人々の心構えで乗り越えられる状況ではない。政策の根本的な見直しによる暮らしの改善や、人々が参加し考え合う市民社会の成熟が目指される。しかし残念ながら、政権の見ている方向は経済成長主義であり、国民の側の発想や問題の捉え方も拡散し、例えば国民の多くが自己責任論を支持してしまうようにもなっている。このメカニズムを、例えばジョック・ヤングは次のように説明する。

「ポール・ウィリスの独創的な業績の影響を受けた、社会的再生産論の枠組みを駆使する民族誌学者たちが、そろって指摘するのは、単に構造が主体を抑圧するだけではなく、社会的存在である主体自らが多大な犠牲を払いつつ己を排除し抑圧する一助を担っているということだ。『このプロセスにおいてかれらは〔尊重を求める〕日常的なレベルで自己を破壊し、自己のコミュニティを苛む積極的な主体』になるのである。(注1)」

教育においても地域や家庭の働きが強調されるなか、自己責任論に連なる個人の能力重視を内包した「常識」が一般化している。問題解決のための重要なツールとして学校に期待することもできたのだが、戦後、社会的な問題解決の場として学校が存在することは難しかった。むしろ個人で人生をなんとかしてゆく能力主義の現場として機能するようになった。ジョン・デューイが『学校と社会』で近代学校へ提案した、社会が「更新」するための方法を学ぶ場としては位置付いていない。むしろ、評価と競争で張りめぐらされた学校教育は、人々を思考停止に導き、脱政治化へと作用してしまった側面も指摘せざるを得ない。

現在、憲法改正の声が大きくなり、今こそ市民の熟慮と参加が民主主義の充実のため求められるのであるが、日本は二十一世紀になって最初の「憲法上確立した基本的人権という概念を、クーデター等によらず、平和裡に国民が放棄する国」になるかもしれない。なお、押し付け憲法論に関してはそれが誤りであり、とりわけ憲法九条の戦争放棄、さらに戦力放棄は日本側からの提案であることを、第一次資料を豊富に用い、筆者はささやかに歴史実証したばかりである。(2)

本稿の問題意識は、現状の民主主義社会において、教育がどのような位置取りをしているかを取り出す点にある。最新の教育政策の動きを概観し、その大枠を動かす原理を取り出す。さらに、その原理と学校現場の実際との関連を見る。その上で、教育政策また学校での実践それぞれにおいて「教育が行ってはならないこと」を整理し、未来への希望の方向を展望したい。

一　教育政策の現在～能力による分断

今どのような教育政策が目指されているかを知るため、まず「第八期中央教育審議会の審議状況（二〇一五年十二月二十四日現在）」を見てみよう。求められていた五つの分野に対して、二〇一五年十二月二十一日にそのうち四つをカバーする答申が出された。答申を見ることで、現在の教育政策が目指すものは一定、浮き彫りになってくる。

初等中等教育分科会からは「教員養成部会」、「チームとしての学校・教職員の在り方に関する作業部会」、「地域とともにある学校の在り方に関する作業部会」、生涯学習分科会からは「学校地域協働部会」の四部会が答申を出した。このうち「地域とともにある学校の在り方に関する作業部会」と「学校地域協働部会」は合同で答申を出し、合計三つの答申が出揃った。

（一）「チームとしての学校の在り方と今後の改善方策について」

（二）「新しい時代の教育や地方創生の実現に向けた学校と地域の連携・協働の在り方と今後の推進方策について」

第8期中央教育審議会の審議状況（抜粋）

中央教育審議会			中央教育審議会総会 101回（9.28）	102回（10.28）	103回（11.26）	104回（12.21）
生涯学習分科会	学習成果活用部会	◎生涯を通じた学びによる可能性の拡大、自己実現及び社会貢献・地域課題解決に向けた環境整備について審議中。平成27年9月に「中間まとめ」を取りまとめた。平成28年年央を目途に答申として取りまとめる予定。				
生涯学習分科会	学校地域協働部会	◎学校と地域がパートナーとなり、連携・協働体制を築くための地域人材の養成と環境整備について審議中。平成27年10月に「審議まとめ」を取りまとめた。年内に答申を取りまとめる予定。		審議まとめ	答申案	答申予定
初等中等教育分科会	教育課程部会／教育課程企画特別部会	◎初等中等教育における教育課程の基準等の在り方について審議中。平成27年8月に「論点整理」を取りまとめた。平成28年度中を目途に答申を取りまとめる予定。	論点整理			
初等中等教育分科会	教員養成部会	◎これからの学校教育を担う教員の資質能力の向上について審議中。平成27年7月に「中間まとめ」を取りまとめた。年内に答申を取りまとめる予定。		答申案		答申予定
初等中等教育分科会	チームとしての学校・教職員の在り方に関する作業部会	◎チームとしての学校の在り方と今後の改善方策について審議中。平成27年7月に「中間まとめ」を取りまとめた。年内に答申を取りまとめる予定。			答申案	答申予定
初等中等教育分科会	地域とともにある学校の在り方に関する作業部会	◎今後のコミュニティ・スクールの在り方とその総合的な推進方策等について審議中。平成27年10月に「審議まとめ」を取りまとめた。年内に答申を取りまとめる予定。		審議まとめ	答申案	答申予定

（中間の濃さの網掛け）…「新しい時代の教育や地方創生の実現に向けた学校と地域の連携・協働の在り方について」（平成27年４月）の諮問事項を審議。

（濃い網掛け）…「初等中等教育における教育課程の基準等の在り方について」（平成26年11月）の諮問事項を審議。

（薄い網掛け）…「これからの学校教育を担う教職員やチームとしての学校の在り方について」（平成26年７月）の諮問事項を審議。

（中央教育審議会第一〇三回配布資料：二〇一五年十二月二十一日）

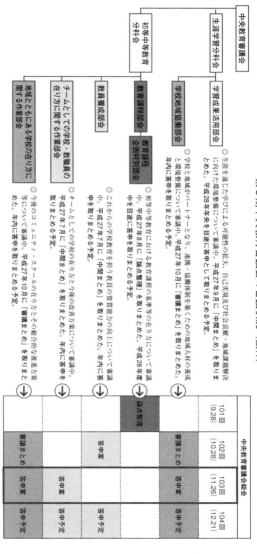

（三）「これからの学校教育を担う教員の資質能力の向上について〜学び合い、高め合う教員育成コミュニティの構築に向けて〜」

それぞれを概観しておこう。

本答申では、次のように述べる。

（一）「チームとしての学校の在り方と今後の改善方策について」

近年、グローバル化や情報化が急速に進展し、社会が大きく変化し続ける中で、複雑化・困難化した課題に的確に対応するため、多くの組織では、組織外の人材や資源を活用しつつ、組織の力を高める取組が進んでいる。（略）

本答申は、そのような現状認識に基づき、今後の在るべき姿としての「チームとしての学校」とそれを実現していくための改善方策について示したものであり、その実現のために、国、教育委員会も「チームとして」取り組み、学校や校長を支援することが求められている。

学校の組織の在り方は、教育課程の編成の基本的な考え方やその具体的内容、教員養成や研修の在り方とも相互に深く関わる課題である。現在、本審議会では、教育課程部会において学習指導要領の次期改訂に向けられた議論が行われている。

また、学校の在り方を考えるにあたっては、学校だけでなく、家庭や地域社会との関係も視野に入れることが必要であることから、本審議会では、初等中等教育分科会と生涯学習分科会が合同で審議を行い、「新しい時代の教育や地方創生の実現に向けた学校と地域の連携・協働の在り方と今後の推進方策について」の答申が取りまとめられたところである。

本答申を見てゆくと「複雑化・多様化した課題を解決するための体制整備」として、「生徒指導上の課題解決のための『チームとしての学校』の必要性」、「特別支援教育の充実のための『チームとしての学校』の必要性」が見受けられる。現状の学校体制からはじかれた子どもたちへの支援ということである。学校の状況を変容させるというよりも、はじかれた子どもたちの個別ケアに力点が置かれるのは近年の大きな特徴である。

教員以外の専門スタッフの参画は、心理や福祉に関する専門スタッフとして「スクールカウンセラー」「スクールソーシャルワーカー」。授業等において教員を支援する専門スタッフとして「ICT支援員」「学校司書」「英語指導を行う外部人材」「補習など、学校における教育活動を充実させるためのサポートスタッフ」。部活動に関する専門スタッフとして「部活動指導員（仮称）」。特別支援教育に関する専門スタッフとして、「医療的ケアを行う看護師等」「特別支援教育支援員」「言語聴覚士」「作業療法士」「理学療法士」「就職支援コーディネーター」が入った。

英語とICTに対応する専門スタッフと、いじめ・不登校などの課題、特別支援への対応スタッフが組み込まれたことが見て取れる。

（二）「新しい時代の教育や地方創生の実現に向けた学校と地域の連携・協働の在り方と今後の推進方策について」

諮問においては、社会情勢の変化や教育改革の動向等を踏まえたコミュニティ・スクールの在り方や、今後全ての学校がコミュニティ・スクール化に取り組み、地域と相互に連携・協働した活動を展開するための総合的な方策、学校と地域をつなぐコーディネーターの配置のための方策、地域の人的ネットワークが地域課題解決や地域振興の主体となる仕組みづくり等について審議が要請された。

これらのうち、コミュニティ・スクールに関わる事項に関して専門的な審議を深めるため、初等中等教育分科会の下に「地域とともにある学校の在り方に関する作業部会」が設置され、地域における学校との協働体制の在り方に関わる事項に関して専門的な審議を深めるため、生涯学習分科会の下に「学校地域協働部会」が設置された。両部会は、二〇一五年四月に設置されて以来、文部科学省が実施した実態調査の結果の分析や関係者からのヒアリングを踏まえつつ、必要に応じて合同審議を行うなど連携を図りながら、中央教育審議会の答申として取りまとめた。

本答申では、これからの教育改革や地方創生の動向を踏まえながら、社会総がかりでの教育の実現に向けて、学校と地域の連携・協働を一層推進していくための仕組みや方策を提言している。

「本答申全体を流れている理念は、未来を創り出す子供たちの成長のために、学校のみならず、地域住民や保護者等も含め、国民一人一人が教育の当事者となり、社会総掛かりでの教育の実現を図るということであり、そのことを通じ、新たな地域社会を創り出し、生涯学習社会の実現を果たしていくということである。」

中間まとめではこの後、以下の一文が入っていた。「もとより、こうした理念の実現は、本審議会がこれまで議論を積み重ねてきた、学習指導要領の見直しの方向性や、チームとしての学校の在り方、教員の資質能力の向上のための改革など、教育の内容・方法等を含めた一連の教育改革が総体として目指すべきものであることは言うまでもない」。

つまり、本答申の理念は「学校のみならず、保護者や地域住民等も含め、国民一人一人が教育の当事者となり、社会総掛かりで教育の実現を図る」。「理念の実現は……学習指導要領の見直しの方向性や、チームとしての学校の在り方、教員の資質能力の向上のための改革など、教育の内容・方法等を含めた一連の教育改革が総体として目指すべきもの」ということになる。

(三)「これからの学校教育を担う教員の資質能力の向上について～学び合い、高め合う教員育成コミュニティの構築に向けて～」

本答申では「検討の背景」を次のように言う。「新たな知識や技術の活用により社会の進歩や変化のスピードが速まる中、教員の資質能力向上は我が国の最重要課題であり、世界の潮流でもある。（略）教育課程の改善に向けた検討と歩調を合わせながら、各教科等の指標に関する専門知識を備えた教えの専門家としての側面や、教科等を超えたカリキュラム・マネジメントのために必要な力、アクティブ・ラーニングの視点から学習・指導方法を改善していくために必要な力、学習評価の改善に必要な力などを備えた学びの専門家としての側面も備えることが必要である」。

それを受け「これからの時代の教員に求められる資質能力」では、具体的にこのように言う。

◆アクティブ・ラーニングの視点からの授業改善、道徳教育の充実、小学校における外国語教育の早期化・教科化、ＩＣＴの活用、発達障害を含む特別な支援を必要とする児童生徒等への対応などの新たな課題に対応できる力量を高めることが必要である。

◆「チーム学校」の考えの下、多様な専門性を持つ人材と効果的に連携・分担し、組織的・協働的に諸課題の解決に取り組む力の醸成が必要である。

これらが教員の養成・採用・研修を通じた課題とされ、具体的な方向性が示されている。本答申が重点化する「新たな教育課題」は「アクティブ・ラーニングの視点からの授業改善、ＩＣＴの利活用、道徳教育、外国語教育、特別支援教育の充実」という五点のキーワードに象徴される。

整理すると、この三つの答申の提案は次のように読める。

グローバル化の中でこれからの学校教育は「アクティブ・ラーニング」「ＩＣＴ」「道徳教育」「外国語教育」「特別支援教育」が大切である。そのため、教員は資質を向上させ、チームとして学校は機能する必要がある。さらに、学校と地域は社会総がかりで、それらの新しい課題に向けて教育を行うべきである。つまり「国民一人一人が教育の当事者となり」一丸となってグローバル人材を創出するというのが、現政権の方針ということになる。グローバル人材を総がかりで育てる個人の創出戦略とも言える。

新自由主義体制におけるグローバル人材創出のためのチーム学校、地域連携は、民主主義の生命線である多様性すなわち、さまざまな人々が同じ時空間で生き合う状況にいかに働くのであろうか。

次に、学校の現状を見てみよう。

二　学校現場の現在

教職員の労働状況

ＯＥＣＤ国際教員指導環境調査（ＴＡＬＩＳ２０１３）で日本の教職員は、調査参加三四カ国中、最も多忙ということが明らかになった。すでに教職員の精神疾患や休職の出現率は一九九九年頃から急増している。それは、教職員の労働環境は劣化し続けていることを表す。月一二〇時間を超える超過勤務の相談も筆者は複数受けてきた。

多忙の理由には、学校が抱える課題への対応が大きく影響している。いじめや不登校などをめぐる保護者対応に著しい労力が用いられている。加えて、昨今の学力テストの数値と直結される教職員の授業力への関心の高さも関わる。教育行政による関心と、教職員による「教育的配慮」に裏付けられ「子どものために」と学力向上へ向けた労働量の増大などにより、学校はブラック化しているとも言われるようになったのである。

教育行政の側も教職員の多忙を解消する必要性を感じているが、何が多忙を招いているのか摑みかねている。例えば、学校に求める事務仕事を減らそうという動きはある。しかし、実際には報告書などの要請は行政からだけでなく、万が一何かあったらと学校現場でも業務を増やしこそすれ、なかなかスリム化することはない。

成績評価の際、保護者への説明のために、忘れ物や授業での発表状況など細かい日々の評価の記録量も二〇〇〇年頃以降、著しく増加した。一方、担当している児童・生徒とゆっくり関わる時間量は低下し続けている。いじめ問題への対応も、保護者に向き合うほどに、教職員は子どもに向き合えていないことが多い。筆者は、兵庫県川西市子どもの人権オンブズパーソンや大津の子どもをいじめから守る委員などで八年間毎週、学校現場のトラブル調整に関わる仕事を重ねてきたが、保護者対応による多忙化は、学校現場の近年の大きな特徴となっている(3)。

では、学校における教職員の実践に対する思想や構えはどうなっているのであろうか。

学校現場の「教育」意識

学校関係者の話を聞くと、おおむね「チーム学校」に対して評価が低い。理由は、学校に他者が入ってくることに対する危惧である。以下に、元教員で教育行政に関わってきた人の意見を紹介する。

「チーム学校で部活動指導員などが外部から入ってくることをいやがるのは、熱心にやってきた中学校の部活動担当教員たちだ。教員は授業だけでなく、生徒の面倒をみることで全人的に指導するこ

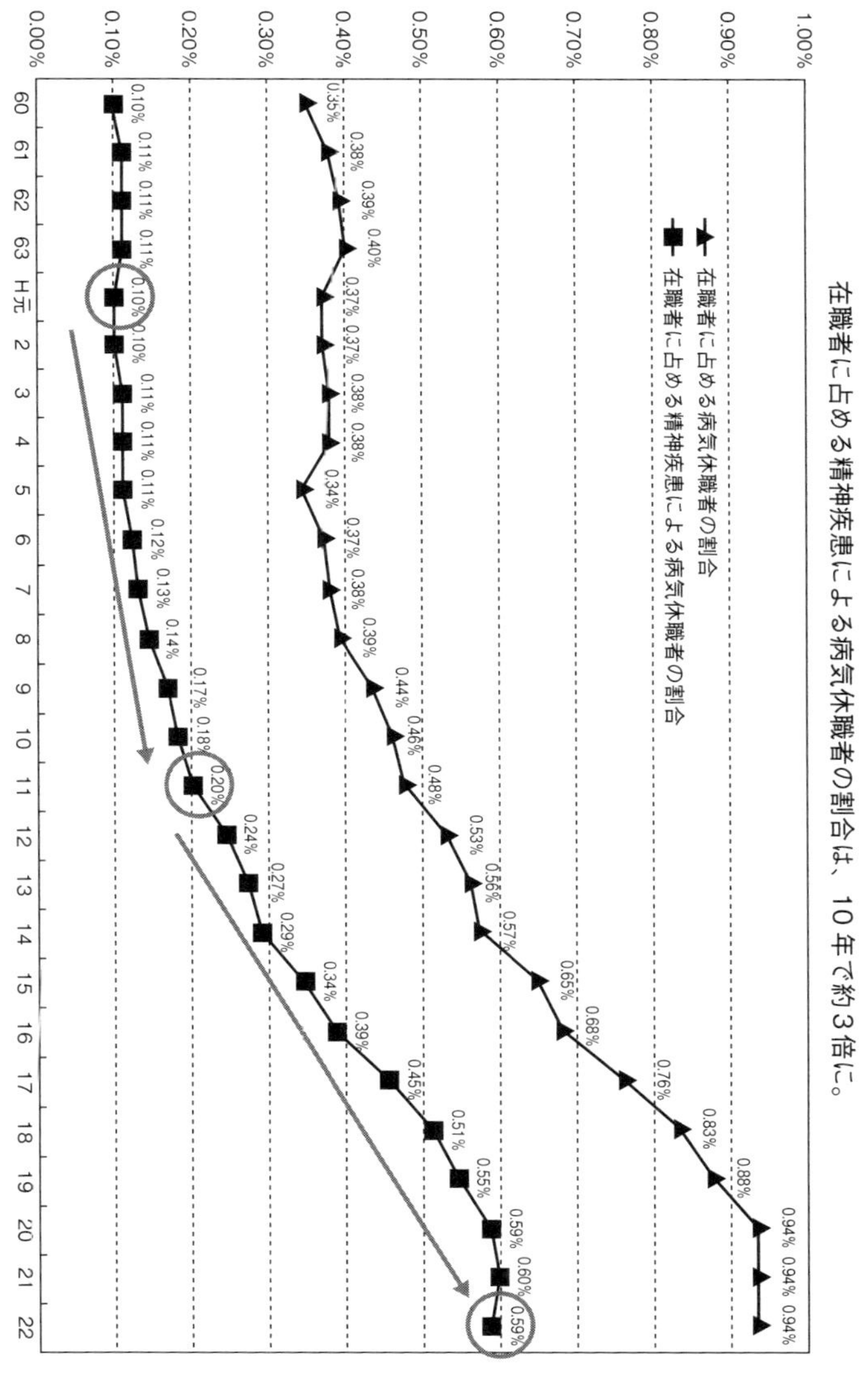

「教員のメンタルヘルスの現状」（平成二十四年：文部科学省）

とができる。外部から指導者が入るというときに、その人がどのような思想をもっており、人となりとしてはどうかを吟味することがまたやっかいになってくる。」

先日、地域のスクールサポーターからは次のような質問を受けた。授業についていけない子どもの学習指導を手伝っておられる。温厚な彼女はこう聞いた。「場面緘黙の中学生に英語を教えているが、その子が発音してくれず困っている」。私はいったいどこから説明したらよいのだろうと頭を抱えた。個別救済で出会ってきた「場面緘黙」とされてきた子どもたちは、自分を守らなくてはならない場では黙る。けれど、対する人と安心する関係になれば好きな話題を話してくれるようになるのだ。特別支援教育の個別ケアの話ではなく「人は安心したら、自由に話せるようになる」という普通の感覚が学力中心となった学校現場では忘れられてしまうことがある。

政府の発想としては、チーム学校により教員定数減をサポートするという思惑がある。加えて、専門家たちを招き入れ、学校が進めるとされるグローバル人材育成を支える能力開発とそのメカニズムにはじかれた子どもをケアする構想が見て取れる。

前の意見にあるように、現場の発想としては他者が入ることに大きな戸惑いがある。この点に関しては、学校に地域の多様な人々が参画できるような自由さが、市民社会を豊かにすると思われる。ただ、現状では多様な地域の人々の参入という方向ではなく、能力開発+個別ケアの専門家の参入であり、学校の中の能力主義をさらに推進するような志向になっていると指摘せざるを得ない。

自治体行政で教員研修を主になって行ってきた関係者は、学力テストに関してはこう言う。「一回きりの入試ではなく、中学一年生から何度もテストをして、力を付けることが大事。教員の授業力もそこで分かる」。現在、年間のテスト総回数は一〇回ほどになっている学校も多く、毎月のように大きなテストが行われている。全国学力テストに影響を与えたのは、ＯＥＣＤの学習到達度調査（Programme for International Student Assessment, 以下ＰＩＳＡとする）であり、次節でＯＥＣＤの現状に触れておきたい。

三　経済中心主義の市民社会から、ＯＥＣＤの教育戦略へ

本節では、近年の国際教育戦略について簡単に紹介しておきたい。近代以降、教育政策のベースに一貫して経済中心主義が位置付いてきた。市民を含む国家が経済中心主義に引き寄せられて社会を構築してきたことは、すでに歴史実証してきた。経済重視から人材育成、教育重視へと近代史が導かれ市民が無意識に教育過剰を選び取り「思考停止」に結ばれ、結果的に自ら「分断」を選ぶようになっている。(4)

さて、ＯＥＣＤ（経済協力開発機構）は一九九七年から調査プログラムの開発を始め、二〇〇〇年から学習到達度調査（ＰＩＳＡ）を行うようになった。三年毎の調査に、日本は初回から参加している。ＰＩＳＡ開始以降ＯＥＣＤは世界の教育改革提案に徐々に力をもつようになってきた。最近は、'Education 2030'というプランに世界の教育戦略は凝縮されつつある。

Education 2030とは、ＯＥＣＤ教育政策委員会の第一回非公式作業部会（二〇一五）では次のように説明されている。(5)

「『Education 2030』プロジェクトは、第十六回ＯＥＣＤ教育政策委員会（二〇一四）で初めて提出された。同プロジェクトは、より不安定で不確実、複雑で曖昧な二〇三〇年の世界に備えて対応能力を生徒たちが身につけられるよう、コンピテンシー（知識、スキル、性格およびメタ認知能力）の枠組みを開発することである。これには、認知的な次元を超えて社会・情緒的な側面（例えば、寛容、尊敬、公正性、個人及び社会的責任、誠実、もしくは自己認識など）が含まれる。」

翌年二〇一五年五月十九―二十二日には、ユネスコ・ユニセフ主導のもと、世界銀行、国連人口基金、国際連合開発計画、国連ウィメン、国連人権高等弁務官事務所の協賛により、韓国政府の主催で「世界教育フォーラム２０１５」が韓国仁川《インチョン》で開催された。世界の一六〇カ国から一二〇名以上の大臣、政府代表団および民間部門の代表らを含む総数千六百名以上が、今後一五年間の教育のビジョンを策定する二〇三〇年に向けた教育のための宣言を採択した。この「Education 2030インチョン宣言」の中にある「二〇三〇年に向けて：新たな教育のビジョン」を見てみよう。

「我々は、質の高い教育及び学習成果の向上を約束する。それは、インプット、プロセス、学習成果の評価、進捗を測るメカニズムの強化を必要とする。（略）質の高い教育とは、創造性や知識を強化するものであり、また、分析力があり、問題解決力のあるハイレベルの認知的で、対人的、社会的なスキルのほか、基礎的な読む力、計算力の習得を確実にするものである。(6)」

ここで述べられていることは何か。未来はたいへん厳しい状況になるので、その世界に対応できる個人の能力を教育で付けよう、そのため調査やテストも重要になる、ということが述べられている。ＯＥＣＤのリードに政府も民間部門も協調している。とりわけ、新しく入った能力に注意が必要である。「認知能力」である。先の非公式作業部会の資料によると、Education 2030 の「価値命題」として次のように記されている。

「今日評価されていない生徒の成果、特に知識以外のスキル、性格、メタ認知能力を価値化する。(7)」

今まで評価していなかった、子どもの性格やメタ認知能力を重視してゆくと言う。

メタ認知能力の中でも加えて気を付けておきたいのは「レジリエンス」というキーワードだ。この言葉は「回復力のある」とか「向上し続ける心構え」という意味合いである。これからの教育にそのキーワードが必須として入った。向上し続けるメンタルを教育するという個人モデルは、状況や関係に困難があっても心構えで乗り越えるというふうに読み取ることができる。

最近の方向性に危機感を募らせ、パリのＯＥＣＤ本部で行われるＯＥＣＤ－ＴＵＡＣ会合（二〇一五年十二月十七－十八日）に国民教育文化総合研究所（教育総研）は意見書を送り、「子どもたちの生活の具体的課題についてどのように認識し、そこにどんな社会構造上の問題を見出すかが、教育政策立案のうえでは欠かせない。しかし、Education 2030 には、この視点が欠けているのではないか」と指摘した。Education 2030 の基調は「単純化すれば、学校教育は、労働市場が求めているスキルを若者たちが身に付けられるように改革されなければならないというものである」。以下に意見書を紹介し、問題を共有したい。

「Education 2030 は日本の教育課題と『ミスマッチ』である」

子どもたちは、国レベル、都道府県レベル、そして市町村レベルでの学力テストおよびそれへの対策に追われ、落ち着いて勉強する時間をもてず、民主的社会の構築に不可欠な「思考し判断する機会」を奪われている。（中略）失業や貧困、所得の不平等といった雇用をめぐるさまざまな問題をそのまま前提として、その「解決」というよりも、その状況を勝ち抜き生き残るといった意味での「適応力」の育成を学校教育に求めている。そもそも学校という公的機関が、なぜ企業という私的部門への有用性という側面から改革されなければならないのか。（中略）社会の急激な変化やそれによるさまざまな困難な状況は、「適応」すべき課題ではなく、「改革」すべき課題である。その状況にあわせて学校を改革するのではなく、そのような社会を改革していかなければならないのであり、その担い手となる市民の形成が学校の役割である。（中略）

ＰＩＳＡの得点は高く、教員は長い時間働き、公教育には民間の手法が導入され、競争のなかでの評価とその結果に対する自己責任が追及される。しかし、雇用不安は解消されず、むしろ「残業代ゼロ」政策も飛び出し、ＩＣＴ化によって子どもたちの学びは個別化・分断化され、国際理解が英語教育にすり替えられ、英語を母語としない圧倒的多数の在日外国人の存在は無視され、校長のリーダーシップの発揮が単に「黙って言うことを聞け」という態度に変質し、市民性や倫理の大切さが心の統制に読み替えられている[8]。

以上に端的に示されるように、ＯＥＣＤのEducation 2030は徹底した個人主義プログラムとなっている。ＯＥＣＤと政府の教育プランについては、稿を改め考察をしたい。

四　そして…「多様なき教育機会の確保法案」

最後に、教育政策の中で、もう一点近年の特徴を表している法案を紹介しておこう[9]。戦後の学校制度は、分離別学を基本とする教育をリードしてきたが、二〇〇七年以降、個々の障害の特性に合わせて多様な場を用意し、個別に特別支援を行う特別支援教育へと変わり、この間増えているのが「発達障害」とされる子どもたちへの特別な支援だ。これまでも知的障害のない、しかし教職員にとって扱いづらい、集団の規律を乱しがちな子どもはそれなりにいた。しかし、自閉症に加え、アスペルガーや広汎性発達障害などの診断名が付いた途端に、特別支援の対象とされ、普通学級の担任の手を離れ、通級指導・特別支援学級へと措置され、通級指導を受けている子、特別支援学級在籍の子は急増している。

こうした学校の在り方を変えることなく、そこに合わない子どもは別な多様な特別支援の場を用意しそちらに排除していく構造は、戦後の能力主義教育の基盤構造となり、排除をつくることで、人々の生き合う経験や寛容を育て合う場を奪ってきた。

この排除の構造は二〇一五年に提案された通称「多様な教育確保法案(10)」も同様である。現在の学校に合わない不登校の子どもたちを居場所として支援してきたフリースクールを学習の場と認めるとしながら、一方で排除した側の学校を多様性の認め合える場として改善する方向性はない。

多様な子どもを分断することが、学校教育のカタチとして徹頭徹尾、築かれつつある。競争と自助努力によって成立させられている学校の現状は、多様な人々が共に生きてこそ成熟するであろう民主主義のあり方を貶めている。学校は子どもの安心できる居場所とはますますかけ離れる。「個別支援」や「多様な教育」とは、多種雑多な者が共に生き合う「多様性」という場と質を奪い、排除して包摂するという意味なのだ。

社会問題に対し、社会科学では二つのアプローチがある。①今の社会を前提に、政策的な保障で問題解決する。学力保障や社会保障など。多様な法案もそうだ。②もう一つは、問題を保障という「社会配分」の方法だけで納めず、問題をつくり出す社会のあり方自体を原理的に問う立場だ。

一九六〇年頃から先進国では大量生産・消費型社会を前提とした社会配分をよしとしてきた。それは途上国との不均衡な国際構造での経済成長がベースだった。資本主義の成長が前提でその成果を自国民の間で再配分することが「公正」とされた。経済成長に役立つ国民形成が「学校教育」だった。

そこでの社会配分自体が仕掛けられたものだった。同時に、多くの人々がそれに順応してきた。ところが低成長期になり、それまでの前提をキープするのが難しくなった。そこでやって来たのが、競争と責任の主体として自己を律し、成果を、という「新自由主義」だった。

新自由主義は格差を広げ、社会配分で生き延びてきた人々も追い詰められるようになった。これまで、管理や抑圧で押しとどめられていた社会矛盾が表面化することになったのだ。学校では能力主義が常識になり「全員が分かるよう」と日常が細かくつくられるようになった。大人も子どもも余裕がなくなり、時に攻撃的になった。

「競争と責任の主体として自己を律し、成果を」。今回の法案は、教育行政のこの価値観は問われないまま、学校からはじき出された子どもの「保障」をというものだ。教育におけるこの価値観は労働施策の不備と連なり、若い人たちを中心に社会を厳しく生きづらくさせている。

五　希望のため、教育がしてはいけないこと

本章では、最新の教育政策の動きを概観し、その大枠を動かす原理を見てきた。全体を貫く考え方は、学校、保護者や地域住民、国民すべてが教育の当事者となり、社会総がかりで教育を行うというイメージと分かった。その実現の方法は、チーム学校、教員の資質向上や、教育の内容・方法を含めた一連の教育改革である。いずれもグローバル人材を意識した能力開発が教育の中核となっている。

戦後七〇年の安倍首相談話では、経済発展のため米国と共に積極的に打って出るというメッセージが含められた。「価値を共有する国々と手を携えて、『積極的平和主義』」。彼の積極的平和主義の出所は、何より経済発展と受け取れる。

そもそも「積極的平和」とは、貧困、抑圧、差別などの「構造的暴力」がない状態のことであり「テロとの戦い」に勝利して、脅威を取り除くことではない。「積極的平和」の提唱者、ヨハン・ガル

トゥングは、安倍首相に対し「私が一九五八年に考え出した『積極的平和（ポジティブピース）』の盗用で、本来の意味とは真逆」と述べている。[11]平和学の中では、貧困や差別のない状態にまで平和を深めることが、戦争を防ぐことである。

本章で見てきたように、グローバル人材を学校だけに頼らずに、社会全体で育てるという個人の創出戦略は、学校を超えて働き、子どもたちはさらに関係が分断され「構造的暴力」を生み出すということが最も危惧されるのである。そこで、未来への希望を展望し、教育政策や実践において、教育が行ってはならないことは以下のようになるだろう。

子どもを分離することで「分断」を招くような教育政策や教育実践は行ってはいけない。自己責任・自助努力という劣化ルールで、民主主義社会を貶めてはいけない。市民の分断を導く政策や実践を行わないという点に課題を整理し、希望を再発見したいと思う。シャンタヌ・ムフは逆説的に言う。

「たんにグローバリゼーションを拒否したり、国民国家の文脈でグローバリゼーションに抵抗しようとすることは、もちろん無益である。超国家資本の権力にたいして、異なる政治的プロジェクトによって特徴づけられる、もうひとつのグローバリゼーションを対置すること、それによってはじめて、新自由主義に効果的に抵抗し、新たなヘゲモニーを対置する機会を得ることができるだろう。[12]」

「異なる政治的プロジェクト」とは、竹信論文の「拠点」とも重なる。希望の子ども学は希望の大人学でもある。社会的配分の機能により貧困を取り除き、社会や学校で弱い者が弱いままで生きられるようにすること。人々の能力の分かち合いにより、平和が深まる構造を私たちが理解し、雇用や地域のあり方にもつなげたい。私たち市民は新自由主義のシステムに注意を払い、生き合う価値が育つ場を取り戻したい。そのような場を創り出す状況にこそ、私たちの力や時間を使うという「異なる政治的プロジェクト」をささやかでもあちこちで見つけてゆきたい。国内外のグラスルーツ（草の根）の人々とも積極的に出会いながら、可能性をまだまだ見つけてゆきたい。私たちには、魂を売る忙しさに甘んじている暇はない。そして、希望は失望に終わることはない。

注

1　ヤング、ジョック（二〇〇八）『後期近代の眩暈』青土社、一〇六頁。
2　桜井智恵子（二〇一六）「押しつけ憲法論からの自由――幣原喜重郎と憲法問題調査研究会」グレン・フック、桜井智恵子編著『戦争への終止符』法律文化社。
3　桜井（二〇一二）『子どもの声を社会へ―子どもオンブズの挑戦』岩波新書。
4　桜井（二〇〇五）『市民社会の家庭教育』信山社。
5　「Education 2030 プロジェクト提案」二〇一五年七月七日、ウェビナー会議資料、EDU/EDPC(2015)7/REV2.
6　ユネスコ・国際連合開発計画など「教育２０３０インチョン宣言および行動の枠組み」（日本ユニセフ国内委員会、仮訳）vi頁。
7　「Education 2030 プロジェクト提案」二〇一五年七月七日、ウェビナー会議資料、EDU/EDPC/M(2015)4.

8　OECD-TUAC会合：二〇一五年十二月十七-十八日への教育総研・意見書。
9　桜井（二〇一六）「（多様な）教育機会確保法案が招く新自由主義の学校制度」『季刊福祉労働』一五〇号、現代書館。
10　二〇一六年四月十三日現在は「義務教育の段階における普通教育に相当する教育の機会の確保等に関する法律案」となっている。
11　桜井「『テロとの戦い』より『構造的暴力』を問う」フック・桜井編著、前掲書。
12　ムフ、シャンタヌ（二〇〇六）『民主主義の逆説』以文社、一八二-一八三頁。

さくらい・ちえこ……大阪大谷大学教育学部教授。専門は教育学、子ども学、思想史。川西市子どもの人権オンブズパーソン代表、大津の子どもをいじめから守る委員など歴任。『子どもの声を社会へ――子どもオンブズの挑戦』（岩波新書）、グレン・フック氏との共編著『戦争への終止符』（法律文化社）など。

第Ⅱ部

対談・希望のための企て

＊本対談は、『季刊フォーラム　教育と文化』七八号（国民教育文化総合研究所編、アドバンテージサーバー発行、二〇一五年二月五日刊）に掲載されたものを一部修正し収録したものです。

写真＝佐野利男

イラスト＝PLUMP PLUM

はじめに

絶望社会がやってこないために

浜　矩子

みなさま、浜矩子の大型対談へようこそ！　二つの意味で大型です。第一に、対談者の数が大型。私を入れて七人です。第二に、私の対談相手六人衆の知性が大型。これだけの頭脳の結集は滅多にないでしょう。

希望社会研究委員会の七人が一丸となって目指すところは何か。それが、本書のタイトルに示されています。我らは希望のための陰謀を目論んでいるのです。

なぜ、希望のための陰謀をしなければいけないのか。それは、放っておくと、今の世の中がどんどん人々を絶望の淵に追いやって行きかねないからです。人権や言論が踏みにじられる。人が人のために涙することが否定される。人が人に向かって手を差し伸べる優しさや勇気を奪われる。人が人の訴えに傾ける耳をむしり取られる。そんな絶望社会がやってこないためにはどうするか。そのための政治・経済・社会・教育・言論・報道のあり方は？　新自由主義ではない真の自由主義とは何か。これらのことについて、六つの偉大な頭脳から至高の叡智を引き出してご覧にいれます。どうぞ、ご期待を！

一人勝ちの政治と経済をどう転換するか

山口二郎

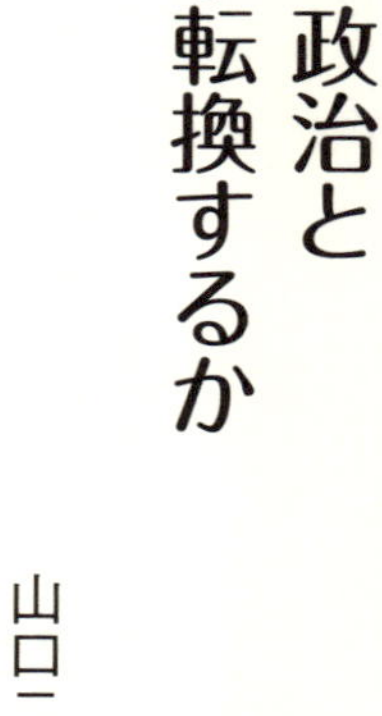

浜　矩子

九九パーセントが一パーセントになぜ負ける？

浜　今日は「一人勝ちの政治と経済をどう転換するか」というテーマで、富の集中、権力の集中、集中と偏在を分析し対抗策を考えていきたいと思います。

山口　まず経済学のほうの最近のお話をうかがうところから始めさせてください。トマ・ピケティの『二一世紀の資本主義』が世界的ベストセラーになっています。やはり九〇年代あるいは二〇〇〇年代までのいわゆる新自由主義というか金儲け万能に対する反省が、さすがの経済学のなかでも出てきたということなんでしょうか。

浜　トマ・ピケティのこの本はけっこうな大著ですよね。にもかかわらずベストセラーになるということは、一面世の中捨てたもんじゃないということを表していると思います。「こんなはずじゃないだろう」、「おかしいだろう」、「われら九九パーセントのことはどうしてくれるんだ」というような声が社会的に上がっていることと、ピケティ本のベストセラー化というのは完全に符合している展開だと思います。だから、それこそ新自由主義的な経済学の世界は、このことをしっかり受けとめる必要があるでしょう。

また、おもしろいなと思うのは、アダムスミスの『国富論』という本も当時において猛烈なるベストセラーになったんですよね。やっぱり世の中が感じている「何かがおかしい」とか「これは一体どういうことなのか」、「何かわけがわからなくなってしまっているなあ」という空気というものが著作を生み出すという面もあるし、著作に対する評価のなかにもそういう空気があらわれるというひとつの現象だと思いますね。まずは、これはなかなかめでたいことであるというふうに思いますね。

山口　めでたい（笑）。まあ、そういう問題意識が広がるというのはまず現状を変える第一歩ではあるけれども、そこをさらに政治的な動きにつないでいくというところで我われは壁にぶつかっているところです。「We are the 99%」、九九対一というスローガンが出てきてから三年は経ちますね。

浜　そうですね。

山口　私の政治学の授業のなかで、民主政治とは最後は頭数を数えて多数決でものを決める仕組みなんだとは言っているのですが、じゃあなぜ九九が一に負けるのか、非常に説明に苦労しています。

浜　なるほど。

山口　一言で言えば民主主義の機能不全。九九パーセントの利益を実現する政策があるかどうかを見つけるのは経済学者の仕事だけれども、すでにいくつかある種の処方箋みたいなものは出ていると私は思っています。それを多数の意思として世の中の仕組みやルールにするのが政治の仕事なのですが、そこの部分で政治が非常に無力というかうまくいっていない現状があるんですよね。ひとつの問題は代表システムそのものの問題。日本で言えば小選挙区制導入以降の政党政治、選挙が本当の意味の民意をきちんと議会に反映していないという問題もあるわけです。経済学者からご覧になると、代表のあり方といったことについては、どう思われますか？

浜　いわゆる経済の世界で言う「自由市場」というものが、自由であればあるほど、つまり、市場原理主義的な経済効率が貫徹されるに市場というものが大きな力をもてばもつほど、それを制御するための政治社会的枠組みとして民主主義というものがしっかり機能していなければならない。それが正しい認識だと思います。そこで、市場経済と民主主義を座標平面上の横軸縦軸に見立てるとどうなるか。横軸上では、右に行けば行くほど市場経済度が高まる。それに対しては民主主義の縦軸では、上に行けば行くほど民主主義の程度が高まる。下に行けば行くほど全体主義になってしまう。このような中では、横軸上で原点の右側に位置しているなら、縦軸上では原点の上側にいないといけない。そういうことになりますよね。要は第一象限です。ところが、新自由主義と新保守主義が合体した世界とはどんな世界か。そこはすなわち、原点の右側で原点の下側の位置づけです。第二象限ですね。第三象限に行けば、そこは北朝鮮でしょうか。第四象限はかつての日本かな？　いずれにせよ、第一象限以外の場所は、経済と政治社会のバランスが良くない。

何かにつけて重要なのは、やはりバランスでしょう。ひとつの力に対してはかならずカウンターバランスがあって、その両者の力がほどよく拮抗している。そのようないわば黄金のバランスポイントというのはどこにあるのか。それを模索するのが経済学の仕事。社会科学全体についてもそう言えるでしょうね。経済学の仕事には二つあって、一つは謎解きであり一つは黄金の均衡点の発見。その両者は表裏一体の関係にある、そういうことだと思うんですよね。

山口　いまのバランスとかカウンターバランスというお話を聞いて、私が最近書いているもののテーマとつながってくる思いがしました。九九対一のアポリア（難問）というのは、グローバルな問題と日本の問題と両方ありまして、日本の問題から見るならば、戦後の政治、いわゆる五五年体制とか利益集団政治というのは、あちこちにカウンターバランスが働いて多元的な均衡とでもいうべき政策決定の仕組みだったんですよね。だから、農協、経済界、労働組合、医師会といったいろんな団体があって、それなりに自己主張もして政策決定に参加していた。自民党に対してもかつて社会党というそれなりに大きい野党があってバランスをとっていたし、メディアも批判的な議論でバランスをとっていた。それが一九九〇年代に入るころから「日本の世の中はバランスがとれすぎているがゆえに変化に対応できない」みたいな議論が台頭してきたわけですよね。

例えば九〇年前後だと経済摩擦の問題で外圧によって何かすると、「日本の内側からものが決められない」という話になる。バブルがはじけたあとはいわゆる構造改革というものが出てきて、「衰退部門から成長部門へどんどん人と資本をシフトしていかなければいけないのに、いろんなところで現状固定的な力が働いて、財政赤字、社会保障、人口問題にしても、いわゆる既得権勢力がはびこってものごとが変わらない」という主張がこの二〇年ぐらい政治の議論をある意味で支配してきた。これは与野党関係なし、自民党、民主党問わずあったんですね。結局いわゆる選挙制度改革とか行政改革省庁再編とか内閣機能の強化とか、いろんな改革なるものはそういう政策決定のバリアを全部つぶして、いわばロードローラーでまったいらな道をつくってすいすいとものが決まるような政治システムをつくるという点に目標があったわけなんですね。そこで、バブル崩壊や人口減少あるいは地球環境問題といったそういう大きな問題に対応して国内で政策をうまくつくっていける仕組みをつくろうという善意からスタートしたんだけれども、まさに地獄への道は善意で敷き詰められるという格言どおりで、いま障害物がなくなってなめらかになった道を安倍ファシズム政権が驀進しているという構図ですね。

浜　そうですね。こんなはずじゃなかった感というのをもっている人たちが、良心的な人たちのなかにものすごく多いと思います。さらにいまおっしゃったことは非常に腑に落ちるところがあります。やはり多元性というのが非常に重要なキーワードです。いま起こっているのは、猛烈な勢いで一元化が進んでいくという現象ですよね。この一元化の道というものに対抗していかなければいけない。多様性なき民主主義などというものは成り立ち得ない。相異なるもの同士がお互いの人権を守り合う。そういう世の中をめざしていかなければいけない。ヴォルテールの言葉だとされている「私はあなたの意見には全面的に反対であるが、そのあなたの意見が世の中に聞かれるためであれば私はいのちを落とす覚悟がある」という言い方がありますけれども、そういうところから非常に遠いところに来てしまっていると思います。

均一化の重圧と排他性の重圧。自分と同じことを考えないものは排除する。それは非常に単純な論理でありわかりやすい論理ですね。だから、そこに一定の安心感が醸し出される。それだけに、そういう感覚に人々は酔いやすい。そこが何とも危険ですよね。そのへんのことを考えたときに、いまものすごく気になっていることがあるのです。一つは、いまの世の中、特に日本において弱者救済というモチーフに非常に反発が強まる傾向にあること。生活保護受給者に対して低所得者層が、「あいつらを助けるならばこっちを何とかしてよ、何にもやってないやつに手を差し伸べるというのはおかしいではないか」、「不正なる政策姿勢ではないか」という言い方が前面に出てくる。もう一つは、得でないことはやったらだめだというような傾向。「平和だということには、どれぐらい経済的に得な側面がありますか」と、計算でものごとをはかろうとする。また、非常に世の中的な流れに押されて、特に民主党（現・民進党）においてですけれども、弱者救済に対する反発を鎮めんとして、「弱者救済をしたほうが結局生産性も上がる」とか「成長率も高まる」、「経済的に得になるんだ」ということを一生懸命証明しようとする。「非正規雇用者があまり多いと、それは生産性の低下につながるからよくないんだ」というような言い方をする。要は成長戦略あるいは競争力強化という名の相手の土俵に自ら進んで上がっていく。その上で、何かを数量的に立証することで、客観性を打ち立てようとしていたりする。あるいは世の中を説得しようとしてしまう。言ってみれば、自ら進んで飛んで火にいる夏の虫を演じている。このお人よしさがどうも、ね。こういう状況はどう思われますか？　全般的にどんなオブザベーションをおもちですか？

山口　第一の問題は、さきほど申し上げた「九九はなぜ一に勝てないか」という問いに対するある種の答えなんですよね。つまり九九のなかで多くの亀裂が生じて、本来利害を共有しているはずの人が分割されているという状況。つまり一パーセントが九九パーセントを分割統治するところに現代の民主主義と資本主義が結びついた先進国の政治の特徴がありますよね。

浜　内輪もめしちゃっている。

山口　二〇一四年の総選挙でスウェーデンで社民党が八年ぶりに政権を奪回しました。社民党はむしろ増税すると言っている党なんだけれども、国民はそれを支持したという話でした。スウェーデンぐらい徹底した大きな政府の福祉国家で重税国家ということになると、税金を払ったうえでどういう得があるかみたいな発想で政党選択をする。中間層が貧困層に対してやっかむということはないわけですよね。中間層もけっこう恩恵に浴してるから、それを維持しようと思えば多少税金が上がってもいいかなという発想がある。でも、そこまでいくのはすごく距離がありますね。世界中探してもそれができる国というのは北欧のデンマークとかスウェーデンといったごく限られた国ですよね。

逆にアメリカというのは正反対で弱者救済に反発することが政治的なエネルギーになっている。それはそもそも税金が安く、公的な負担が少ない。そして、例外的な弱者にのみ公的救済を施すという発想でやっているから、弱者はスティグマ（烙印）を負うわけです。だからギリギリのところで自立して税金を払っている人たちから見れば、ちょっと下の弱者というのは自分たちにたかっている連中みたいに見えてしまう。やはり小さな政府とか税負担が少ない国ほど弱者救済に対する反発というのは起きやすいですよね。それでもアメリカの場合は、お金持ちが一生懸命寄付をして、政府の肩代わりである種の公共財を提供するみたいな伝統もある。資本主義の矛盾はそんな寄付では解決つかないほど大きいんだけれど、ある種のイデオロギーとして、持てる者は寄付をして、ガバメントを経由しないで社会的な問題にアプローチするみたいな発想がある。

日本は税金も低いし金持ちは寄付もしないしというので、そういう意味ではどうしようもない社会ですよね。だから民主党が政権をとった頃は、年越し派遣村のインパクトなどがまだあって、資本主義の矛盾を是正して、格差縮小していくために政治が仕事しなきゃいけないみたいな感覚がちょっとあったんです。だけど、それがまたすぐに消えていったという感じでしたね。弱者救済という不満を抑えるためには中間層も受益者に組み込むような政策を考えなければいけないということなんですが、中間層と言ったっていまは昔と違って相当みんなもろくなっているわけです。

例えて言えば、私のところの子どもたちだってもう二十代で仕事をこれから探す世代だけど、かなりの確率で非正規労働者になるわけですよね。そうすると老後どうするか、うちの子たちがちゃんと結婚して次の世代をつくれるのか、そういった問題ひとつ捉えてみても、非常に大きなリスクに直面しているんだという感覚をもつことが必要です。民主党時代に子ども手当などいくつか再分配を強化して中間層を受益者に組み込もうというアプローチもあったけれども、中途半端にそういうことやってもあまり理解してもらえなかったんですよね。

浜　そうですねえ。

山口　やはりかなりたくさんの中間層が共有しているリスク、親の面倒をどうみるか、自分の子どもがほんとうに一人前になれるか、あるいは自分自身がリタイアした後どうなるかといったものすごく大きなリスクがあると自覚して、そこから相互扶助の仕組みをどう構築するかという議論をするのが政治なんですけどね。3・11のときにちょっとそういう気運もあったけれど、変な精神主義的な絆にひっぱられていって、私たちがどういう形で負担をして、どういう支え合いの社会政策をつくるかという議論が深まっていかなかったという感じでしたね。

浜　ひとつには3・11の後に出てきた「幻想の連帯感」といいますか、それこそ御嶽山の噴火でも、みんなで下山してくるときにはすごく助け合っていますよね。そういう光景と低所得者が生活保護受給者をけしからんという姿というのは、一見矛盾しているように見えるけれども、矛盾ではないんですよね。自分が当事者ではないときに、自分とは異なる痛みを自分の痛みとして受け止めることができる、この感覚が当たり前になってこないとなかなか負担を受け入れる議論になっていかないですよね。そういう問題が非常に赤裸々に明らかになっている。かつて日本は世界に冠たる平等社会で格差の問題など考える必要のない社会だった。互助性の強い包摂性の強い経済社会であると自他ともに任じていたが、それは結局のところみんな同じだったからなんですよね。同じならば連帯感も当たり前のように出てくるし、互助精神も当然ながら出てくる。一億みな同じときにはみんな同じように当事者だから、仲間割れをすることがなかった。格差が出てくれば仲間割れが出てくるということなんだなと、非常に思いますよね。格差があり多様性があるなかで仲間割れをしない。お互いがお互いの痛みをわかる状況というのをどう新たに構築していくかという大きな社会的なテーマがあると思います。

成長の損益分岐点

山口　さきほどの二つ目の問題、「平等にしたほうが成長する。生産性が上がる」といった議論についてですが、私はやはり政治の論理としてはある程度相手の土俵に乗らざるを得ないと、まあ浜先生から見ると腰のひけた発想がありまして……。

浜　ちょっと卑屈じゃないの。（笑）

山口　確かに人口減少社会で成長なんてあり得ないというのは一方で思うんですけど、政治の世界でそれを前面に出したときに、やっぱり票がとれないという現実はあるんですよね。

浜　それはそうなんですよね。

山口　単にGDPを増やすという意味の成長ではなくて、GDPは横ばいか漸減であっても、それこそ幸福度が高まるというか人間が尊重されるというのか、そういうよい社会経済の状態を示す言葉をなんとかつくりたいなと思うんです。

浜　そのとおりだと思うんですよね。成長という言葉が非常によくない。成長という日本語、まあgrowth（グロース）という英語もそうですが、そこには感覚として進化するとか大人になる、成熟度が高まるといったニュアンスが入ってしまっているから。

山口　そうですね。成長の反対はやはり衰弱とか後退。

浜　経済の世界で成長という言葉を使うときにはそういう質的な意味合いは全然入っていないんです。たんに拡大するというだけの話です。

山口　ああそうか、growth は拡大と言うべきなんですね。

浜　そうなんです。だから経済成長という言葉はやめて経済拡大、経済縮小といった質的な意味のない言葉に置き換えていく必要があるんじゃないかという気がしてならないんです。例えば、あいつ成長したねと言うと、どうしてもより優れた人間になったというニュアンスが入っちゃうじゃないですか。そこに質的な価値判断が入るから、成長しないということが非常にまずいことというふうになってしまう。問題はもう一つあります。それは、成長を追求することがどうしても生産性向上とか競争力強化の追求につながるということです。そういう発想に立つと、どうしても、生産性の上昇と競争力の強化に役に立たないものは切り捨てていっていいという論理になるんですよね。ということは成長を追求すればするほど落ちこぼされていく人間たちが増えていく。しかも、落ちこぼし方もいろんな形をとるから、落ちこぼされた者たち九九パーセントのあいだでも、仲間割れが発生していく。つまり、成長を追求すればするほど世の中は生きにくい世界になる。少なくとも先進国においてはいまや完全にそういう状況になっている。最貧状態から脱却していく成長プロセスにおいては、成長を追求すればするほどみんな幸せになる。生活が豊かになって寿命が伸びる。おいしいものが食べられるようになる。けれども、そういう生育過程をはるか昔に終えてしまっている経済が、千年一日のごとく成長を追求することはかえって自らを蝕んでいくということになるんじゃないか。そういう意味では成長の損益分岐点というのが明らかにあるのではないかなと思います。

振り落とされるも地獄、振り落とされないも地獄

浜　いまの日本経済は五パーセントで成長しようと思ったら大変ですよ。みんな過労死でどうしようもない状態になっていき、どんどん人々は落ちこぼされていき、一握りの人間たちが猛烈な勢いで生産性向上に寄与させられる。振り落とされるも地獄、振り落とされないも地獄。意図的に成長戦略を追求するということはそんな世界に向かってなだれ込んでいくことになります。まさに整地されてならされた高速道路をまっすぐ過労死地獄に走って行くというそういうことではないか。

山口　なるほど。成長自体のコストとベネフィットを考えて、いままでは成長すれば恩恵がみんなに及ぶような幻想があったけれど、むしろこれからは成長を追求することが非常に大きなコストを伴う。

浜　痛みを伴うということになってきているのではないでしょうか。むしろ論点はそこにあるんじゃないかと思います。

山口　3・11のときもつかの間、いままでの物的拡大路線が挫折したなんて議論もありましたけど、みんなきれいさっぱり忘れたように、また原発を輸出して金儲けしようぜみたいな話になっています。

浜　政治がどんどんそういう方向に向かっていき、やっぱり成長のためにはそうするしかないか、というような感じになってきていますね。

山口　成長戦略と言って残業代ゼロとかカジノなどとめちゃくちゃなことをくり出してきているけれど、かなり無理筋なことをしないと成長できないということの表れなんですね。

浜　そうです。だから、すでに損益分岐点を超えている地方創生だってそれと対になってくり出されているのは、観光立国ということですよね。その観光立国にもカジノなどが入ってくるのかもしれませんが、そのようなコンセプトでいま地域経済が当面している痛みや悩み、困難性というものを解消していこうという発想自体の荒唐無稽さ、損益分岐点を超えたところで成長を追求すると、ばかばかしい発想がどんどん出てくるということなんでしょう。

政治というものにこれだけ見識がなくなっていいのかと、いま強く思います。政治というのはあくまでも経済社会に対するひとつの外付け装置であって、外付け装置としてバランスが崩れたときにバランシングポイントを再発見する、そしてそこに向かってものごとをうまい具合に誘導していくために汗水たらして尽力するというのが政治というもの。役割だというふうに私は思います。

山口　まったくそのとおりで、市場メカニズムとか競争だけではうまくいかないことを修正するのが政治の仕事なんです。最初から「世界一企業の活動しやすい国をつくる」なんて言うのは、政治の役割を放棄することを意味するわけです。しかも企業なんてものは国家に対していっさいの忠誠心も感謝の念ももたないわけですから、他の国がもっと居心地がいいと思ったらどんどん出て行く。企業相手に媚を売ることは絶対にフラれる運命なわけですよね。それで仮に富をつくたって、分配する仕組みはもう壊れている。

浜　分配を真剣に考える気もないわけですよね。政治が力や強さをここまで強い固執の念をもって追求するということはどれほどおそろしいことか。いまのような政治状況、日本の歴史において戦前戦中はそういうようなものであったのでしょうか。

山口　翼賛体制というのは政治の中の競争がなくなった状態ですよね。ただ、あのときは軍という暴力機構があって、逆らえば殺されるみたいなある種のリアリティがあったからみんな黙ったところもあるけれど、いまは、別段異論を唱えたところで直接的な抑圧はないわけです。みんなが自発的に同調しているというか自主規制している状態。ここまで政治がだめになったことがあるのかと言われると、なかった。戦後に限ってみてもなかった。やはり戦争を経験した人たちは、戦争をやっちゃいけないという思いを右左関係なしにもっていた。戦争をもう一回しようなんて極少数。本気で憲法を変えなきゃいけないと思ったのも少数派です。そういう面では、基本的な価値観の部分で劣化したところもありますね。さきほどもお話ししましたが、政治の世界にバリアというか障害物がなくなったことで、無能な人物でも総理大臣として操縦席に座ってしまえば、自民党なり政府なりが操縦できるような仕組みができてしまった。昔はポンコツ機械であちこち自分で治したり、たたいたりなだめすかしてやっと動かすのが政党でありり政府だったけれども、いまや求心力を強めて操縦席でハンドルを握るだけで大きなトラックがどんどん動く、そんなイメージですね。

浜　特に今日の自民党においてそうですね。

山口　選挙制度を変えたのが間違いだという話になってしまいますが、いまの時代は市民がこの政治家を支えようという発想がもてない。もちろんそれを託せる政治家がいないという問題はありますが。

浜　真剣な危機意識というものをもてないような精神構造もあります。

山口　福島第一原発の事故を経験したのに、何も点検、反省、粛清なしに再稼働を容認する国民って、いったい何なんだと不思議になります。世界中の人はあきれているでしょう。

浜　もちろん反対し続けている人はいるけれども、全体として圧倒的に強い意志として出てこない。

山口　危機意識というのがまだ漠然としたものなんですね。

浜　ただ、そこは民度の低さ、悪いのは一般大衆だみたいな話にしてはいけないんです。

山口　いけないですよ。

浜　問題はそこにあるのではない。民度の高い社会においてだって、提供されるメニューがろくでもないものであればどうしようもない。やはり日本の政治の体たらくというものをもっと徹底的にこてんぱんに追及していかなければなりません。

山口　そうですね。責任ある人たちがのうのうと反省せずに生きていることが世の中をおかしくしている最大の原因なんだということを言い続けなきゃいけない。

浜　この政治状況の質を上げるためにはどのへんが勘所になりますか?

山口　ひとつはリスクの感覚、もうひとつは多様性というキーワードだと思います。リスクは、もはや日本に中間層はいないという現実を見つめなきゃ、しょうがない。安全保障という概念にしたって、日本の安全保障の脅威は内側にあるんですよ。自然災害もそうだし、社会の衰弱もそうだし。それをしっかり克服する努力ができないから、外に敵をつくっているわけです。

浜　外に敵をつくるというやり方でやればやるほど意識が違うところへふっとんでしまう。今日的な公共性とは何か、どうやって公共性を構築するかということもテーマですね。

山口　改革という言葉も使わないほうがいい。本質を表す言葉を使っていく。

浜　「女性こきつかい社会」とかね。経済も政治もひとり勝ちはない。ひとりになったら終わるんです。

キョーフの「女性輝きブラックランド」脱出の手引

竹信三恵子

浜　矩子

女性が輝けない国の成長戦略

竹信　アベノミクスでは「女性が輝く」ということを盛んに言っています。[※1] でも、本当にそうなのか？　けっこうみんな迷ってるんじゃないですか。

浜　そのへんは私もぜひ竹信さんにズバリうかがいたいところです。「女性が輝く」「女性が活躍する」ことを目指すという言い方をしていますが、私はそこにかなり怪しげな下心があるように思っています。

竹信　「女性が輝く」のもとを辿ると、女性の活躍度を表す国連のジェンダー・エンパワーメント指標（ＧＥＭ）と世界経済フォーラムのジェンダー・ギャップ指数（ＧＧＩ）の順位が非常に低いということがありますよね。ＧＧＩなどは二〇一四年で一四二カ国中一〇四位。国会議員が少ない、男女の賃金格差が先進国ではかなり大きい、女性の管理職率が非常に少ないといった状況が改善されないまま今に至っている。ＩＬＯ（国際労働機関）の調査を見ると、女性の管理職比率は平均三割なのに日本では一割なんですよね。そうした男女格差の大きさはＯＥＣＤ（経済協力開発機構）やＩＭＦ（国際通貨基金）、古くはＩＬＯからも指摘されてきました。それを安倍政権がすぐい上げたということは一つあると思うんです。では、なぜすくい上げたか? 第一次安倍内閣のころから、安倍政権って女性には人気がなかったんですよ。きな臭いというか国家主義的なところが敬遠されたんです。だから、今回は万全を期して女性を取り込むことにすごく気を遣って作戦をつくったんだろうと見ています。

浜　意図というか下心はいまのご説明で理解できるところですが、実際に女性をエンパワーすることにつながると思いますか?

竹信　これまでの政策を見ている限り、かなり難しいでしょう。具体的に言うと、まず、二〇一三年の五月に「少子化危機突破タスクフォース(作業部会)」が「生命(いのち)と女性の手帳」というものを出してきたんです。「女の人が一定の年齢を過ぎると卵子が老化して子どもが生まれにくくなったりする、そのことを女性が知らないために出産の機会を逃してしまう」という声が医学界などから出てきたことを受けて、手帳を使ってそうした知識を女性に広めようという発想なんですね。これに女性は猛反発しました。まず、基本的に子どもを産み育てる世代に非正規労働者がものすごく多い。経済的にみてとても産めないという状況がある。また仮にその問題がクリアされても、長時間労働で、保育園も足りないという状況では子育てなんてやっていられない。働き方の問題を改革してくれないと子どもが産めない。それなのにどうして卵子の劣化という話が先にくるのか? 結局、この「女性手帳」の配布は見送られました。

もう一つ同時期に出てきたのは、三年育休制度です。安倍首相は「三年間はお子さんを思う存分抱っこしたい放題抱っこして、それから復帰すればいい」と宣言しました。これも大反発を受けます。三年も職場を離れていたら働き続けられなくなります。家庭に家事をする母親がいることが当たり前になって復帰しにくくなりますし、会社の変化が早いなかでは取り残されてしまう。本当に必要なのは、濃密育児期は短時間労働を選べて仕事と子育てが両立できる仕組みだと言われているのですが、それは出てこない。

そこで次は一生懸命考えたのでしょう。当たったのが、待機児童解消です。受け入れ枠が増えたので喜んでいる人もいて実体がそれなりにあったのですが、問題は税金を出したくないので株式会社方式で保育園を増やす路線を取ったこと。株式会社でもいい保育ができればいいという考え方もありますが、利益優先にならないかどうかを含めたチェック体制がはっきりしていません。また、保育園が急増すれば保育士が必要になってくるわけですが、集まってこない。それはそうですよね。保育士はスキルも必要、お子さんを死なせてはいけないという意味で責任も重い、いろんな意味で高度な仕事にもかかわらず、非常に賃金が安い。まして非正規で非常勤なら年収二〇〇万円程度で働かされる例もあります。人材不足に困って「待遇改善」を唱え始めるのですが、保育士の賃金引き上げはできる自治体はしますが、国がその部分を支援しなければできない自治体も多い。そこで、保育の担い手不足を解消するために「子育て支援員」という制度を新設しました。二〇時間程度のトレーニングを受けた子育て経験のあるお母さん、主婦ですよね、この女性たちにボランティア的に働いてもらって、保育士不足の穴埋めをするわけです。

働く女性を支えると言いつつ低賃金労働の女性をさらに増やしていくということになるわけで、どうしてそれが「女性が輝く」なのかわからない。

女性の権利、生きやすさは度外視の政策

浜　なるほど。まずは出発点に、対外的なかっこ悪さを払拭したいという思いがあったわけですね。そのために数字的なつじつま合わせをもって体裁を整えなければいけない。その危機感のなせる業ですか。見かけを整えるためには何だってするということですね。そうであれば、女性のなかでまた格差をつくるという問題にも、当然ながら頓着はしない。

竹信　はい。体裁を整えるというのは大きいで

しょう。国内だけでなく、対外的にも「日本は女性を活用する国です」と言うと、タカ派内閣ではないかという国際的な懸念を軽くできるし、投資の世界でも日本に対する信頼感が確かに増す。株価内閣と言われている安倍政権にとってはプラスですよね。もうひとつは、少子化で働き手が減るので女性をフルに動員したいということもあります。女性の権利、生きやすさということを度外視して、家庭の外に出てきて都合のよい労働力として働いてほしい。もちろん家事育児、介護を公的に保障するのでなく、女性が自前で、または安い費用でほかの女性がやる。これは女性に二重負担を強いることです。別の言い方をすれば国家総動員、女性のモビライゼーションですよね。

浜　女性総動員体制ですね。

竹信　実際、内閣府ホームページの英語版では、「女性が輝く」というフレーズが出る前には、「モビライゼーション」という言葉を使っていたと聞きました。それでは確かに、あまりにもずばりですよね。だから、「Shine!」にしたのではないかとささやかれています（笑）。ただ、国際会議では「Shine」って何をするのか意味がわからないと言われた人がいます。そういうことだから、どの法案を見ても人権の「じ」の字も出てこない。

浜　憲法上の基本的人権を実は女性は保障されていないとさえ言えてしまうかもしれない。そのような状況こそ、解消する必要があるということですね。本当は、そこが一番みっともないですよね。世界で女性の管理職比率が何番目などという次元の問題ではない。そもそも、基本がなっていないが、そこに彼らの目は向いていない。向くわけがないですね。当然ながら、非正規は女性比率が非常に高いということ、子どもの貧困問題には女性の貧困問題が直結しているということにも危機意識が芽生えるわけがない。そこに手当てをしようという発想は、彼らのロジックのなかからは出てこない。

竹信　出てこないですね。例えばいま、働く女性の六割近くが非正規。そして非正規になった途端に賃金が半分程度の水準になるという、均等待遇がない社会です。しかも長時間労働なので、女性は子どもができると正社員にとどまることが難しい。厚労省の調査では第一子の出産で五割以上の女性がやめており、正社員もパートも七割～八割が育児との関係でやめています。女性が外に出て行くためには育児時間を考慮して標準となる労働時間を短くすること、さらに抱えている保育を誰かが一部分担するための公的資金による支えが必要になる。なぜ公的資金かと言うと貧乏な人も利用できるから。民間だけじゃ高すぎて働いてお金を稼ぐことが必要な低所得層が利用できないんです。そして、労働時間短縮を利用して夫が家庭内で家事や育児を分担できるようにする。企業による労働時間短縮、行政による保育の充実、夫の家事分担という三つによる女性の家事の再分担があれば女性が働きに行けるんです。ご存じのようにヨーロッパの各国はそういう体制をどうやってつくるかに苦心してきたわけですよね。ここをきめ細かく直していかないと輝けないいんですけどね。そこのところは何にもないどころか改悪までしている。

例えば、残業代ゼロ制度が前の国会で廃案になったのにまた出てくると言われています。一日八時間という労働基準法の規制を年収一千万円以上の人については外し、成果で測るという制度です。年収一千万というと自分には関係ないと思う人も多いかもしれませんが、いっぺんその枠組みをつくれば、あとは年収何百万にでも下げられますから、幅広い人に当てはめることができます。似た制度では「ホワイトカラー・エグゼンプション」というのがあって、二〇〇五年頃経団連は、「年収四百万までは当てはめたい」と言っていました。ということは場合によっては女性の正社員も含め、大半の働き手が労働時間規制の外に置かれることがあり得る。女性の安定雇用の受け皿だった事務職が不安定化する原因となったのは、派遣労働の拡大ですが、今回の労働者派遣法改定はこうした派遣労働を固定化し、増加させる結果を招きかねないものです。女性の活躍を唱えながら、ベースとなる労働法制ではむしろその足を引っ張る方向の改定を次々と導入しようとしているわけです。

人材派遣会社のビジネスチャンス!?

竹信　さきほど保育サービスを安い労働力に担わせるという話をしましたが、もうひとつ、国家戦略特区の外国人家事支援人材の問題があります。これは特区だからということで内輪でものごとが進められてしまっていて中身がよくわからないんですよね。私はシンガポールに特派員でいたことがあるのですが、中流以上の共働きはフィリピンやインドネシアといった低所得者が多い近隣諸国から安い賃金で家事労働を担ってくれる人を連れてきて、住み込みで働いてもらうわけですね。そうすると確かに一定以上のレベルの女性は活躍ができる。一方、貧乏な人は代わりに家事や育児を担ってくれる労働力を買えない。公的サービスは乏しいので家事を一人で抱え込むしかなく活躍もできない。また、住み込み家事労働は四六時中家の中で働くので虐待や長時間労働が起こりやすく、人権問題が発生する。だけど、ほかに働く女性をサポートする仕組みが十分にない。いまの政府がやりたいのも、このモデルではないか思うわけです。ただ、日本は家が狭くて住み込みができません。先日厚労省と交渉したときには、「派遣方式でやるから労働基準法は適用されます」と言うんですね。つまり、介護労働や保育労働、家事労働を、家事サービスの派遣会社、介護サービスの派遣会社が担うというイメージでしょうか。これは人材ビジネス業界にとってはすごいビジネスチャンスになり得るので、まず批判が起きにくい特区で先行して行い、既成事実をつくりつつ全国に広げようということなのかもしれません。産業競争力会議などの有力メンバーである竹中平蔵さんは、大手人材派遣会社「パソナ・グループ」の会長ですしね。さきほど触れた労働者派遣法の改定も、こうした流れの一環と言えるでしょう。

浜　そうでしたね。

竹信　二〇一四年には、介護保険の要支援への給付を一部（訪問介護、通所介護）外して自治体に移管すると投げ出しましたよね。そこをどうするか、いますごく大きな自治体のテーマになっています。そんななかで、国家戦略別区域に指定されている神奈川県の知事、黒岩祐治さんが二〇一四年六月に、母国の介護福祉士資格をもった外国人を実習生として受け入れたいと言い始めたわけです。仮にこうした介護サービスを実習生でやるとしたら何が起きるか？　必要がなくなったら実習期間が切れましたといって簡単に帰せるんですよね。かつては外国人研修生という枠があって、研修という名目だったため最低賃金さえも適用されず、工場などで時給三百円程度で働かされていました。それが問題になって研修生は廃止になりました。いまの実習生は、最低賃金が適用され、労働法も適用されることになっているのですが、研修生時代と変わらないという事例も少なくありません。実習期間が終われば帰国させることができるので労使交渉で労働条件の向上をはかるということがやりにくい。そんな働かせ方を利用して介護労働を担わせるとなったら、福祉の劣悪化が進むでしょう。加えて、日本人の家政婦や介護労働者の賃金水準も、引き下げられる可能性があります。

頑張って！　産んで！　働いて！

浜　非常に構図がはっきり見えてきますね。女性を輝かそうとしているのではなくて、自分たちにとって役に立つ輝き方ができるポジションにいる人たちをさらに磨きをかけて活用する。それこそ今度の二次改造安倍内閣の女性閣僚たちの姿に表れている。

竹信　あそこまでわかりやすくていいのかと思いました。五人の閣僚のうち三人は安倍さんにとても近い国家主義的発想をする人たちですよね。選択的夫婦別姓には反対、「女性の権利」や「人権」、という言葉を嫌う人たちです。そういう人たちを性別が女性だということで「女性閣僚です」と入れてしまうんですね。

浜　「活用」という言葉を「活躍」に言い換えて、「動員」を「輝く」に言い換えていますが、魂胆は動員そのもの。ご指摘のとおり、お気に入りの面々の動員もあれば、低賃金・劣悪環境型労働にこきつかうスタイルの動員もあるから、二つの動員があるわけですね。

竹信　ええ、二つの動員があるんです。だから、私が女性閣僚について「国防婦人会みたい」と毎日新聞にコメントを出したら、専門家から「国防婦人会はちょっと違う」と叱られたんです。前の戦争のときに愛国の旗を振った上流エリート女性の組織は愛国婦人会なんだそうで、「兵隊さん」を応援するための地方の草の根の一般女性たちの組織が国防婦人会なんだそうです。だから、いま出てきている閣僚の女性たちは、愛国婦人会と呼ぶべきだと言われました。

浜　なるほど。非常に選別的、選択的ながら総動員であるということなんですね。

竹信　女性の総動員によって少子化社会と低賃金競争とグローバル社会を乗り切りたい。それにプラスして企業だけが儲かるかたちでビジネスチャンスをもっと増やしたいと考えるとわかりやすいのではないでしょうか。

浜　それこそ愛国婦人会候補的な位置づけにいるかもしれないと思われるような女性たちとお話しすると、女性活躍の部分はけっこういいと言う。そこはアホノミクスと言えないいんじゃないですかという反応が返ってきがちです。気持ちや期待は分かりますが、やっぱり、くすぐりにひっかかっている印象を拭えない。

竹信　女性がちゃんと活躍できないから日本は行き詰まっているんだということは、わかってる人にはすでに共通のテーマだったじゃないですか。なのにこれまで、政治の主流からは見向きもされなかった。それを口に出して繰り返し「カツヤク、カツヤク」って活躍ドリみたいに鳴いてくれるので、承認欲求が満たされる。これはけっこうあるかもしれません。もちろん、あちらが言い出したことをうまく利用して女性が働きやすい仕組みへできる限りもっていこうとするしたたかな戦略の女性たちもいるわけですが、ミイラ取りがミイラにならない工夫が必要です。

浜　そこが非常に怖いところであり、本質ですよね。所信表明を聞いてもそうですけど、ベースになっている考え方は〝くすぐりによる動員〟で、総員奮励努力せよというトーンです。

竹信　税金の切り分け方を女性や子どもに手厚くするといった構造への切り込みは何もしないんですよ。「頑張ってね」と言ってるだけの感じ。

浜　ただし、ぼくちゃんのために頑張ってねということなんですよね。みなさん自己展開してくださいねというわけではないんですね。お国のために生産性を上げてくださいと。競争力を強化してください。あくまでも、その観点からしか女性たちを見ていない。

竹信　そういうことです。いま、女性の健康に関する包括的支援法案が出てきていて（二〇一四年の解散で廃案）、これも支持すべきか反対すべきかで、女性たちは悩んだんですよね。生涯にわたって女性の健康について支援すると謳って、性差医療、女性の心身の特性に応じた保健医療サービスを提供する体制の整備を自治体などに義務付けるというつくりになっているので、一見いい感じですけれど、その中に「女性がその心身の状態、変化等を自覚し、自らの健康の保持増進に主体的に取り組むようにすることを基本とする」という上から目線の条文が入っているんですね。母体の自己管理責任ですよね。しかも産むためのいろんな条件についてはいろいろ書いてあるのですが、産む産まないを選択できる権利といった、リプロダクティブ・ヘルス／ライツに関することはないんです。やっぱり「権利」は飛んでる。だから、障害をもつ女性のなかには、「産まない私の健康は放置されるのか」と疑問と不安を抱く人もいる。男性の不妊治療の権利や、性暴力やＤＶ被害者の救済についても入っていないので、女性に産める身体づくりを迫る法案なのではと疑いたくなるわけです。でも、これまで手薄だったところに手を出してきてくれたので、多少不備でも賛成すべきでないかという意見もあり……。非常に悩ましいけれども、一言で言えることは、子どもを増やす。産める女をつくる。そのために努力せよということなのかな、と。

浜　産めよ増やせよですね、基本的に。

竹信　ちゃんと努力すれば医療にお金を出してあげてもいいですよと、そういう話なんですよね。

浜　すべてにおいて下心があまりにも簡単に見えやすすぎる。

竹信　わかりやすいんですけど、わかりやすいから恐い。きれいにできてるんですよ、それなりにね。でも、アナザーワールド（もうひとつの世界）なんです。女性の人権がなく、女性の活用をするというアナザーワールドがあって、その世界の体系としてはきれいにできてるんですよね。だからスイスイと乗せられていっちゃう。

浜　それは怖い。枠組みに押し込められるということこそ、最大の人権侵害にほかなりません。ところが、その枠組みにピッタリサイズになれば、突然、アナザーワールド。がんがん輝かせてもらえると。騙されたシンデレラですね。

進む女性の二極化

竹信　こうした政策の中では、全体でみると女性の貧困が激増するだろうと思います。あちらが想定する体系にはまらない女性たち、例えばシングルマザーとか生活保護を受給する女性とかの低所得層は、存在しないものとして支援の外に置かれてしまいますから。

浜　そこはすごく重要なポイントですね。

竹信　教育問題も大変だと思います。給付奨学金は先送りのままですよね。貸与奨学金だと返済義務が出てきますから、非正規就職になると返済できなくなる。そうなると貧困の連鎖ができます。特に貧困世帯で女の子の教育は後回しにされがちで、女性の働き口は非正規が多いとなるとますます女性の貧困の連鎖が進むことになりますよね。むしろその連鎖を利用して低賃金労働へと女性を押し流して、「活躍」女性に奉仕させようとしているような気もします。そうなると女性の二極化はすごい勢いで進みます。最近は結婚相手も同じ正社員同士が増えていますから、結婚がさらに女女格差を広げるわけです。大多数の貧困女性とひとにぎりの活躍女性という女性の分断が強まりかねない。放置すれば女性が力を合わせて生きやすい社会をつくろうという女性運動も成り立たなくなるかもしれません。

浜　女性の分断というのも非常に要警戒なやり方ですよね。要はディバイド・アンド・ルール（分断統治）ということで。分断作戦の対象は、女性だけではありませんね。いろんな形で格差が広がると、分断は深まる。日の当たる部分では日の当たり方。日陰の部分では日陰の冷たさの度合いが分断の要因になる。そして、最底辺部に追いやられた人々はどんどんものを考えるゆとりも体力も失っていく。だから沈黙してしまう。輝かせてもらっているほうは、ひたすら、舞い上がっていく。

竹信　そうですね。中流女性の分解だと思いますね。中流女性を想定してきた従来の女性政策は男女共同参画社会推進本部が司令塔になってきたわけですが、女性の活躍推進政策がこれとどう関係してくるのか見ていく必要もあります。

浜　女性活躍担当大臣もいることだしということですかね。

竹信　男女共同参画政策にも、低所得層を見ていないという批判はありましたけれど、それでも女性差別撤廃条約とそこに規定されている女性の人権に則ってやってきたわけですよね。もしそれが「女性の活躍」だけに流し込まれてしまうと、「活躍」できない層の女性たちは政策から排除されてしまいます。

浜　まあ男女共同参画も限界はあるといえばあるけれども、男女共同参画を女性活躍と言い換えてしまうというのは、大きな質的変化です。男女共同参画はまがりなりにも男性側にも変わることを求めている。共につくっていくという発想だったわけですけれど、それとはまるで違いますもんね。

竹信　「女性活躍」ですからね。先日参加した女性活躍推進法をめぐる集会では、メトロコマースという地下鉄の駅の売店の女性たちが、正社員とまったく同じ仕事なのに賃金は極端に安く据え置かれ、不合理な格差であるということで、裁判も起こしてるんですね。この人たちが、「政府は女性の活用といいますが、私たちはもう十分活用され尽くしています。活用に見合った権利と待遇がほしいだけなんです」と訴えていました。また、国連の女性差別撤廃委員会の委員である弁護士の林陽子さんが、「女性差別撤廃委員会が求めているのは女性の人権。役職に女性の数を増やすことそのものが目的化されるとしたらそれはおかしい」という趣旨の発言をされていました。あらゆる階層の女性たちの権利が守られるよう意思決定の座や発言の機会を確保することが重要で、そういう原則論が女性から出てくるようになってきて、少しほっとしています。

「女性輝きブラックランド」にご用心

浜　女性をめぐっての状況は非常によくわかりました。残業代ゼロの成果主義もよくわかってきました。いずれの場合においても、ひっかからない、乗せられないための勘所は何でしょうね。

竹信　まず、そこに人権という言葉があるかどうか、女性の権利が入っているかどうかをチェックすることだと思います。また、権利に関係しますが、生活が本当によくなるかどうかですよね。女性の登用数が増えたとしても、それで家計が豊かになったり、子どもを育てる時間がきっちりとれるようになるかどうか。

浜　政策によって何がそこから出てくるのかということですよね。

竹信　例えば、女性閣僚を五人登用しましたよね。それひとつとってみても、この人たち五人が閣僚になったことで、いったい私たちの暮らしはどうなるの？　ということをいっぺん考えてみる。私なら、まずメンバー五人の政策を調べます。そうすると、うち三人ははっきりと夫婦別姓反対と言っている。これじゃあ私たちが個人として自立して働くような政策は進まないだろうなといったことがだんだんわかってきます。女性が働きやすくなるために自己決定できる範囲を広げることに反対なわけですから。表面的な数値に惑わされず、「輝く」といった意味不明な言葉の裏で進められた政策の結果、私たちに何が起こるのかをよく考えると、いろんなことがかなりよく見えてきます。数値目標は私はあっていいと思います。そうしないと政策の進捗状況がわからず、ごまかされてしまうので。ただ、その数値で何を達成しようとするのかを見誤らないことです。そして、もっと女性同士で情報を共有していくことが大事だと思います。格差が広がっていくにつれて、他の女性がどういう状態に置かれているのかわかりにくくなっており、これが低所得層や若い世代の女性たちの苦労に対する年配女性たちの鈍感さにつながっています。最近、女性問題で意見を交換し合えるメーリングリストのようなものを全国レベルでつくれたらいいねという話をしているんです。「マタハラnet」[※2]の人たちが今回の女性の活躍推進法に対して、「活躍はけっこうですけど、女性が働き続けられなくては活躍はできません。女性を働き続けられなくしているマタハラ禁止のための条項を入れてください」ということを求めたいと話していました。多様な悩みを抱える女性たちの基本的な人権を守るという方向から活躍の仕組みをつくれるよう意見交換し、法案や新制度をチェックすることです。メトロコマースの女性たちが求める均等待遇も、そのひとつです。

浜　それこそシビルミニマムと言われるような部分が果たして確保されるのかどうかということですよね。

竹信　しかもそれが「活躍女性」だけではなくて、活躍女性にサービスを提供する側に回った女性にとっても確保されるかどうかを見ることです。

最近話題のブラック企業の見抜き方がサイトで公開されていますが、これを応用するとわかりやすいです。ポイントは二つ。まず、実態と離れた無意味な言葉、煽るような言葉を使っていないか？　もうひとつは、『就職四季報』などを使って、その会社がどういう状態になっているのか統計などの指標から判断するわけです。「女性が輝く」という政策は、「輝く」といった抽象的な言葉を濫用している時点でまず要注意ですね。それから統計の指標からその政策によって女性全体の経済力が向上しているかをチェックする。この見抜く力を身につければ万全です。

浜　まさにブラック政府の見極め方。ブラック政府の格付け基準をつくったらいいかもしれませんね。

竹信　そうすれば乗せられずにいられるかも。

浜　意味のない美辞麗句の背景にどんな実態的な世界が浮かびあがってくるかということを整理してみると、その恐ろしさの度合いがよくわかります。所信表明のスピーチを聞いても、相当ブラック度が高いと思いますよね。最近使い始めているテクニックが、どっかの誰それさんとお話ししたらその人はこういうことを言ってくれましたというもの。高齢の女性が自衛隊にこんなに感謝していましたとか、難病にかかっている小さい女の子からお手紙をいただきましたとか、自分たちのしようとしていることを誰かのエピソードとしてちりばめる性癖が明らかに出てきています。やればやるほどブラック度が濃くなっていることの表れだというふうに言えるのではないでしょうか。

竹信　自分の言葉で保障しなくていいわけですからね。

浜　おっしゃるとおりで、何をやるべき立場に自分がいるのか、自分の責任エリアを明確にする言い方をしない。理解していただく、説明が足りないという言い方をよくする。ということは、裏を返せば、説明し倒して納得させるぞ、という発想しかもっていないということですよね。自分たちが相手の話を聞くという発想がない。

竹信　そもそも説明になっていないのでね。

浜　政策責任者すなわち公共サービスの提供者である自分たちに、何が求められているのか。それを真摯に考えてみようというところがまったくない。そして、だんだん自分たちの言葉に酔いしれていく。竹信さんがおっしゃるような恐ろしく、とんでもなくおどろおどろしいテーマパークのような世界ができあがっていくように思います。「女性が輝くテーマパーク・女性輝きブラックランド」、ここに下手にふらふら入って行っちゃうと、ものすごく恐ろしい乗り物に乗せられて、降りられなくなる。乗り物に乗る人たちはぶんまわされて恐ろしい目に遭いながら必死で突っ走る。そして、そういう乗り物をぶんまわしてるのは、下層のほうの総動員の女性たちで、みんなが手で一生懸命ぶんまわし作業に従事している。

竹信　そうした構造をわかりやすく示すために「女性輝きブラックランド」のジオラマでも作りますか。（笑）

　最近、女性たちがメーリング・リストなどで「輝く女性応援会議」のブログのトップページにある「Shine」の文字が、「死ね」に見える、「女性が輝く」じゃなくて、「女性が死ね」に読めると書いたりし始めています。

浜　シャインするということは死ねということだというわけですね。暗にサブにはその意味が入っているのかもしれませんね。

竹信　ほんと。だからみんなで、「私、輝かなくてもいいです、普通に生活していければ」と言ったほうがいいかもしれないですね。

注

1　http://www.gender.go.jp/policy/sokushin/sokushin.html

2　マタニティハラスメント対策ネットワーク。働く女性が妊娠・出産をきっかけに職場で不利益な待遇を受けることをマタニティハラスメント（マタハラ）という。二〇一四年七月に結成した「マタハラnet」は、このマタハラに対処するための情報提供で被害者の選択肢を増やし、悩みを共有し被害者の気持ちが少しでも軽くなることを目的に活動している。http://mataharanet.blogspot.

グローバル・ファシズムに対抗するグローバル・デモクラシー

木村　朗

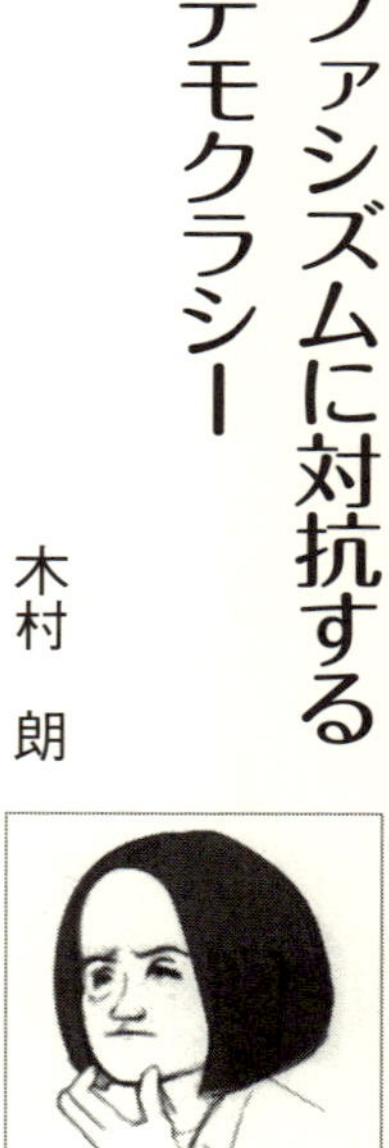

浜　矩子

新しい装いの富国強兵路線

浜　本当の自由主義とは、権力の横暴から人々の人権を守る、すなわち人々の生きる権利や言論の自由を守ることだと思うわけです。けれども新自由主義という言葉で語られる今の状況は、それとは全く逆の方向に進んでいる感が非常に強い。

　そこで、グローバル・ファシズムという言葉で、ファシズム復活の暗黒時代への道を徹底的に問題提起され、しっかり検証もされている木村先生に、改めて今の時代状況をどうご覧になっているのかをうかがいたいと思います。

木村　多くの論者がいまの時代状況を一九三〇年代の戦争とファシズムの時代、あるいは第二次大戦直後の朝鮮戦争前後の冷戦が本格化する時期、アメリカではマッカーシズム、日本では赤狩り旋風が吹き荒れた時期との類似性を指摘されています。私もまさに時代の空気が、そういうファシズム的な状況に近づいていると日々痛感しています。

　第二次安倍政権の登場から今日までの流れを見ると、本当に〝暴走〟という言葉がしっくりくるような感じがします。多くの国民の意思に反して消費税を増税し、TPP交渉に正式に参加し、原発を再稼働させ、さらには原発だけでなく武器の輸出にまで手を伸ばす。ついには言論の自由を圧殺する憲法違反の特定秘密保護法を制定し、集団的自衛権行使容認の解釈改憲を可能とする戦争法案を強行成立させるという歴史的暴挙まで行う。まさに、こうした一連の状況は反知性主義とも反歴史主義（歴史修正主義）とも言えるものです。

いったい安倍政権は何を狙いとしているのか。これが一番重要なポイントで、戦前の富国強兵路線に新しい装いを施した、高度国防管理国家あるいは管理ファシズム的なものの構築を最終的に目指しているのではないかと思われます。つまり「戦争のできる強い国」になって列強の仲間入りをしたいということです。

浜　管理ファシズムというのは非常に怖い言葉だと思いますね。では、なぜ、その方向に向かうのか。到達したいところは見えてきましたが、何ゆえにそれを志向し、その向かおうとしている地点に到達したとき、彼らはどこに、どのような達成感を感じることになるのでしょうか。

木村　アメリカで言えば、レーガン政権が強いアメリカの復活を目指したように、今の日本は経済的にも政治・軍事的にも非常に衰退してきているという喪失感・閉塞感が漂っているなかで、再び強い日本を復活させたいとの悲願があると思います。また安倍首相は岸信介元首相の孫でもあるので、偉大な祖父が志向した戦前日本の復活願望と同じような執念を、個人的にはもっているのではないでしょうか。

浜　まさしく「大日本帝国の復活」という方向感ですね。彼らが目指す強さというのは、物理的な強さ、すなわち腕力ですね。物理的強さと人間的な強さは概ね無関係あるいは対極的にあると思うのですが、そういう気高い強さではなく、えげつない強さを彼らは求めているということなんでしょう。

木村　それは、一言で言えば、むき出しの力による支配ということです。ただし、戦前と少し違う点があります。アメリカなどを中心とするファシズム状況が冷戦終結後、とりわけ二〇〇一年の九・一一事件によって加速しました。戦争国家化、警察国家化、監視社会化が世界レベルで拡大・浸透していく。日本はと言えば、「従米ファシズム」、あるいは「属国軍国主義」とも言っていいような形で、アメリカという覇権国家に属国として従属しながら急速にファシズム化していく状況にあります。

冷戦終結後、「資本主義の勝利、社会主義の敗北」として捉える見方が一般的に流布されました。そして、アメリカ流の弱肉強食の金融資本主義、いわゆる賭博（カジノ）資本主義がグローバリゼーションの名の下に世界化していき、弱肉強食の「ルールとモラルなき世界」が出現したと思っています。

そうしたなか、言葉の意味をめぐる闘争なるものも現れてきた。「メディア・ファシズム」という言い方もされますが、権力のメディア化、メディアの権力化が相互に進むなか、正邪や真偽が真逆に伝えられる傾向が顕著になっています。権力とメディアが一体化して、民衆がそれに踊らされるという状況、あるいは権力・メディアと民衆が三位一体になって〝鵺のような全体主義〟、これは作家・辺見庸さんの言葉ですが、そういう状況が生まれているのではないかと思います。

浜　本来ならば権力とメディアは対峙する関係にありますよね。権力の不正や横暴、暴力を暴き、それを糾弾するためにジャーナリズムがある。ところが、現状はそうではない。メディアという言葉がジャーナリズムに取って代わってしまっているのも、その辺の表れでしょう。メディアとはすなわちMedium。要は中継するという意味しかない。批判とか糾弾、解明の側面が希薄化している。だから、無色透明な「メディア」＝媒体という言葉が前面に出てしまう。言葉とは正直なものですね。

グローバリズムとファシズム

浜　今、あちらこちらでファシズム的、ネオファシズム的と言っていい現象が起きています。その根底に何があるのかを、やはり我われは突き止めなければいけないと思うのです。
　私がある時から考えているのは、グローバル化という現象自体に、こういう傾向を引き出す側面があるということです。これは何も、グローバル化という現象そのものにファシズムを惹起する効果や力学が内在しているという意味ではありません。むしろ、グローバル化の流れには従来型の権力とか権威を風化させる面があると思う。だからこそ、その流れを堰き止めて、既存の権力構造を維持しようとする反作用が働く。そんな状況なのではないかと思います。

木村　私もそう思います。冷戦後に金融資本主義が前面化するなかで、資本主義の矛盾が隠蔽されて見えにくくなっているが、実は資本主義の危機は一層深刻化している。その危機を克服するのに、表面的には民主主義を維持する形を取りながら、実質的にファシズム的な強権支配を確立して乗り越えようとしているのではないか、と私は見ています（詳しくは、前田朗・木村朗共編著『二一世紀のグローバル・ファシズム—侵略戦争と暗黒社会を許さないために』耕文社、二〇一三年、を参照）。
　また、戦前同様、中間層の没落による一握りの金持ちと大多数の貧しい人々という社会の分断・二極化が顕著になっています。その結果、共同体が崩壊し、個人がバラバラになることで、強い指導者、強い国家を求めるファシズム的な状況を生み出すことになっているのでしょう。権力者側も国内矛盾から国民の目をそらせるために、ナショナリズムやポピュリズムを利用するという権力者側の動きにも注視する必要があります。

浜　従来型のファシズムは、いわばナショナル・ファシズムだった。つまり、一つの国家の枠組みの中で資本主義の危機が生じたとき、そのことへの強権発動的逆襲という形でファッショ化が進んだ。それに対して、今日においては、資本の動きそのものがグローバル化している。そのためファシズムもまた、資本の動きをサポートする必要上、自ずとグローバル化する。そんな感じですね。

木村　戦前は国家権力、政府が前面に出てきていたと思います。もちろん今も、表面的には政府・

国家が前面に出てはいるのですが、実はその背後に多国籍・無国籍企業とも言われるグローバル資本が、国家を完全に道具として支配するような状況が生まれているのではないでしょうか。TPP交渉などを見ても、アメリカによって日本が収奪支配されるというよりも、アメリカという国家の背後に位置しているグローバル資本によって、日本の市場・経済なりが支配収奪されていく。これが本質だと思います。今は国家の株式会社化・多国籍企業化（民営化・私物化）、もしくはグローバル資本化という現象が特徴ではないでしょうか。

浜　確かに資本のグローバル化現象というのは、ものすごい勢いで進んでいると思います。他方で、グローバル資本主義という言葉はどうも成り立たないのではないかとも思うのです。そもそも、資本主義的な再生産過程のなかでは、資本が国境を越えるということはあまり想定されていない。その意味で、今はむしろ、資本主義という枠の中に資本の動きが収まらなくなってしまっている状況ではないでしょうか。いわば資本が野生化しているイメージです。野生化した資本が気ままに動く。国境を越えて地球的に動く。そのことによって、国境の堅固さを前提にした国家権力が、その存立を非常に脅かされている。

例えば、大企業や大金持ちとかが税金を払いたくないがゆえに、タックスヘイブンにどんどん集結してしまう。そういう動きは従来型の国民国家の枠組みを揺るがすものです。そういう大企業や大金持ちの動きをまるで制御することができない国家の姿を見て、国民が不満をもつ。もう国家などは信頼できないと思うようになる。そのことへの大いなる危機感が、国々をファシズムの方向に追いやるという構図があるのではないかと思います。

木村　グローバル資本主義と呼ぶかどうかは別として、今の世界秩序は、世界資本主義システムが主要な軸として動いていることは否定できません。そうしたなかで、国民国家の衰退・動揺とともにアイデンティティ危機に陥った市民、民衆の関心を強い国家、強い指導者を掲げた政治家がうまく利用して引き寄せることによって、ファシズム状況が生まれているのだと思います。

上からのファシズム　下からのファシズム

木村　ここでファシズム論に言及させていただくならば、「下からのファシズム」、あるいは「下からのファシズム」というのは戦後、東京大学の丸山真男氏が提起したものとして一般的には理解されていると思います。しかし、実は、九州大学の具島兼三郎先生が一九四六年に岩波新書で『ファシズム』という本を出版されています。戦前の研究をまとめたものですが、「上からのファシズム」、「下からのファシズム」、そしてその両者の同盟結合という視点をすでに提起されています。さらに、民主主義からファシズムへ向かう段階として、完成されたファシズムではなく「ファビオ・ファシズム」という段階的なファシズムがある、という視点・概念を打ち出しています。

また、戦前の日本のファシズムがどのようなファシズムであったかというと、いわゆる「下からのファシズム」を象徴する五・一五事件、二・二六事件、血盟団事件のような急進的なファシズムは途中で勢いをなくし、最後には潰され、上からのファシズムに吸収されていきました。旧陸軍で言えば、皇道派（急進派ファシズム）が統制派に吸収されていくといった形です。

現在の日本のファシズム状況も、「下からのファシズム」はさまざまな形、例えば東京の石原、大阪の橋下両氏（元知事・市長）の政策・言動に代表される形で現れていますし、あるいはヘイトスピーチとかネット右翼の言動もそれと同じ流れであるみなすことができると思います。

実は僕は、現在の日本の権力中枢での権威主義的な反動というか、「上からのファシズム」が密かに進んでいると見ています。二〇〇九年夏の政権交代の半年以上前から浮上した小沢事件（小沢問題）というのは、まさにその象徴であったと思うのです。本来ならば首相、総理大臣になるべき小沢一郎氏が三度そのチャンスを潰されたというのは、単に小沢氏個人の問題ではなく、日本の政治史の進路を根本から変えた静かな政治的クーデターともいうべきものです。これは検察ファッショを中心とする権力中枢の反動化、すなわち「上からのファシズム」の典型であったと見ています（詳しくは、鳥越俊太郎・木村朗共編著『20人の識者がみた「小沢事件」の真実―捜査権力とメディアの共犯関係を問う！』日本文芸社、２０１３年、を参照）。

浜　構図としてはまったくそのとおりだと思いますね。下からのファシズムは、上からのファシズムによって演出されたり、踊らされたりする。ヘイトスピーチがすごく増えているというような事象は、実はそういう上から下へ、そして下から上へという構図が生み出していると思います。そこを我われは見誤ってはいけない。

今日の時代状況は、確かに人々の不安を煽る。先行きの不透明感を強めるものではある。けれども、そのなかで、下からのファシズムが上からのファシズムを必然化するのだというふうに解釈してしまうのは危険ですね。時代の空気を誰が醸し出そうとしているのか。どういうふうに時代の空気を人々に読ませようとしているのか。それらのことを察知する感度。それが我われに求められている。その辺の認識が必要ですよね。

木村　原発事故問題や従軍慰安婦問題をめぐる朝日新聞に対するバッシング、吉田書簡にしても吉田証言の問題にしても、朝日新聞の側にもちろん落ち度はありましたが、途中で物事の本質・核心がすり替えられて、朝日新聞を叩くことによって言論を萎縮させる流れが一挙につくりだされたということが本当に怖いですね。

それと関連しているのが、二〇一三年十二月六日に制定された秘密保護法です。朝日新聞による吉田書簡の報道は、まさに調査報道・スクープであったわけですが、もしあの時点で秘密保護法が施行されていたら、あのスクープは違法な行為とされていたでしょう。秘密保護法の狙いは、もちろん外交・防衛の秘密を遺漏させないためもありますが、それ以上に原発事故の関連情報や、警察、検察、裁判所も巻き込んだ形で起きている冤罪や小沢事件などのでっち上げも含んだ司法の分野での不祥事の隠蔽もあったのではないかと思います。実際にはテロ防止やスパイ防止に名を借りた、明らかな言論統制・市民運動弾圧であり、国家による個人情報の一元化というものであって、やはり小沢事件などのでっち上げも含んだ司法の分野での不祥事の隠蔽もあったのではないかと思います警察国家化が最大の狙いでしょう。

ファシズム国家の目指す社会

浜　ファシズム国家を目指す流れというのは、最終的に何をもたらすでしょうか。

木村　戦争動員のためにも国民の同意の取り付けは必要なので、これから先も形だけの民主主義は残すでしょう。「民主主義を装ったファシズム」ということです（詳しくは、山口二郎・川内博史・白井聡他『「開戦前夜」のファシズムに抗して』かもがわ出版、二〇一五年、を参照）。メディアで言えば、イギリスの作家ジョージ・オーウェルの『1984年』に象徴されるような、権力とメディアが一体化した形で行う情報操作で覆われた世界の登場です。権力（政府や大企業など）とメディアによって真実が隠蔽され、虚構、神話、嘘、偽装といったものが、あたかも真実であるかのように垂れ流され、民衆がそれを鵜呑みする。まさしく「狂気の倒錯した世界」が今、生まれつつあるのだと思います。

二〇一四年七月にウクライナ上空で起きたマレーシア航空の撃墜事件に絡んで言えば、ロシアのプーチン大統領が一方的に非難されましたが、これは明らかに物事の本質を覆い隠し、真相を隠蔽するだけでなく、真逆の報道がされているのではないかと思います。本当の正義はどこにあるのか、真相が何なのかということは隠されたまま、いびつな形で報道し、真実でないものがあたかも真実であるかのように世の中に伝播しているのは、非常に恐ろしいことだと思います。

浜　そういう状況下で、行きつくところがどうなるかという質問は、要するに何を一番警戒しなければならないかをうかがうことに通じるわけです。ジョージ・オーウェルの『１９８４年』のイメージを提示いただいたことで、一つのモデルが浮かび上がったと思います。ファシズム化の進行――、その怖さの本質はどこにあるのか。ここが重要ですね。もとより、戦争につながるという怖さがある。だが、それだけではない。戦争が起こる余地さえなくなる。それも怖いですね。そこまで、国々が内向きで、閉鎖的で、統制的で、没交渉的になる。そして、対内的には徹底的に強権的な経済・社会体制を敷く。これがまた恐ろしい。

『１９８４年』の世界というのは、言ってみれば安定社会です。物事が何も動きませんからね。動かないというのは、ある意味だから、全く何の刺激もないわけです。人々は言葉を奪われ、言葉を奪われるから思考能力は低下する。思考能力がなければ批判精神も生まれない。ものすごく定常的に停滞した世界です。べた凪社会をつくることで、まさに上からのファシズムをつくりあげた人たちは安泰を手に入れる。安心して、思うままに生きていける。民主主義をこういう形で壊すやり方があるわけですね。制度の側面からではなく、人間の感性とか知性、あるいは精神構造に攻撃を仕掛けて、ひねりつぶしていく。そのような形でのファシズムが進行する。そんな展開に対しては最大級の警戒が必要ですね。

木村　ファシズムの本質の一つに「強制的均質化」と言って、異論を許さないということがあります。異論を排除し、封じ込めるような集団同調圧力が高まり、戦前の日本のような「物言えば唇寒し」の状況が次第に強まっていると思います。

浜　多様なるものの共存ということは、もっともファシズムと違和感があるでしょうね。多様性とファシズムとには相容れるものが一切ない。

木村　もともとファシズムというのはファシズムは画一性・均一性が特徴ですし、個人主義を否定して国家主義、社会ではなく国家が前面に出てくるのです。それは自民党の封建時代への逆行を思わせるあの恐るべき改憲草案にも滲み出ています。

解釈改憲の本当の危険性

木村　さきほど、「属国軍国主義」・「従米ファシズム」という言い方をしました。その流れで言えば、今回の安保法制、つまり集団的自衛権行使の解釈改憲というのは、国際法違反の疑いの強いアメリカの侵略戦争に、米軍の補完部隊に組み込まれた自衛隊が不当にも合法的とされた自衛隊が正当に加担させられるようなことが第一の狙いだと思います。

ただ、僕自身は、集団的自衛権の別の文脈で出て来ているグレーゾーン事態が、より直接的に危険ではないか思っています。なぜなら、グレーゾーン事態には、軍法会議と徴兵制導入などの議論を抜きにして、自衛隊法を変えるだけで対応できますから。

具体的には、実質的に軍隊となった自衛隊が、従来ならば警察力、海で言えば海上保安庁が対応していたものを、最初から海上自衛隊が出ていって対応することができるようになる。今回の措置によって、本来ならば話し合いで、もしくは警察力による最小限での対応で問題なく解決できるような問題を意図的に軍事力、つまり軍隊となった自衛隊を出して軍事衝突、あるいは戦争を引き起こす方向に向かいかねない道を開いたことになったのではないかと思います。

浜　いわば従米ファシズム、あるいは属国軍国主義を経由して本当のファシズム、本当の軍国主義に行こうとする流れだというわけですね。とかく安倍政権について、「対米追従一本」「アメリカの回し者」といった批判がなされますが、それは履き違いですね。そこは注意深い識別が必要だと思います。むしろ、そういう形で安倍政権を批判することは、本来の軍国主義のほうに安倍政権を追いやっていくことにつながる。本当に彼らが行きたい道を開いてあげることになってしまう、ということですね。

木村　今の安倍政権というのは、二〇〇九年夏の政権交代で登場した鳩山政権以上にアメリカとの緊張関係があると思います。今回の安保法制（集団的自衛権行使の解釈改憲）の成立に対して、アメリカは表面的には歓迎の姿勢を示しながらも、安倍政権が暴走して周辺諸国と摩擦、あるいは軍事衝突を起こしかねない側面をもっていることを非常に懸念・警戒しています。

また、安倍首相が唱える「戦後レジームからの脱却」も、アメリカ主導でつくられた戦後国際秩序、とりわけサンフランシスコ体制を否定しかねないものです。安倍首相の本質というのは自主独立の重武装、核武装路線であり、ナショナリズム志向が非常に強い。安倍首相が核武装論者であることをアメリカは知っていますから、タカ派極右的な安倍首相とリベラルなオバマ大統領とは根っから合いません。核武装との関連で言えば、アメリカが日本からプルトニウムの引き上げを求め始めましたよね。これは明らかなる安倍政権に対する不信感の表明にほかならないのです。

もう一つのグローバリゼーション

浜　戦後体制が崩れた後に、グローバル化の時代がやって来た。そのなかで、どんどん国境の存在感が希薄化していく。この現実とどう向き合うのか。グローバル化という経済・社会現象とどう付き合うのか。どのような方向にグローバル時代を誘導して行くのか。これは、あくまでも人間の心意気と知性によって決まると思うのです。

まっとうな心意気と、制御力の賢さを得れば、グローバル時代は理想的な時代となり得る可能性を秘めていると思います。国境という壁を越えてヒト、モノ、カネが行き交えば、人と人との間はそれだけ近くなる。うまく誘導すれば多様なものが共存し、共生し、共栄できる状況に向かって行くはずなのです。ところが、いまのところ心意気についても、知恵においても、残念ながら宜しきを得ていないので、正反対の方向に行ってしまっている。

うまくいけばグローバル市民主義、市民的なリベラリズムが国境を越えたスケールで開花する方向にいく。少なくとも、そうした可能性は秘めている時代だと思います。ただし、そうした方向性こそ権力を非常に脅かす。だから、権力者たちの逆襲という形でグローバル・ファシズムの世界に向かってしまっている。そのもっとも純度の高い姿が、安倍政権の中に結晶していると、そういう感じですね。

木村　ぼくはもう一つのグローバリゼーション、「グローバル・デモクラシー」というものを、今から創り出していく必要があると思います。今あるような弱肉強食の強欲資本主義ではなく、もっと人間的な、健全なな社会のあり方の模索……。「健全な資本主義」と言ったら少し語弊があるのかもしれませんが、そういったものを取り戻す必要があるのではないでしょうか。

政治・安全保障の問題で言えば、今の「世界は最大のならず者国家」アメリカ、第二のならず者国家イスラエルが暴走し、それをヨーロッパのイギリスとアジアの日本が支えている。かつてアメリカのブッシュ政権が「悪の枢軸国はイラク、北朝鮮、イランである」と言いましたが、僕はむしろ、今の世界秩序を悪い方向に動かしているのはアメリカ、イスラエル、イギリス、日本であると思います。戦前の日独伊三国軍事同盟に比して言うならば、アメリカ、日本、イギリスという米日英による新三国同盟が今、世界をかく乱している最大の要因であり、それを解体する必要があると考えています。

鳩山政権のときに唱えられたような東アジア共同体、地域統合から世界統合へというのは、これからの世界の必然的な流れであると思いますので、そういう方向で日中韓の政府及び市民レベルでの連帯、平和的な関係を国際的に追求するとともに、国内的には新しい社会民主主義というか、一％が九九％を収奪支配するようなものではなく、共存共栄できるような幅広い中間層によって社会を安定的に運営するような方向に転換していく必要があります。

そのためにもまず今の権力の監視・批判という

本来の役割・任務を放棄したような劣悪なメディア状況を改める必要があります。これは個々人が情報を主体的、批判的に判断できるような能力、いわゆるメディア・リテラシーを身につけるとともに、既存の大手メディアに代わる、新しい市民による独立した対抗メディアを、例えばインターネットなどを中心にして築き上げなければならないということです。

浜　市民の力がどれくらい表に出てこられるか、ですね。今の時代が必要としているのは、二十一世紀版の市民革命である、というふうにも言えるかと……。かくして、我われのミッションは「革命を起こすこと」にあると結論づけたいと思います。

真のリベラリズム、その可能性を探る

川内博史

浜　矩子

そもそもリベラルとは何か？

浜　「グローバル資本主義」というような言い方がされるかと思えば、資本主義の終焉が話題になる昨今です。今、本当に起こっていることは何なのでしょうか。私も資本主義は終焉したと言っていいと思います。少なくとも、カール・マルクスがそのメカニズムを解明した資本主義という意味ではね。彼が着眼した資本主義は、あくまでも国民経済という枠組みの存在を前提としていた。ところが、グローバル化の進展で国民国家の求心力が低下し、その境界線があいまいになっている。その結果として、資本も資本主義の枠を飛び出して野性返りしている。そして、「グローバル資本」の暴力性や凶暴さが野放し状態になっている。それが今の時代状況ではないかと思うのです。

　そういう野放しな資本の我欲的凶暴性というものを克服して、グローバルの時代をまともな方向に引っ張っていく。そのためのキーワードが、実は「リベラリズム」なのではないでしょうか。本来の意味でのリベラリズムですね。いわば「新」自由主義ではなくて、「真」自由主義です。そして、真自由主義は、必ず「市民」の存在と結びついていかなければいけない。そんなふうに思うのですが、川内さんのリベラリズム観は?

川内 そもそもフランス革命以降の自由主義というのは、資本家、産業資本のための自由です。一般市民や労働者は入っていなかった。そういう自由放任の流れがプロレタリアートを、引いては女性や子どもの酷使を生み出し、劣悪な労働環境の中で格差が拡大したため、一般市民からの運動、すなわち労働組合などが発生しました。これに脅威を感じた資本家の側から、あくまで資本家の自由を守るために、いちおう一般市民や労働者も「仲間に加えてあげる」という形で民主主義が成立したわけです。

その民主主義は第一次世界大戦、第二次世界大戦を経て福祉国家化し、リベラルという考え方が世界化したのですが……。ところが冷戦構造の終焉と軌を一にして、「もう、(労働者の)いろいろな面倒を見るのは嫌だ」「俺たちは俺たちで自由にしたい」「資本の自由を守るのが自由主義なのだ」というネオ・リベラリズム(新自由主義)が、その本性をむき出しにしてきました。

世界的な規模で経済成長がゼロサムゲーム化すると、利益を増やすためには誰かから取る以外にない。搾取する、収奪するにあたっては、ある一定のルールの中でやらなければ、さすがに批判されます。そこで民主主義を偽装する形で、資本の側がルールを自由自在に操る社会、それが新自由主義の社会です。

リベラルの側は、そういう支配体制をつくろうとしている人たちの矛盾やごまかしを、まず明らかにしていく。そこが市民革命の出発点ではないかと思います。

浜 「市民」という言葉の意味が非常に重要ですよね。フランス革命はいちおう市民革命ということになっていますが、そこで言われている市民というのは、個人事業主あるいは企業経営者であって、要はブルジョワ階級。だからフランス革命はブルジョワ革命であったわけで、そこはまず確認しておかなければいけないところです。

言葉によるミスリード

浜　その観点から考えたとき、いわゆるサッチャリズムの位置づけが面白い。しばしば、サッチャリズムこそ新自由主義の一つの典型だと言われます。私は、それがちょっと違うように思うのです。マーガレット・サッチャー個人の考え方の根底にあったのは、数と力にあぐらをかいた巨大資本とか巨大労組への不信感でした。彼女には、それらか巨大なるものが、まさしく小市民たちの敵に見えたのです。大企業の個人事業主いじめ。強き者たちの弱い者いじめ。それに対する大いなる怒りが、サッチャリズムの原点でした。その意味で、サッチャーさんは一種の市民革命家だったと言ってもいいかもしれません。本人が聞けばびっくりするかもしれませんが。

大型店がどんどん出店してきて、例えば街のお店屋さんがつぶされる。彼らは額に汗して働き、地域にも貢献している。そういう小さな頑張り屋が、頑張っただけの報酬を得ることができる、自分たちがずっとやってきた伝統的な商売の仕方を維持していくことができる。そういう社会をつくりたい。彼女自身、個人事業主の家の子なので、そういう思いから出発しているんですね。

ところが結果的にサッチャリズムは大きい者をより大きくし、強い者をより強くする方向に働いてしまった。金融ビッグバンがその典型です。こんなふうに妙な「ねじれ」が発生することがある。「こんなはずじゃなかった」というヤツです。これが結構怖い。

川内　細川護熙先生が規制改革、規制緩和を掲げて日本新党を立ち上げられたときに、バス停一つ動かすことができないという例を挙げられた。みんなが利用しやすいところにバス停を移動したい。これを阻止する行政上の規制があるから、それを緩和しようと。ところが地方の商店街を守るための規制、こうしたものはもちろん残していかなければならないのに「規制改革、規制緩和が必要だ」「規制は悪なのだ」というイメージがつくられていき、結果的に地方の商店街はシャッター通りにされてしまった。

サッチャリズムにしても、おそらくはサッチャーさんの言葉を資本の側が、資本の利益の再生産のために利用したのでしょう。

新自由主義はある意味人間の欲望に非常に忠実な言葉を使うんです。「弱者救済は怠惰な世の中をつくる」「怠け者には手を差し伸べてはならない」と。では、「怠け者って何ですか?」と問えば、そこは全く定義されない。何となく、「働きもせずパチンコばかりしている奴は悪いヤツ」というイメージをつくって、社会保障、あるいは権利としての福祉を削っていく。

リベラルの側のやり方としては、本当に言葉の定義を厳密にするしかない。二十一世紀における市民革命というのは、言葉の戦いです。一つひとつの言葉を厳密に定義し、みんなが共通の認識をもつ言葉で戦っていくことが大事ではないかと思います。

浜 「規制」にも人を守るための規制、人権を擁護するための規制があるわけで、どちらかと言えば、規制というのは人間を守るためにあるものです。

実は彼ら、新自由主義者こそ「ルールベースド」が好きなんですね。ルールベースド・エコノミーにならなければいけないとか、ルールベースド・ソサエティとか、そういう言い方をします。そこには二つの意味が込められていて、一つは共通のルールに従う。裏を返せば、ルールさえ守っていればいいとなる。もう一つは、誰が決めたルールかということ。ルールベースドと言っている人は、だいたいにおいて自分が決めたルールに従ってもらうと言っている。そういう人たちが規制改革、規制緩和というときには、自分たちを縛る規制は緩和すべきで、自分たちを守る規制は強化すべきである、あるいは遵守されるべきであるというふうに考えています。

規制緩和という言い方とルールベースドという見方は、まったく何の共通性もないかのごとく彼らはしゃべるわけですが、実は、そこには意味のご都合主義的混乱や混同があるのです。

「競争」と「淘汰」をめぐって

浜　二十一世紀の市民革命を考える場合、「市民」という言葉をどう解釈するかという問題があります。資本家と言っても、基本的には市民ではないか。労働者も市民。政治家も市民。ジャーナリストも市民。大学教員も市民。おまわりさんもやっぱり市民。コンビニの店員さんも市民。誰もが市民であって、その限りにおいては、そこに対峙の構図はないはずです。ふと気がつけば、みな市民。一皮むけばみな市民。そのことに、誰もが「ふと気がつく」ことが重要なのだと思います。どこまで幅広く市民意識を共有できるか。そこが二十一世紀の市民革命に思いを馳せるときのポイントではないでしょうか。

川内　資本家も市民、官僚も市民、すべての人が市民。リベラルはすべての人の自由を保障するので、そういう人たちの自由も保障する。分かりやすい言葉で言うと「共存共栄」でしょうか。すべての人が安心して生活を送ることができる環境をつくっていくことが、リベラルの目指すべき方向なのではないかと、私は思っています。

そこに立ちはだかるのが、弱者救済などの問題です。新自由主義派は、競争することが良いことなのだと言う。競争によって勝った人が利益を得る、負けた人は自己責任だという論理で、共存共栄を阻もうとする。

人間は本来、競争が好きです。動物としての生存本能で、いろいろなものと闘いながら生きていますから。「共存共栄、みんなが安心して暮らせる社会をつくることは良いことだよね」と言うと、みんな「そうですね」と返すけれども、しかし、一方では競争を望む自分もいる。そこの相克というか、もちろん競争を否定するわけではないし、ある局面においては競争も大事ですけれど、競争で負けたとしても、あるいは報われなかったとしても、「そういう人たちをも社会として包含していくのが良い世の中」という考え方にもっていくには、どうすればいいのだろうといつも考えるわけです。

浜　「競争」と「淘汰」の関係を捉えなおす必要があるのかもしれません。競争には、確かに向上につながる面がある。競争に勝とうとして頑張ることで、人間は素晴らしいパフォーマンスを発揮する。切磋琢磨は人間を強くもすれば賢くもする。ですが、そもそも競争の土俵に上がれない人々をどうするのか。初めから土俵の外に弾き飛ばされてしまっている人々がいていいのか。そこが問題なのだと思います。競争の土俵に上がるための競争に参加することを拒否される。そんな人々がいていいわけはありませんよね。いくらなんでも、今日の人間社会はそこまで野蛮ではないはずです。何のために人類は進化して来たのか。新自由主義派は、要するに人類がどんどん「野蛮返り」すればいいと考えているようですね。

そんなバカげた発想をしている人たちに対しては、頭ごなしにバカなことを言うなと一喝してしまっていいのじゃないかと思います。真リベラル派は良心的ですから、そんな相手に対しても、向こうが分かる論理で謎解きをしてあげようとしてしまう。彼らが分かる言葉で、彼らが住み慣れた世界にこちらから出かけて行って説得を試みる。これをこのお人好しさはとても重要で貴重です。これを失っては、それこそ野蛮化してしまう。ただ、良心的であるがためにミイラ取りがミイラになるようなことは回避しなければなりません。ここが注意を要するところだと思います。

分かりやすくするために、本来の筋とは外れたところからアプローチしてしまうといった危険性が常にあると思うのですね。これが良識派というか大人の弱みで、それをどう克服していくかという問題があります。むしろ「そんなのナンセンスじゃない？」と言ってしまうべき場面もあるのではないか。「弱い者は自己責任ですって？　むしろ逆でしょ！」と。弱ければ弱いほど、自己責任なんてもてないじゃないですか。そういう人たちを救済するためにセーフティーネットがあったりするわけで、「そういうのをけしからんというのは子どもじみていないか？　いい大人がそんなこと言いなさんな！」と言ってしまう。それが必要な場面もあると思います。

弱者同士のつぶし合いから脱け出す

浜　要するに、社会的常識の質をどのように担保していくか、という問題ですよね。だからこそ真の自由主義を確立することが、今ものすごく重要になっているのだと思います。さもなければ、極めて幼児的なぶつかり合い、戦い合い、足の引っ張り合いのなかで、世の中は奈落の底に落ちていってしまう。新自由主義というのは、そういう意味で非常に凶暴な幼児性の集合体、集約概念ではないかという気がしますね。

川内　例えば、最低賃金ギリギリで、非正規雇用で仕事をしている人たちが生活保護を受けている人たちを批判する。よくある図式ですけれど、本来は社会全体の底上げをすることによって解決しなければならない課題であるはずのものが、お互いに攻撃し合うという状況があるわけです。社会的常識の質をどう担保していくのか、というのは非常に難しい問題です。

私は政治家として、そういう場面に出くわせば出くわすほど、この矛盾を解決していくのに、「みんなが自由を保障される社会をつくっていく」という言葉では、この人たちの信頼を得るというか、「あなたを信じるよ。じゃあ、みんなでやっていこう」とはなかなかならない。時々、絶望感にも似た思いをもったりもするのです。

浜　弱者同士のつぶし合い、いがみ合い問題ですね。このような問題が発生してしまうのは、実に悲しく恐ろしいことです。生活保護の不正受給などが一切なくなれば、最低賃金が上がるのか。きっとそうではないでしょう。でも、苦しい中、厳しい中では、人間は「自分を不幸にしているのは誰か」という犯人探しをどうしてもしたくなる。そのなかで、弱者同士の仲間割れが起きてしまうことをどう回避するか。政策や政治の大きな課題でもありますね。

最低賃金で、ギリギリのところで働いている人たちも、自分の収入がものすごく高くなれば、生活保護の不正受給について文句を言わなくなるでしょうか。そうであれば、それは一種のご都合主義ですよね。もっとも、収入が増えると今度は高額納税者になるから、税金の無駄遣いという観点から不正受給問題を糾弾しだすかもしれない。いずれも、どうも大人の対応ではない。やはり、他人の痛みを自分の痛みとして受け止める感性というものが、真のリベラリズムの原点なのだという気がします。

川内　リベラルが目指すべき社会像というものの共通認識を、もっと人々に広げていく必要があると思います。ミクロ的に見たとき、「最低賃金よりも生活保護の支給額のほうが高いじゃないか」という指摘は、もしかしたら正しいのかもしれません。しかし、リベラルな社会をつくるという全体のマクロで見たときには、「いや、そこはみんなのレベルを上げることによって解決するのですよ」という提示になるわけですけれど、なかなかそれが人々に届かない。リベラルという言葉が日本の国民のみなさんの間に、きちんと理解されていない。ちょっと左がかった人たちなんじゃないの？　というレッテル貼りで止まっている。

共存共栄ではダメ

浜　社会的認識のレベルを上げることこそ、本当の市民革命と言えるかもしれませんね。どうやってそこへもっていくのか、さらに議論していきたいと思いますが、認識が高まっていくとして、先ほど川内さんが使われた「共存共栄」という言葉で、はたして十分なのだろうかとも思う面があります。共存共栄というのは、みんなそれぞれの欲するところに従って生きながら、共に栄えるということですよね。それはとてもめでたいことです。ただ、下手をすると、そこには、お互いに手を差し伸べるという感覚が欠けることになる恐れがあるように思います。

高いレベルでの社会的認識は、やはり手を差し伸べる用意なくしては形成されないと思うのです。生活保護側からも最低賃金側からも手を差し伸べる。「あいつが悪い」というふうに言うのではない感受性が求められる。つまり、共存を超えて、あるいは共生さえも超えて、共感の世界に入っていかないといけない。

川内　私が共存共栄という言葉を使ったのは非常に単純で、保守の側の人がよく使う言葉だからです。ゼネコンの下請け会社の会を「〇×建設会社共栄会」として、グループ化するわけです。「お互いに共存共栄しましょう」と、保守の人が非常に好んで使う言葉です。

我われリベラルが社会的に復権する、多くの人々に認知をしてもらう、あるいは我われの考えを実現するために、保守の側の人たちが好きな言葉を使って、我われの考え方を浸透させていくことも必要だと思って使ったのですけれど、浜先生のご指摘同様に、お互いの助け合いを想定したものです。共生とか共感社会というものと同義の言葉として使ったのです。

浜　よく分かります。ただし「共存共栄では駄目なんだ」「共栄会ではダメなんだ」「大東亜共栄圏ではないのだ」と、相手の分かりやすい言葉を否定していく、言葉による市民革命にもっていく必要もあるかなと思います。その意味では響きのいい言葉、分かりやすい言葉、受け入れてもらいやすい言葉をあえて否定していくことで、本当の市民革命の姿、本当のリベラル主義の姿を発見していくのも重要ではないでしょうか。

似た領域の話だと思いますが、いわゆる知足主義、すなわち「足るを知る」という考え方がありますよね。私はこれも気にくわないのです。それこそ地産地消や里山資本主義というような概念を議論すると、そのどこかに知足主義的感覚が漂う面がある。自分の殻の中にうまい具合にはまって、そこで足るを知って出て行くことがない。「我、関せず」で、ほかの人のことは知らないという感じでしょ？　それでは、このグローバル社会を生き抜いていくことはできないのではないか。人の状況に関心をもつ。人の痛みに共感する。人のために手を差し出す。ある意味では、それなりのおせっかいな世の中になっていく必要があるのだと思います。

川内　政治に参加することは社会に参加することだし、社会に参加することは他者の良いところとも悪いところとも関わりをもっていくことを意味するわけです。けれども新自由主義の側は、「ハッキリ言って、どうでもいい人たちは自分たちでやっていってね。あなた方は単に搾取の対象ですから」という割り切りをしている。そこにはまっていくことは彼らの思うツボで、積極的に社会参加をし、他者と関わりをもち、いろんな事柄に関わりをもつことが、実はリベラルへの道につながると思うのです。

市民革命の勘所

川内　実は先日、辺野古に行ってきました。辺野古の海でカヌーを漕いだら、海上保安庁の人たちに小突き回されたりするんです。現場の海上保安官に何を言ってもしょうがないですけれど、いちおう話をして一日過ごしました。そのことをゼミで話をしてくれと頼まれ、東京の大学生のグループにしたところ、辺野古のことも米軍基地問題のこともほとんど何も知らない学生たちが、すごく興味を示すんですよ。辺野古に一回行ってみましょうということになり、具体的な計画に入りました。

この経験を通じて、いろいろなことと関わりをもつことによって社会に参加する自覚というか、意識をもってもらうのがやはり大事なのだと感じたんです。そういう意味では、浜先生がおっしゃるように「おせっかいを焼く」をみんなでやるというのは、すごくいいと思いますね。

浜　木村さんとの対談のテーマだったファシズムによって支配された社会では、その構成員たちは、間違いなく、お互いにものすごく無関心になります。決しておせっかいをしようなどとは思わない。自分たちの管理された殻の中だけに閉じこもっていれば安全だし、おせっかいなんかしたら自分の身も危うくなる。ファシズムというのは人間の分断と孤立化、無関心化、共感を奪うことだと、今のお話をうかがっていてとても強く感じました。
それと、「あなたたちは搾取されている側だから、勝手にやっていてくださいね」というのもまったくそのとおりで、私は今、日本の経済は壊れたホットプレート化していると思っています。いつまでも熱くならないところに座っているのが生活保護を受けている人と最低賃金で働いている人なんですよね。両者とも等しく熱々パートからははじき出されている。同じ痛みを強要されているのに、本来なら手を組む同士がいがみ合っている。これは、熱々部分の人にとっては思うツボです。
ファシズム社会もそう。虐げられている者同士がお互いに疑心暗鬼で、お互いに密告し合ったりする。だから、そういう罠にはまっていくことから、自らを解放していくというのがリベラリズムの役割であり、ファシズムがグローバル化しているのであれば、それに対する市民革命の勘所はそこにあるかなという気がしますね。

川内　だからこそ第二次世界大戦後、いわゆるリベラルという考え方がいったんは世界化した。そこに新自由主義の側から反撃が加えられ、その攻撃で民主党政権は粉砕された。しかし、リベラルの哲学とかリベラルの考え方が粉砕されたわけではなく、リベラルは普遍であると思うのですよ。
新自由主義というのは、昔の自由放任主義に「ルールは自分たちに有利なルールだよ」というのを付け加えた復古主義的なだけの、ある意味、とても脆弱なものだと思いますが、それに対してリベラルがしっかりともう一度体制を立て直し、闘いを挑んでいく必要があります。

浜　手の差し伸べ合いを新自由主義によって阻止されている。分断の魔の手が伸びてきているということですね。分断と支配というのは権力側の常套手段ですから。

本当の大人らしさで

川内　原発を推進する側の人たちって、「絶対の安全なんてないのだ」「飛行機も車も鉄道も船も、いつかは事故を起こす」「原発と他のいろいろなものの事故とどこが違うんだ、だから動かしていいのだ」と言う。

だけど原発と他の事故との大きな違いは、遺伝子に傷がつくかつかないか。宇宙が誕生して、太陽が、地球ができて、自分の身体に六〇兆個の細胞があって、その細胞の一個一個に遺伝子が入っている。その遺伝子に傷がついて、それが次の世代にも遺伝していく。すべての動植物の遺伝子に傷がつくわけですよね。これは地球に傷がつくということです。

人間が人間として生きているのは、ものすごい歴史の積み重ねのなかの一部分だけ。ある一瞬に自分が生きているし、自分の遺伝子があるわけです。それなのに、やれこんなに儲けたとか、あるいは税金を払っているとか、それは自分一人でやっているわけではなく、ものすごい積み重ねのなかで、膨大な遺伝子のかかわり合いのなかで、例えば税金を払っているに過ぎず、決して自分一人で払っているわけではない。社会というのはそういう積み重ねのなかにあると、私は感じます。

浜　自分が汗水流して払った税金で人が楽をしているとか、原発も飛行機も事故を起こすのは同じだという考え方は、自分にとって嫌なこととか自分が正当化したいことのために物事を単純化し、自分を納得させようとしているだけのこと。短絡的な議論で導き出された答えで安心するというのが、やはり子どもっぽいですね。

ただ、本当の子どもというのは、もう少し素直に可哀想だなとか、怖いとかいうふうに感じますよね。だから、本当の子どものような素直さをもてるというのが、実は本当の大人らしさなのかもしれません。子どもじみている、幼児的であるのと、本当に幼児である、本当に子どもであるというのはちょっと違う。

川内　なるほど、いいですね。みんなが子どもになればいい。

浜　子どもの純粋さ、素直さ。リベラリズムとは、実はそういうことかもしれません。

成長から成熟へ
更年期の日本社会が自覚すべきこと

金井利之

浜　矩子

「地方創生」の空虚さ

金井　「地方創生」（「まち・ひと・しごと創生」）や「一億総活躍」と称する無意味な課題を政権政党が懲りずに掲げ、しかも、それに対応しなければならないというのが、この社会に暮らす人々の不幸です。次から次へと役に立たないものを為政者が打ち出すので、次から次へと江湖の人々は対応しないとなりません。最大の無駄だろうと思っています。

日本社会は少子化しています。これを問題としたうえで、合計特殊出生率の高い地方圏に人を動かせば、日本社会全体の人口は増えるはずだと言う。しかし、人間は鉢植えではないので、そんな簡単な話ではないです。地方圏の「消滅」に対する危機感を煽りながら、こうした重大なはずの少子化問題を、二〇一四年末の総選挙と二〇一五年の統一地方選に向けた選挙対策に矮小化しました。政治手腕とすれば、よくできたものだとは思います。一応は話題になったということで、政権の目的は達したのでしょう。

しかし、「地方創生」は、少子化問題の解決にはまったく役に立たない。相変わらず愚かなことを次々と考え出す。浜先生からは「アホノミクス」と命名される現政権ですが、そういう意味では空想力がある。空想性はあるけれども中身も事実根拠も責任感もない。戦後世代教育の失敗の典型ですね。

浜　昨年六月末に打ち出された「日本再興戦略二〇一四年版」に、当然ながら地方創生も盛り込まれています。ただし、盛り込まれているといっても、「我われ政策の担い手は地方創生に向けて●×△をします」ということはほとんど書かれていない。「このようにやらなくてはダメです」ばかり。これは地方創生というテーマに限らず、彼らの言い方の特徴ですね。説教している。内容的にみれば、中身のほぼ唯一の焦点が「観光だ」となっています。観光資源の掘り起こしをもっと気合を入れてやれという。どう気合を入れるかというと、「ストーリー性とテーマ性」をもてという。そういう観光戦略づくりをやらなければいけないということが延々と書いてある。それだけ。自分たちの政策責任として、今日の日本における地域の荒廃や崩壊をどう食い止めるのかというようなことは書いてない。地方の衰退という実に深刻な経済社会的テーマに対して、まっとうな危機感・危機意識が全く感じられない。

金井　同感です。政策責任者や為政者が何をやる、ということが書いていないです。ただ、能力のない為政者に政策を求めるのは無理な話で、もともとできないということですし、期待すべきではないです。できないこと自体は仕方がないのですが、しかもできないと認める能力さえなく、国民のせいであると。これは新自由主義の典型で、他人や国民に押し付けているわけですね。

教育の分野に例えれば、受験生に対する進路指導で何もできず、学力を引き上げられないくせに「頑張って合格しろ!」、あるいは「先輩は合格したんだから」とか言って、ひたすら生徒のせいにするという、できの悪い教師や予備校の感じと似ています。

浜　政権の体質ということで考えを進めてみると、国民一人ひとりが生産性の上昇、イノベーションの強化に向かって、「総員奮励努力セヨ」と言っている印象が非常に強い。その呼びかけに応える者だけが国民に数えられ、そこに乗っていくことができない者は非国民だ、とさえ言いかねない口調です。

地方の問題についても、地域の経済社会そのものに目を向けているわけではない。地域が自律性をもってまともに回っていく。地域社会が独自の活力をもっていく。言わば小宇宙として生き生きと瑞々しく機能していく。地方「創生」などと敢えていうのであれば、こうした一連のイメージに思いを馳せそうなものですが、そういうことは、およそ、目標にしていない。やれ、観光テーマパークだ、攻めの農業だというので、奮闘を迫る。これもまた、強い日本に向かっての総員の一環として、地域をどう位置付けるかという観点が貫かれている。そう見えます。強さと力に対するものすごい憧憬と固執の念。それればかりがガンガン響いてきます。

空想的な「トンデモ」政策

浜　地域というテーマで本当に使われるべき言葉、掲げられるべき目標、なされるべきことは何であるとお考えですか。

金井　経済成長力を取り戻すことは、日本社会の人口動態から見て不可能なので、「地方創生」は、事実的に見て、成り立たない空想的な「トンデモ」政策です。そもそも、価値的に言っても、今さら、そんなに力強くなって何の意味があるのか？　という疑念もあります。そういう二重にピンボケの政権の動きには、付き合っているふりをして付き合わないのが賢明な地域社会の人々です。

学校時代を思い出していただければいいのですが、知恵のない教師が力を込めて何かわめいても、普通の生徒は言うことを聞きませんよね。ただし、わざわざ反抗することもない。右から左に聞き流し面従腹背をするのが、賢い地域や自治体の生き方ではないかと思います。

子どもじみた熱血教師が、「力が大事だ」と言えば「大事ですね」と口先では言っておく。「学力を上げろ」と言われたら「そうですね、勉強したほうがいいですね」とだけ言っておく。勉強しているふりだけして、実は楽しい学園生活を送るというのが本来の賢い「大人」の児童生徒のありかただし、市井の日本人の多くはそうやって暮らしてきたわけですから。愚かな政権に振り回されないことが、一番大事ではないかと思いますね。

浜 普通にやっていくことができればいいですし、受け流してすむ部分はいいのですが、それこそ二〇二〇年に向けて、どんどん中央に生産資源が吸い取られているのが現状です。

しかし政権は「アベノミクスで生み出した好循環を地方にも波及させる」のだと言っていますよね。これは、要するに上から下へ滴り落ちるトリクルダウンの変形ですね。「上から下へ」に加えて、「中央から周辺へ」というわけですね。トリクルダウンならぬトリクルアウトか……。中央で起こした波紋が周囲に向かって広がっていくようにしましょうという発想です。ですが、トリクルダウンと同じで、実はそういう力学は非常に働きにくい。どちらかといえば、そもそも外に波紋が広がるのではなく、内側に向かって、中心に向かってどんどん力が吸い上げられる。吸い取られていく。それが実態ではないでしょうか。一極集中が問題になるのは、そういう力学が働くからでしょう。そんな構造になりつつあり、これからさらに、そうなっていくであろうと思われるところがあります。

金井 「トンデモ話」を聞き流さないで、期待したり納得してしまうから、吸い上げられてしまうのです。

アベノミクスの効果が全国津々浦々に波及していないという物語は、非常にトリッキーです。なぜかと言うと、アベノミクスで「デフレ脱却で少なくても東京は潤っている」を前提にしようとしています。まず、それが間違い。実は東京も潤っていません。

円安は、輸出中心の時代だったらプラスでしたけれども、経済が内需中心の現在では、輸入に頼る物価の上昇と、円建てで見る様々な移転収入の目減りということで、円安になると損をする経済体質になっています。

大体、物価が上がれば消費が減るのは市場原理です。デフレ脱却＝インフレで景気がよくなるはずがない。それから、物価が上がっても、それを上回る賃金上昇がなければ、生活がよくなるはずがない。だから、アベノミクスによって東京圏もプラスになっていないので、もともとトリクルダウン（おこぼれ）しようもない。しようもないところで、あたかもトリクルダウンがあるかのように見せかける。これは詐欺的な行為です。

格差社会で富裕層が富を蓄積してきたのは、一九九〇年代後半以降のグローバル市場原理主義と橋本＝小泉構造改革の帰結です。ただ、富裕層がおおっぴらに消費をするとやっかまれるので消費せずにため込んだのを、多少、アベノミクスを理由に、大手を振って臆面もなくできるようになっただけです。

東京ですら物価高・円安構造でダメになっているので、為政者としては、せめて東京だけは潤っているように、よく見せようと思っている。しかし本当は、貧困層・労働者層や地方圏からの収奪をできるだけ進めたい。それを進めるには、地方のためになっているようなふりをしなければならない。そういう二重にトリッキーな話です。

振り返ってみると、日本の一九九〇年代後半以降の経済活動は、そうしたものが多いですね。「オレオレ詐欺」にしろ「リフォーム詐欺」にしろ「名ばかり店長」にせよ、「ブラック企業」にせよ、どれも生産的ではないもので、左から右にカネを動かして、食っているわけです。国民経済としては、実に愚かなことをやっているし、非常に迷惑であるということですね。迷惑なことをやっている人とは無関係でいたいのですが、不幸にして国民経済は循環しているので、関係ができてしまうのです。詐欺に引っかかって騙される人が愚かなのだ、と言えばそれまでですが、それだけ「詐欺師」の口車はうまいので、普通の我われは引っかかってしまいます。先生のご指摘のように、なかなかやり過ごせない。これがこの国に生まれた不幸です。

政権選択の重さ

浜　どういう抵抗のあり方が考えられますか。

金井　政府の創生会議に出された資料にもありますが、社会的移動で地方から東京圏に急激に人が集まる時期と、そうでない時期が何回かあります。一九七〇年代に地方からの流出が止まっているのです。七〇年から八〇年ぐらいまで、ここで一回止まっている。広い意味で「田中角栄の時代」なんですね。中曽根政権以降に再び流出が増え、九三年から九五年にかけて一時的にそれが緩和される。これは細川内閣から村山内閣の時期です。それからまた流出が増える。

つまり、通常は地方から人材を収奪する方向に流れていますが、政府の政策によっては基調が変わることがあるということです。だからこそ田中角栄は、地方的には評価されるわけです。退陣してもなお、後の政権にずっと地方重視の政策を続けさせ、パラダイムを変えた。臨調行革路線とロッキード事件判決によって、それは潰されバブルになる。ただ、バブル崩壊とともに、一時緩和される。

したがって、どういう国政政権を選ぶのかは間違いなく影響します。ただ、多くの国民は「オレオレ詐欺」に騙されるようなもので、間違った政権を選んでしまいます。時期を待って、まともな政権になるのを、地域、地方としては騙されないように注意しながら、雌伏して耐えるしかないでしょう。

浜　なるほど。ひたすら忍従しながら、さりげなく、気配を消してじっと耐え、いざとなれば一気に追い出す。それはとても賢いやり方だと思いますが、やはり耐えないといけないから、それなりに大変ですね。

金井　大変なのは事実です。ただ、重要なことは、怪しげな「うまい儲け話」や「トンデモ政策話」を聞かないということです。「オレオレ詐欺」に引っかからないからと言って生活はよくなりませんが、引っかからなければ、さらなる悪化は避けられます。

客観的に言うと、経済成長と人口動態という観点からは、日本社会は一九七〇年代後半から合計特殊出生率は二を割っていますから、人口減少対策はもう手遅れなのです。なぜそれに気付かなかったのか？　おそらく、日本型福祉社会論の所為でしょう。一九七九年の政策選択、大平内閣が消費税導入に失敗したあたりで日本社会の運命は決まっており、それ以降は滅びに向けて転げ落ちる一途しかないのだと思います。当時の漫画に「お前はすでに死んでいる」というセリフがあったでしょう。

増田寛也氏を座長とする日本創成会議が非常に問題なのは、市町村が滅びることを言っていることではなく、すべての市町村が滅びると言うべきところを途中で止めて、あたかも勝ち組と負け組に分断しようという「格差主義的」なところです。あれは大いなる詐欺です。社会保障・人口問題研究所では、きちんと日本人がゼロになる時期も検討しています。

つまり、人口は合計特殊出生率二・〇八を下回れば、安定しないことはハッキリしている。日本列島は消滅するに決まっているので、そこを誤魔化して何とかなると言っていること自体が愚かなことなのです。

ＳＴＡＰ政策　偽りのアンチエイジング

浜　滅びが近づくということは、裏を返せば、成熟度がそれだけ高まっているということです。成熟度の高まりに伴って出てくる味わいとか新たな息吹。それらをどのように花開かせるか—が問われる。成熟が咲かせる大輪をいかに迫力をもって開花させるか。こんな観点から物事を考えてみることだって、あり得ると思うのです。

イギリスの場合など、もう成長は諦めて、達観している間はものごとがなかなかうまくいっていた。肩の力が抜けていたから、創造的でしたね。

ところが、サッチャーさんが出てきて、さらにトニー・ブレアが登場した。そのおかげで、もう一度若者っぽく走れるかもしれないと思い込んだ。そこから格差が拡大し、ロンドン一極集中が進み、馬鹿みたいに地価が上がり、地方はシャッター通り化するという方向に行ってしまった。それと同じことが、日本についても言えるのではないかという気がします。

金井　成熟したなかで、どれだけ長く、健康で文化的な中程度の生活ができるのか――。昔のイギリスは、そういう意味で確かに学ぶべきところがありました。今のイギリスは、イラク戦争時のように、まさに「ブ・ライア（嘘つき）」の詐欺国家、キャメロンの「租税回避」国家になり下がってしまいましたから。昨今のイギリスをモデルにするなど、論外です。

浜　日本にとって、半歩先を行く反面教師になっていますね。ああならなければ大丈夫かもしれないという、まずいことを次々と示してくれていると思います。

さかのぼって見ると、成熟時代をうまく管理し、その果実を享受するというやり方の方向に、日本社会の全体の目が少しずつ向いていた時期があったと思うのですね。世紀の変わり目頃だったでしょうか。地方競馬で絶対に勝てないハルウララという馬が人気を博した。要は、スローライフの一つの象徴のような形で、あれは結構チャーミングだなと。

ところが二十一世紀に足を踏み込み、イザナギ超えの景気拡大（二〇〇二～二〇〇七年）がもてはやされるようになった頃、すなわち小泉政権の頃から、再び早く走らなくてはいけないとなってしまった。競走馬で言えば、ハルウララからディープインパクトへと人気が移ったあたりから、調子が狂ってきたんです。だんだん狂い始めていたところに、時あたかも、今の政治状況が現出して来た。偽りのアンチエイジング提唱者たちが出現したわけです。オレオレ詐欺の偽アンチエイジングのダブル・アタックを受けてはたまりませんねぇ。

金井　更年期の今、アンチエイジングなんかやったら、心臓麻痺ですぐ倒れますよ。いっそ、一思いで死にたいと思っているのですかね。国民が狂騒しようとしているときに、「それは止めたほうがいい」というのが、健全なる為政者ならば考えるべきことです。STAP騒動なども、「若返り」への執念が生んだ仇花です。

日本人の一部富裕層のように外国で暮らしているなら、構造改革で日本がダメになっても問題ないでしょう。そのほうが富裕層自身にとっては合理的だとも言えます。国民の自己防衛としては、特に若い世代は、浜先生のように、英語を身につけたほうがいいことはいい。そうすれば、日本社会に生まれた不幸を少しは緩和できます。私は手遅れですが。

浜　富裕層についてはおっしゃるとおりですね。「自分にとって合理的」が結局は鍵なのだと思います。それとは違うところから考えるべきなのが、公共性というテーマです。政策に関わる人々は、公共性とか公共心というものについて、強い感受性をもっていることが求められるのだと思います。

では、グローバル化が進む時代における公共性とは何なのか。すなわち、国家というものがどういう位置付けをもっていくのか。国家という装置を回す位置にいる人たちは、自分たちがサービスを提供している国民に対して、どういうふうに向き合っていくのか。彼らのとんでもない姿のなかから、それこそ反面教師的な意味で、そういった問題が出てきているように思うのですが……。

金井　現在の為政者の言う「公共性」とは、国民の利益や権利を阻害することによって、自分たちの私利私欲を図ること、です。為政者の利益が「公共性」なんです。

それに対して、為政者＝「オレオレ詐欺」を働く側の私利私欲を見抜くことができるかどうかということが、今の市井の人々には一番大事でしょう。ソ連時代のソ連の国民とか中国の国民が、為政者の言っていることに対して、面従腹背しているところからも学ばなければいけない。

浜　「オレオレ詐欺に引っかかるな」という警察の役割は、誰が果たすのか。やはり、この研究会ではないでしょうか。常に警告、警鐘を発し、常に暴き立てる。

金井　本来、それは野党の仕事かもしれないし、ジャーナリズムの仕事かもしれないし、研究者の仕事かもしれませんが、政権に楯突くよりも、「健全野党」「中立的ジャーナリズム」「産官学連携に前向きな研究者」として、良好関係をつくっていたほうが美味しい汁が吸えるでしょうね。

浜　民主党が野党としてだんだん大きくなっていくなかで、「影の内閣」というイギリスから借りた概念を割合に忠実に実践していた。今や、そんなのどこかに行ってしまいましたが、それこそ民間で、「影の影の内閣」が常に存在するくらいの、市民側の民主主義的な監視機構というか、そういったものがないとまずいのではないかと思われるような時代環境になっています。

金井　まずは、耳に入りやすいものこそ眉唾だと思って聞くことです。そういう社会常識をもつことですね。いきなり立って反論すると疲れるし、お互いに生産的ではないのです。元来、そういう「大人の知恵」は日本社会にもありました。それでちゃんと機能していたのが、だんだん、「オレオレ詐欺」に引っかかるような「善い人」ばかりが増えてきて……。大半の「善い人」と本当に反抗する「悪い人」と。中間的な大人の社会人というのが消えつつあります。

野党もそうですね。与党の言っていることにいちいち噛みつく必要はなくて、「相変わらず、次から次と馬鹿なことを言っているな」という「大人の野党」がなくなってしまった。民主党は政権を取ろうなんて、一九九〇年代後半からの「リフォーム（政治改革）詐欺」を真に受けて、「政治主導」とか「政権交代可能な二大政党制」などと、愚かなこと考えたのがそもそも間違いであって、もうちょっと大人として振る舞っていればよかったのに、と思います。

成熟を受け入れられない日本社会

浜　幼児的凶暴性が行動原理になっている。私としてそのように思われて仕方がないのが、現政権であり、大阪の橋下市長の姿です。そうした現状に対して、「大人は大人らしい対応をしていかなければいけない」という内容の講演をしたとき、会場の方から次のような質問を受けました。

「そのとおりだと思うけれども、大人は結局のところ、幼児的凶暴性に負けるきらいがあるではないか？　見境のない凶暴さ、子どもっぽさ、子どものヒステリーというものに、やはり振り回される。そこをどうしたらいいでしょう？」

金井さんだったらどう答えられますか？

金井　子どもに振り回されるのが嫌だからと、自分も子どもになろうということですよね。「泣く子と地頭には勝てず」と。でも、大人とは大人であり続けるものです。責任をもって育てる子どもがいれば、「子どもとはこういうものなんだ」と、健全な社会人の大人として、子どもに対しても余裕をもって見られると思うのですよ。子どもも純真無垢などではなく、大人の言うことにペロッと舌を出しているような連中だけど、そんな連中もちゃんと見ながら、社会の構成員としていく。

実態として、少子化していることで、社会の精神年齢は子ども化しているわけです。子どものまま馬齢を重ねて、精神は子どものまま欲望と腕力だけは強いヤンキー大人になってしまう。生物の理論で、幼態成熟（ネオテニー）というのがありますが、子どもの形態のまま大人になってしまっているという状態です。まあ、お蔭で選挙権も一八歳に引き下げられましたね。大人が子どもになったので。

それはさておき、子どもは子ども、大人には大人の責任がある。当然、子どもに負けます。しかし、大人が大人として、子どもからの圧力に耐えるというのは当然であります。大体、大人は子どもの駄々を全部聞くことはありません。なだめ透かし、あるいは、叱るのです。それを自分が子どもになってどうするのだ、という話ではないでしょうか。かつての自民党の領袖たちは大人でしたね。橋本龍太郎あたりからでしょう、すぐに怒るような、子ども化したのは。

浜　だから、同じ土俵に転がり込んだり、あるいは相手の土俵にすり寄っていくということをすればするほど、ダメになっていくわけですよね。面従腹背の怖いところはそこです。本当に負けちゃうということに、どういう歯止めをかけるのか。

金井　「オレオレ詐欺」のトンデモ話や、子どもの駄々コネは、まともには聞かないことです。本当に大人が負けたら、子どもも生きていけないのだから、全員が滅びる。相手にしないことです。

浜　大人が負けたら子どもも終わり。それは実に賢明な指摘だと思います。トンデモ話としての「地方創生」などについて、そのトンデモ話的正体を見抜いていく感性が必要ですね。トンデモ話のトンデモ性がどこにあるのか。正体は何なのか、指摘していく必要があると思います。

金井　成熟することの意味が、まだ腑に落ちていないのでしょう。何かしら成長しなければならないとか、若返らなければならないとか、元気がなければならないとか……大人になれない「自分探し」です。

浜　山口さんともその議論をしましたが、やはり「成長」という言葉が適切ではないんですね。進歩するとか進化するニュアンスがどうしても入ってしまうので。経済が成長するというのは、単に規模が大きくなるという話なので、拡大でいいのではないでしょうか。

金井　成長の後には成熟があるはずです。永遠に成長することはあり得ませんから。

浜　だけど今の時代、世の中全体がそういう新しい生き方、成熟を堪能するような生き方に対して非常に腰が引けるものがある。脱成長へのいわゆる「パラダイムシフト」。そのことへの恐怖が、特に先進国といわれる諸国において大きいようですね。つまり、グローバル経済のなかの成熟部分において、「過去を取り戻したい病」が蔓延している気がします。

金井　ぼくは、滅びは目に見えていると言いましたが、別に日本が現在七〇歳ぐらいに相当すると言っているわけではなく、実際は四〇歳ぐらいですよ。ただ、中年なのに若者気分で無理な運動をすれば怪我をし、食いすぎれば無駄に太るだけです。「過去を取り戻したい病」で、突然死するのだけは避けたいですね。

二〇年間の経済停滞でデフレをやってきたわけですね。デフレはまさに成熟の表れであって、つまり将来に向けて投資する必要がないということです。だから利子率も低くなるし、投資先もない。当然ですよね。食べるものは現状でいいと。

だけど、急に老いが回って来るわけではないので、それ以降の更年期をどうやって中程度に暮らせるか――。ここがポイントなのです。「地方創生」で「成功事例」を実践する人たちは、成熟の発想に触れたりもするのですが、その場をつくっている政治家と官僚と一部経済人と学者には全然そういう成熟の発想が理解できない。いまだに頭の中だけ十代の気分で、十代は良かったという青春時代の郷愁が抜けない。痛いですね。

浜　そういう痛い精神性からの脱皮こそ、今、求められているものですよね。大人たちがその目と口と耳と手をもって、幼児的凶暴君たちをなだめ、上手に誘導して、身の程にあった場所に落ち着かせて行く。それが求められているのだと思います。

地方からの収奪を回避する

金井　「地方創生」自体は具体的な事業が入っておらず、口で言っているだけです。官報で「頑張りましょう!」と言っている程度で、その限りであれば、あまり実害はない。「創生戦略」にも、ほとんど具体的なものは盛り込まれていない。ただ、「オレオレ詐欺」を真に受けて具体策を思考すると、特区での労働規制破壊など、人畜有害なメニューが入ってくるかもしれません。

そうした「トンデモ話」に同意すれば、地域の活性化には効果がないどころか、市場原理主義と国家主義の連合が掲げる「公共性」によって、収奪はしっかり行われる。いかにそれを回避するか、どううまく逃げるかですよね。相手は子どもなので、付き合っているふりはしてあげなければいけないので、どこかをちょっと人身御供的に出す。

経済特区なんかはそれに近いかもしれませんね。

浜　東京圏は、全体としてそうですね。

金井　そこを人身御供として出せば……。ただ少子化問題、大都市圏における子育ての困難さとかは、大都市圏を中心に企業のあり方のなかで、ワークライフバランスの改善など、やらなければいけないことは、本当はたくさんある。ただ、政権の少子化対策という意味での「地方創生」は、政策的にはまったくとんちんかんである、と。

もちろん政府には実行能力がないから、例え正しい政策の方向性を目指したとしてもできるとは思いませんけれども、人口対策をしたいのならば都市圏こそ集中的にやらなければならない。ロット的に言うと、大都市で特殊出生率が一・〇なら、田舎で三になったところでダメなのですよ。

浜　必ずしも真剣に考えているわけではない。と言うか、全然考えていない。だんだん全貌が見えてきましたね。

金井　政府の資料などを見ても、何の役にも立たない、どうしようもない推計をしているわけです。早く合計特殊出生率二・〇八になったほうが人口は定常状態になると。これはごく当たり前の話で、それをどうやって実現するのかが問題になっているのに。

浜　いろんなことが日本の戦後体制のなかで狂ってきましたね。その狂ってしまった部分を担ったのが長らく続いた自民党事実上一党体制という政治状況だったのでしょう。まっとうな常識。当たり前の感性。普通の大人の受け入れ合い。そのような普通の知性というものが、とりわけ政治の世界において希薄化してきた。そこにグローバル化の波が押し寄せた。対応力なき者たちの「トンデモ」が今をもたらしているということでしょうね。その凝縮物が、いわゆる「アベノミクス」なるものだということでしょう。

教育とおとなを自由にするやんちゃな提案

桜井智恵子

浜　矩子

教育がアベノミクスをバックアップしてる？

桜井　浜さんは、多様性や「おせっかいに支え合う」という原理を中心にして経済を見ていきますよね。私は、その眼差しがすごく豊かだなと思っています。この研究委員会で昨年四月から月に一度議論をしてきて、領域の異なるみなさんがそれぞれの思想、事実やデータをもち寄って話されているのだけれども、回を追うごとに、重なり合ってきているところがあるなと感じています。

例えば、川内博史さんとのお話の中で、木村朗さんとの対談でファシズムについて語られたことに触れて、どんどんファシズムチックになってきた最近の世の中で、最も問題なのは人間の分断や孤立化、無関心化や共感を奪うことだと、浜さんはまとめておられました。分断が生まれたり共感が奪われてしまうというのは教育業界では瀕死の事態なんです。そこがやられてしまうと国の将来はない、というのが教育との関わりで言えることだなと思ってお話をうかがいました。

金井利之さんとの対談の中では、日本はいま四〇歳くらい、まだ七〇歳じゃない。でも、政治家の多くの人たちは、日本が一〇歳くらいのつもりで、まだまだ伸びるんだ、成長するんだと言う。

そうではなくて、急に老いが回ってくるわけではないから、中高年の日本がどんなふうにスピードを落として、どう暮らしていくのかというところをポイントに考えることが必要なんだと語られています。

スピードを落としていくときに人々が孤立化する方向にもっていかれているのは、非常にまずいですよね。このスピードの落とし方、実は教育も深くかかわっています。教育というのは、経済界の人が絶対つかんで離さない領域です。例えば学習指導要領というガイドライン、どんなふうにゆとり教育を入れるか、ゆとりじゃまずいから学力向上だという方針は、経済界の人たちの需要からもつくり出されている。そういう意味では十代のやり方で教育がデザインされていると言えます。金井さんが言うように、大人の成熟の仕方やゆっくり生きる生き方を学ばなくてはいけないのだけれども、そこが全く欠落している。

さらに山口二郎さんとの話の中では、過労死地獄にみんなが走っていく状況だと指摘されています。シフトチェンジせずに突っ走っているから、教育も含めてすべてが過労死に向かう。それで、教育と直結する竹信さんの分野の労働も、みんなで一緒に過労死しようというデザインになっている。ゆるやかなシフトチェンジをするにはどうするかという話はこれからきっと必要になってくるでしょう。

山口さんが、安全保障について取り上げて、日本の安全保障の脅威は外ではなく内側にある。中国でも韓国でもない、自然災害や社会の衰弱に眼差しを向けないから外に敵をつくっていると言うのだけど、教育や学校も同じです。確かに政策は大変まずいし、「いい加減にしてくれ」ということがすごい勢いで起こっているし、さらに「よりよい教育」を積み重ねていくように仕向けられている。だけど一方で、教育業界の内部でも教育はよきものと信頼していて、「学力は高いほうがいいよね」、「やっぱりきちんと指導したほうがいいよね」と主体的に合意してしまって、内側の衰弱や問題を見ずに、外に敵をつくっている。市民社会の内部にアベノミクスを無意識に支えてしまうようなメカニズムがつくられていて、学校や教育もそれをバックアップしているところがあると思っています。

浜　教育がアベノミクス的なるものをバックアップしていると。

桜井　アベノミクスは、大変新しい話だけれども、相当長い間〝教育はよきものである、もっともっとさらなる教育を〟という方向で戦後の教育は行われてきました。とりわけ一九六〇年前後、中曽根康弘さんが原子力基本法をつくった若手官僚だった頃に、とにかく人材養成をということで、教育が充実していくのです。その時に、学校も教職員たちもさまざまな政策の闘争はするのですが、教育の中身自体への疑いはなかった。やりすぎると危うい、いろんなあり方がいいんだという話には、向かい合わずに来てしまったんです。その後中曽根さんが総理大臣になった一九八四年から八七年にかけて、文部省に任せていたら間に合わないからと、臨時教育審議会の中で教育施策がつくられていく。今の教育再生会議みたいですね。そのなかで、これからの世界に打って出るためにはとにかく個性的で強い近代個人が必要だとされ始めた。それが新自由主義的な教育改革のベースとなりアベノミクスに直結していると指摘することができます。

確かにアベノミクスは人間を分断してゆく教育の正当化につながり、よろしくないのだけれども、相当な土台があって、いまここで大展開しているわけです。

教育実践と学力保障

浜　一つ、なるほどと気が付きました。教育とはよきものであると言われれば、当たり前だと私も思うのですけれど、でもお話をうかがっていると〝よきものとしての教育〟の中身が、成績がいい、いろんなことをよく知っている、試験の点数が高いと非常に画一的にイメージされているんですね。多様性とか包摂性といった概念と相容れない、むしろ均一性をベースにした教育を〝よきもの〟の中身として教育業界の人たちが認識してしまっているということですね。

桜井　一定の生徒指導が必要、規律正しく座って勉強してくれないと困るという考え方が日本は世界一強い国だと、この間の調査でも明らかになりました。[※1]私たち大学教員もそうですが、はきはき話したり気持ちよく挨拶してくれる学生のほうが何となくいいなと思ってしまいます。特に小学校、中学校の教員は、「しっかりしなさい、きちんとしなさい、はきはきしなさい」とよく言いますよね。よかれと思って教育の前提を指導するのでしょうが、それらは子どもたちにとって規律の内面化になる。声の大きいはきはきした子は優位だ、小さくてぼそぼそ話す子は人としてはダメだということを毎日学習していくのです。それは見事にいじめのメカニズム、不登校にもつながるのだけれども、それがちっともわからない教職員もいます。教育をすればするほどよくなるというふうに思いがちですが、じつはそうでもなくて、あまり教育しないほうがいいところもある（笑）。高橋源一郎さんも言っていますが、授業で教員が黙って待っていたら、子どもの側の主体が立ち上がってくる。それはやはり力量がいることですが。いろんなことを手取り足取り教えてしまって、迷いや躓きを全部事前に処理することで、子どものおもしろさやさまざまな紆余曲折や、人にSOSを出す状況を奪っている。それが最近の「教育実践」に表れています。

浜　「教育実践」という言い方はすごく違和感があるというか、実践の伴わない教育なんてあるわけがないので、言葉自体にものすごく意味がなく聞こえます。どういうものですか。

桜井　東北の綴り方教育などがルーツなのですが、戦後、都市化されていくなかで、非常に厳しい状況の子どもたちがあちこちにマスとして生まれてきます。その子どもたちは中卒で仕事をしていく。ところが日本は一九五〇年代の終わりから、中卒はよろしくない、少なくとも高卒で社会へ出そうという方向へシフトチェンジしていきます。「一五の春を泣かすな」というスローガンも生まれました。中小企業は中卒を募集していたのに、家庭の側は高卒であったほうが将来給料が多くなると考えた。企業ではなくて、家庭や学校の側が学歴重視の社会へ変えていったのです。そうしたなかで厳しい状況の子どもたちに丁寧に学力をつけてあげようと、現場の先生たちが朝から晩まで誠心誠意サポートし、家族のケアまでしました。家に行って厳しい状況について話を聞く、親御さんたちと一緒にお酒を飲む、そういうことが実践教育と呼ばれた。その働きは本当に力が入っているし、膨大な時間を使っていました。

浜　つまり、動く教育だった?

桜井　当時は「学力保障」という言葉が使われて、とにかく学力を支えて底上げしたら、その子は何とか生き延びていけると考えられていました。でも、その頃（一九六〇年代）というのはすべての人たちに仕事があった時代なのです。だから学力保障でやっていけた、しのげた。しかし、二〇〇〇年以降は半分の若者にしか仕事がない状況です。それでも生き延びるために「学力向上」、「学力保障」で実践というのは六〇年代や七〇年代とあまり変わっていません。

また、偏差値というツールが一九六〇年代に発見されて、序列化や能力主義は急速に進んでいくのです。その時はまだ、教育実践というのはすばらしいものだと現場ではもて囃されていたのですが、だんだん政策原理に絡め取られていって、清く、正しく、美しくとか、自立といった学校用語の中で「指導」が「教育実践」と重なっていくのです。

浜　だんだん分かってきました。「学力保障」と結びつくということは、とりもなおさず人材育成という概念と底辺で結びついているわけですよね。だから我われの感覚としては、教育と人材育成とは一義的な関係にあるとは言えないと思いますけれども、戦後の日本においては、ほぼ一貫して教育とは人材育成であると、人材をつくりだすプロセスだと認識されてきたということなのですね。

桜井　ただ、社会学的には、教育は社会配分機能と言えます。だから、人材という言葉がもつ価値観とは少し違うかもしれないけれど、教育を通過してそれぞれの社会の居場所、位置づけに配分していくツールだと言われてきました。ただその配分する側の受け皿が非常に枯渇しています。

浜　その場合の社会的配分というのは、どのような仕事につくかという意味でしょうか。

桜井　いいえ、仕事とは限りません。例えば重度の障害のある子どもたちが学校を出てその先どこへ行くかということを考えたときに、作業所や施設ではなく、その子が他の人たちと一緒に生き合える地域で、その子が亡くなるまでいろんな人と出会える場所につながっていけるような形でないといけないと思います。

浜　それはすごくよくわかります。人間が人間らしく、生存権が確立され、展開力をもって生きていくことができる。そのようなベースを形成する過程、それが教育だということですね。それがしっかりできれば、誰もが自分にふさわしい居場所を見つけることができる。それが社会配分機能という言葉の意味するところなのですね。

桜井　そのとおりです。それなのに、今回のアベノミクスはそこを見事にひっくり返した。

浜　そうですね。しかもそれはアベノミクスに始まった話ではなく、日本の戦後教育においては、「教育実践」と「学力保障」という言葉の中に表れているように、本来の教育がもっている根源的な機能と違うところで枠組みができてしまっている。その枠組みの中で、ゆとり教育だとか、偏差値だとかが、その時の社会状況や社会的な要請、あるいは経済界の要請に従って出てきて、どこに重点を置くかといった配分の仕方が変わりながら、今日に至ってしまっているということなんですね。

桜井　厄介なのは、政治の問題と現場の問題が、少し違う形でありながらつながっていたりする。だから、政策批判だけをしていても問題は解決できない。現場のほうも思いがけず政策をサポートするような働き方をさせられているということに、気づきにくくなっているところがあるのです。

教育と中央銀行の類似点

浜　お話を聞いていて、いままであまり考えていなかったイメージが浮かび上がってきました。教育と政治の関係、あるいは教育と政策の関係と言ってもいいのかもしれませんが、それはちょっと一国における政府と中央銀行の関係に似ているという気がします。教育の側が中央銀行の位置づけです。つまり、中央銀行の独立性というのが折に触れて議論されますよね。この「アホノミクス」のもとにおいては、その独立性がどうしようもない状況になっているのです。今の中央銀行は、チーム安倍の息のかかっている部分について言えば、もはや中央銀行とは言えない存在です。そういうネガティブな危険性にさらされながら、それでもまともに経済を回していくための大きな責任をもつのが中央銀行なのです。

　教育も非常に似ているところがあるわけですね。意図的にお先棒担ぎをすることもあれば、そういうつもりはないけれどもどうしてもそうなってしまうところなど、似ています。教育は本来そういう政治的な関与から一切独立していてしかるべきだし、中央銀行は政府・国家権力に対してバランシング機能、牽制機能をもっているわけです。もともと財政政策あるいは政府は、ともかく経済を膨らませることばかりを考える。人気取り的にもそうだし、選挙に勝つためにはそういう状況をつくりだしたい。そんなやり方を放置しておくと、バブルから破綻へとなってしまう。そういうプロセスをしっかり見極めながらブレーキをかけたり牽制をしていく。中央銀行はそういう重要な役割を担っているのだけれども、それを貫くにはものすごいエネルギーと見識と集中力を必要とする。だから非常によく似ているのではないかなという気がしてきました。

桜井　本誌を読んでくださる人たちは、教育の中央銀行に関わっている方々がたくさんいらして、皆さんどの見識をもったらいいのか悩んでおられると思います。もっと言えば、若い先生たちは、「え、見識なんてもっていいの?」という状況でしょう。いまの教育政策では学習指導要領と学校教育法施行規則を今年度中に改正して、二〇一八年度から、道徳教育を正式に教科化するのです。現場の先生たちのなかには、すでに道徳の教材を作ろうとする方もいて、素直に道徳教科化をよきものとして捉えている。

しかし私には、道徳教育の教科化というのは、まさに自己責任論をつくるためのものに見えるのです。さまざまな政治や経済で落とし込んできた原理を、教育のなかでしっかり育てて、若い市民たちに自己責任論を中心として位置づけるような怖い話なんです。

教育学の大きな政治に対して反論した学者にジョン・デューイという人がいて、彼はシカゴの大学付属実験学校で『学校と社会』、『民主主義と教育』という本を書いています。いまの学校には「総合的な学習」という時間があるのですが、これは「何をやってもいいよ、その代わり自分の気づきからいろんなことを組み立てて研究しよう」という時間です。ゆとり教育のときにできたこの総合的な学習は、じつはデューイに支えられた教育観でできています。デューイの発想は、自己責任論はダメだよ、気づきは必ず社会的なものや構造的なものから出てくるのだから、あなたが一人で困っていることを乗り越えていこうという考え方ではダメだよ、と指摘するものでもあります。

いま、総合的な学習と道徳、人権教育が若い先生のなかでは区別がつきにくくなってきています。そのため、だんだんと「教育実践」が自己教育論になりがちで、生徒指導でよりしっかり子どもたちを管理する、あるいは「無言清掃」と呼ばれる、掃除の時間には一言も話さずに黙って掃除をしようという実践なども出てきています。現場が政策の原理に響き合っていることに気づかずに、そういった実践が広がってきているんです。

浜　政策と響き合うことに気づかなくなっているというのは、どういうことなのでしょうか。

桜井　多忙化ということで説明されています。忙しいから、新聞を読む暇がない、学習会をする暇がない。確かに先生たちは大変です。よく「モンスター化」していると言われますが、孤立している親たちがちょっとした問題でも学校に怒鳴り込んでくることが増え、学校現場はその対応で右往左往しています。また、いじめの問題では法律ができたことで教員が膨大な時間を割くことになっている。本当に必要な手立ては子どもの話を聞くことなのに、そこは置いておいて、さまざまな報告書や通報や家族への説明にすごい時間がとられるのです。職員室のなかで考え合う見識や知性の場がないのです。

浜　なるほどね。そういう意味で言うと、冒頭で桜井さんが言ってくださったように、いかにして大人になるかというところが問題になってきますね。この研究会がめざす希望社会も、やはり大人の感性をもっていなければ形成することができないものだと思いますし、ファシズムによって煙に巻かれないためにも、大人の知性、感受性が必要です。しかし、いまの教育の最大の危機は、教育を施す側が大人になれない状況がつくり出されているということですね。

桜井　そうなんです。「よい教育をしよう」、「実践の中身の質をよくしよう」としてきたのですが、もう一方で、「実践をし過ぎないよう」、「教育が肥大化してリバイアサンのようになっているから、それをもっと縮小しよう」とか、「実践の中身に対する謙虚さをもとう」といったことが求められています。充実させるために控えるということなのだけど、それがなかなかできない。ややこしい書類書きはみんなでやめて、その代わり子どもと一緒に遊んだらいい。本当に人間のことを考えたときにどっちをとるのか、多忙化の現場での精査ができると思います。でも、それを是非ともやろうというのは力がいるし、やんちゃな提案です。私もいろいろやんちゃなことを言うのですが、「そんなこと言って睨まれませんか」なんて、皆さんとても緊張されるのです。だけど、そういうことをやっていくのが実は、「思想する、哲学する場」を確保することだし、それは市民が、おかしいことを「おかしい」と言える状況をつくり出す場所になります。

香港の中高生や大学生たちが民主化を求めてバリケードを築きデモをする、日本の学生たちにそれができないというのは、そこから遠ざけられているのと同時に、教員たちも思考から遠ざけられているということなんですよね。

浜　そうですね。これはいろんなジャンルで言えることですけど、教育者たちが教育技術者になっている。成り下がる方向に誘導されているというところを非常に感じますね。

桜井　でも教育者たちも頑張りたいですよね。技術者にならないでおこうって。

浜　それはそうですよ。誘導に抵抗し、術中にはまらない知性こそが、教育者たるものがもっているはずのものです。教育が身についている、教養が身についているというのは、そういう罠にはまらないための見識が身についていることを意味するはずなのに、ものすごく矛盾がありますよね。多忙化という仕組みのなかで元々あった知見がどんどん剝がされていく。非常に怖いことですよね。

桜井　ハンナ・アーレントは、「ガス室に送ったアイヒマンはただの非常に忠実な公務員だった。だから命令のとおりにやっただけなのだ」という卓越した指摘をしていますが、その図式がまさに公務員や教職員に当てはまってしまう怖さが、いまの教育や社会や政治の状況のなかでかなり恐ろしいことだと思います。

浜　生真面目で、気立てがよくて、マメで、よくできる人ほど、恐ろしいことをしでかすという。教育の世界でもそうであれば、非常に非人間的な方向に教育が向かっているということですよね。

桜井　そうです。例えば大阪は青田買いをしていて、今年は大学二年生からテストを始めました。テストの内容の二割は教育のテストではなくて、「服務規律」のテストなんです。いかにしっかり働くか。そういう厳しい状況だから、学生たちは教職員の採用試験を受けなくなってきている。大阪で通っても他の都道府県に逃げたりするのです。

どうしましょうかね、という悩ましさのなかにいます。

浜　革命を起こすしかない。

桜井　政策に革命的なアイデアを提案する研究者はいらっしゃるのですけど、現場に働きかける研究者はほとんどいないのです。

浜　それはまずいですね。革命というのは現場の意識が覚醒されないと革命にはならないので。

桜井　地方自治体の政治に働きかける研究者がいない。中央には皆さんたくさん目を向けるんだけども、でも事件はけっこう地方自治体で起きているのです。

教育委員会にきちんと問題を提示する、ケンカをしろとは言わないけれど、指摘をする研究者が入っていかないといけないなぁと思います。

教育も経済も「成長」から離れて

桜井　いまは非組といわれて組合にも入らない先生が増えているのだけれども、組合で何とかしようとしている先生は、子どものことを見ようとしている方が割合多いんです。でも、そういう人は少なくなりつつあって、子どもよりは親、あるいは管理職になると、教育委員会を向いて仕事をしていますよね。教育委員会はその自治体の議会を向いて仕事をしているように見えることもあります。

浜　そういうことはたぶん医療の世界なんかもよく似ていることですよね。患者が見えていない。自分たちがサービスを提供する対象となる人たちの姿が見えない現場というのが、非常にたくさんあります。つまり希望社会というのは、そういったサービスの提供対象となる人の姿が見えるようになる、ふたたびその人たちが主役になる場所をつくっていくということにつながっていきそうな気がします。

桜井　子どもがいない。子どもは自由ですから、時間もかかるし、言っていることと違うことを考えていたり、思いっきりとんでもないことを言ったり、本当に枠にはまらない面白い存在ですから、子どもと付き合おうと思ったら、許容量が広くないとダメなんです。若い先生たちは若さで乗り切るけど、寛容でいられなくなってくると子どもがいないほうがよかったりする。とはいえ先生たちは子どもの面白さをよく知っておられて、切ないなと思っておられる先生と、指導力不足だと斬られながらでも徹底的に子どもが一番真ん中だという先生たちと、それから若い先生を含めてそんなこと考えたこともない先生と、少しすみわけしている感じです。

浜 それは、状況がそうさせるんだろうなと、ある意味では容易に想像できますけれども、それを放置していると本当に大変なことになってしまいますよね。

学校の先生になるのは、知性の発揚というところに魅力を感じ、知的発育過程というものを目の当たりにすることに喜びを感じるという感受性をもっている人。そのような皆さんが先生になるのだろうと思いますけれども、でも今のお話をうかがっていると、全然そういう問題ではなくて、つまり制度や枠組み的に、デモシカ先生タイプが意図的に形づくられていくような印象をもちますよね。

桜井 知的発達というのも、発達概念では大きな論争が教育学のなかではあるんです。例えばデューイは成長をずっと疑っていた人ですから、「成長」という言葉を使わないで、「更新」という言葉を使いました。そのなかで民主主義を考えたのです。だから右肩上がりを絶対疑えと言っています。彼は哲学者だから、いま読み返すとまことにそのとおりという内容がちりばめられている。たぶん、金井さんがおっしゃる「これから四十代、五十代の日本社会」は、成長ではなく更新（アップデート）でいくのがいいのだろうなと思います。でも教育の言葉の中には、やっぱり「発達」、「発達段階」といった右肩上がりの臭さがあって、教員は「この子をよくしたい」という魔法にいつもかかっているので、そこを解除しながらいく必要があります。自分は実は権力をもっているということを分かっていて、実践に対して謙虚でないと子どもがいなくなっちゃう。

浜 それこそ、力を伸ばしてあげたいという発想は当たり前だと思うのです。どういうふうに伸ばすかというところに問題があるのであって、「こういうふうに物事を推理できるようになった」、「こういう形で調べ上げる力がついた」ということに、教員側が喜びを見出す。それはごく自然に当たり前のことだと思うのですが。制度、政策が押し付けてくる段階的で、「これが発達しているとことだよ」というテンプレートに合わせるというのであれば、それは大いなる問題ですね。

桜井　そこは当たり前なんだけど、ただ、その当たり前を疑わないと危なくなっていると思うのです。力を伸ばすというのは、実は成長主義に連なってしまう。例えばついこの間、こんなスローガンが、先生方の実践のなかでありました。「全力清掃、全力挨拶、全力合唱」。それをみんなで実践しようというのです。

浜　誰がそんなことを考えるの?

桜井　学校が、全体に一丸となってやるんですよ。力を伸ばしたいから。

浜　どういう力を伸ばすのですか。

桜井　全力で頑張れるようにしたいということでしょう。でも、子どもたちはいつでも全力なのです。全力で清掃するし、全力で合唱する。それは先生の基準だと全力ではないかもしれないけど、その子たちはいまの生きざまで全力なんだというのが分からない。

浜　それが分からなくなるのが怖いですよね。人材育成という発想でくるとそうなる。一定のアチーブメントに到達するということが、発達を意味していると思うという。

桜井　そこのところの理解が違うと、同じ教育という言葉を使っても、全然内容が違うものになってしまうんですよ。

浜　それがとても不思議ですよね。集団催眠にかかっているのか……。

桜井　教育は魔物ですよ。

浜　教育が一番そうかもしれませんが、経済の世界もそうですよね。成長しなければ死に至るのだというような固定的恐怖観念がいつの間にか植え込まれてしまって、それを打ち崩していくために、私は経済の世界でも「成長」という言葉は使わないほうがいいと思うのです。成長という日本語がまずくて、そこには肯定的な響きがあります。それこそ「あいつ成長したな」と言うと「背が伸びた」という意味ではないですよね。より賢くなったというニュアンスが、成長という言葉にはどうしても伴う。私も経済のことを言うなら、経済成長をやめて「経済拡大」とか「経済縮小」、そういう価値判断のない言葉にしたほうがいいと思う。やはりその「成長」という言葉の中に潜んでいるのと同じ魔物が教育の世界においても非常に厄介な力学をもたらしているということですよね。

学校の外の人たちと考え合う

桜井　だからこの研究会に期待しているのは、学校と教育で乗り越えるのではなくて、社会的な配分で乗り越えることを考えていくことです。山口さんとの対談では九九対一に触れていましたけれど、学力が高い人がエリートになって上に登って高い収入を得ていくという仕組みを何とかもうちょっとましにして、いろんな人たちが食っていけるという配分にしたら、いまほど学校の中で「学力向上で乗り越えよう」という力や「よく指導しよう」という力は強化されていかなくなる。そこを考え合わすという知性、響き合いが必要だし、学校の中だけでなく外と一緒に考えたときにぜんぜん違うものがやってくる。そういうことを、教育技術者にさせられそうな現場の教職員に届けられる研究会になったらいいなと、私は思っています。

浜　教育技術者になってしまうと、役割仮面になるんですよね。役割仮面という非常に怖いものがいまの経済社会にはあるような気がしています。財界人はどこまで行っても財界人であって、一市民としてものを考えることができない。医師は医師で、最近は医療技術者になっていってしまっていると思うけれども、そういう役割仮面をつけたままでしか話すことができない。それこそ警察官だって、徹底的に最後の最後まで仮面で、ずっと剝いていくと結局顔がなくなったりするんじゃないかなという気がするのです。

桜井　もったいないですよね。仮面を脱ぐほうが面白いのに。

浜　全然面白いですよ。でも、女性たちは仮面を脱ぐことが上手というよりも、実は、仮面ではなく自分の顔を役割の中に出していくのが多くの女性ではないかと思うのです。そういう市民感覚というか、市民的知性が、働く場所や役割を果たす場に出てくるということが、希望社会の基本ではないかという気がします。

桜井　仮面を脱いだところで話をしたり、少しお互いに分かり合えた感じがすることはたまらなくうれしいものですし、技術だけの仕事よりはよほど面白い。

浜　やはりそういう仲間がいて、そういう体験を共に味わえる場所、あるいはそういうスペースをもっていれば、いまの若い先生たちも教育技術者の枠から脱却できるかもしれませんね。

桜井　それと同時に、アウェーで全然違う意見の人たちのところに意見を述べに行くというチャレンジも必要ですね。しんどいことですけど。

浜　しんどいことを、こともなげにやるのが大人の格好よさではないですか。

桜井　頑張ろうかな。(笑)

浜　そうですね。(笑)

注　二〇一三年に実施された「OECD(経済協力開発機構)国際教員指導環境調査」(TALIS)

対談を終えて

怪しげなパズルのピースは出揃った

浜　矩子

みなさま、またまた浜矩子です。大型連続対談に最後までお付き合いいただき、誠に有難うございます。六つの頭脳の泉から湧き出る知恵の数々、いかがお受け取りいただけたでしょうか。

知恵の泉にどっぷりつかって浮上してきた今、私の頭の中を実にさまざまなイメージが行き交います。それらのイメージの一つひとつが、ある一つのパズルのピースです。これらのピースをそれぞれにふさわしい場所にはめ込むことができたとき、そこに、今の世の中の真の姿が浮かび出てくる。希望への道を阻んでいるカラクリがどんな構造のものなのか、あますことなく、明らかになる。

したがって、このパズルを完成できたとき、希望のための陰謀も完成する。そういうことだと思います。

自明のようで、騙される

パズルというのは、なかなか手ごわい代物です。どのピースがどこに入るか。このピースは何の一部か。それを見定めることが、簡単なようで難しい。自明のようで、騙される。

雲の一部に違いないと思っていたのが、黒猫のシッポの白い先っぽだったりする。黒猫のボディーの一部だと思ったピースが、実は白い羊の黒いほっぺただったりする。一筋縄ではいきません。我われ希望社会研究委員会の仕事も、まだまだ、詰めを要します。

しかしながら、この対談を通じて、この怪しげなパズルの背後にある企み（この場合は、明らかに「企て」ではなくて「企み」というべきでしょう）の構成要素は、かなりよく見えてきたと思います。

川内博史さんとの対談の中からは、ネオ・リベラリズムがニセ・リベラリズムだということがはっきり浮かび上がってきました。新自由主義と真自由主義の隔たりは、あまりにも大きい。ニセ・リベラリズムは、人類の進化を逆行させせようとしています。弱肉強食がいい。淘汰の論理は素晴らしい。そのような言い方は、我われを原始の世界に向かって逆走させるものです。

そのような原始返りを制度化し、その檻の中に市民たちを封じ込めようとする。それがファシズムの論理であり、毒牙です。その餌食となった人々は、いだき合うべきなのにいがみ合う。支え合うべきなのに憎み合うようになってしまう。分断統治の圧力が希望社会をもみ消して行く。そのプロセスの恐ろしさを、木村朗さんとの対談の中で思い知りました。

分断統治は民主主義を破壊する。九九パーセントの普通の人々が、一パーセントの特権階級に牛耳られる。なぜ、そのようなことになってしまうのか。一人の思い込みが多数を振り回す。奈落の底に引きずり込む。そのような政治が、なぜ鎌首をもたげてくるのか。そのプロセスにおいて、多様性がいかに破壊されてしまうのか。山口二郎さんとの対談がこのおぞましい問題について大いなる示唆を与えてくれました。

みせかけの希望社会を打ち崩す

一人のとんでもない思い込みが、地域共同体を振り回し、地域住民たちの日常をキリキリ舞いさせる。この力学の破壊力。この力学の幼児性。大人に子どものまねをさせる「成長戦略」の毒性。

金井利之さんとの対談の中で、その全貌が明らかになりました。キリキリ舞いを免れるための身の処し方についても、貴重な知恵をさずかりました。地方はみんなテーマパークになるべし。そういわんばかりの地方創生構想の問題性が、赤裸々になったと言えるでしょう。地方創生ワンダーランドは幼児の妄想。

もう一つの怖いテーマパーク妄想が、女性輝きブラックランド構想です。このテーマパークについては、そこに塗り込められた野望の実態を、竹信三恵子さんとの対談が隅々まで解明してくれました。輝くことは死に通ず。そんな怖い世界に女性たちが誘い込まれようとしています。そこは、ニセ・リベラリズムとファシズムがつくり出そうとする分断統治の世界でもあります。輝く女性たちと貧困化する女性たち。その間に生じる仲間割れが恐ろしい。

女性は未利用資源。もっと、成長のために利用率を上げなくては。この発想とまったく同じ路線上にあるのが、教育を人材育成と同一視する考え方です。桜井智恵子さんとの対談の中で、このとんでもない教育観の存在に愕然としました。教育も成長のため。強い日本をつくるため。強い国づくりに役立つ「人的資源」を仕立て上げるため。何ということでしょう。

これだけ毒性の強い構成要素が出揃えば、一体どんな図柄のパズルができあがるのか。それを我われはこれから追求していきます。パズルの図柄の背景にある企みは、恐らく、絶望社会を希望社会であるかに見せようというものです。この企みを、我われの希望のための陰謀がどう打ち崩していくか。それがこれからの課題です。ご支援をどうぞお願いいたします！

一般財団法人教育文化総合研究所　希望社会研究委員会

希望社会研究委員会（委員長＝浜矩子、委員＝金井利之・川内博史・木村朗・桜井智恵子・竹信三恵子・山口二郎）は、社会に立ちはだかるさまざまな問題を課題整理するなかから、政治・経済・労働・教育分野などの研究成果を発展させ、学際的に議論を深め、政策的構想を行い、そのうえで、教育と関わる共生社会（希望社会）の課題や可能性について整理することを趣旨に、教育文化総合研究所（所長＝池田賢市、旧国民教育文化総合研究所）によって立ち上げられた。2014年4月～2016年3月まで研究活動を積み重ねてきた。本書はその2年間の成果の最終報告である。

連絡先　一般財団法人教育文化総合研究所
〒101-0061 東京都千代田区三崎町3-3-20 スカイワードビル6階
Tel：03-3230-0564　Fax：03-3222-5416

希望《きぼう》への陰謀《いんぼう》
——時代《じだい》の毒《どく》をどう抜《ぬ》き取《と》るか

二〇一六年六月十五日　第一版第一刷発行

著　者　浜矩子・山口二郎・川内博史・木村朗・竹信三恵子・金井利之・桜井智恵子
発行者　菊地泰博
発行所　株式会社現代書館
東京都千代田区飯田橋三－二－五
郵便番号　102-0072
電　話　03（3221）1321
FAX　03（3262）5906
振　替　00120-3-83725
組　版　プロ・アート
印刷所　平河工業社（本文）
東光印刷所（カバー）
製本所　積信堂
装　幀　渡辺将史

校正協力・高梨恵一

 ISBN978-4-7684-5784-9
定価はカバーに表示してあります。乱丁・落丁本はおとりかえいたします。
http://www.gendaishokan.co.jp/